雄山閣出版案内

別冊・季刊考古学29

B5判 146頁
本体2,600円

泉坂下遺跡と再葬墓研究の最前線

石川日出志 編

初めての再葬墓遺跡で国指定となった泉坂下遺跡の調査成果を中心に、弥生時代の再葬墓を多角的に検討し、今後の方向性と課題を示す。本特集の元となったシンポジウムの討論も収録。

■主な内容■

総論 ……………………………………石川日出志

第1章 泉坂下遺跡の調査
　石棒から再葬墓へ：2006年………鈴木素行
　弥生時代再葬墓の調査：2012〜15年度…後藤俊一

第2章 再葬墓研究の現在
　再葬墓研究のあゆみ………………萩野谷悟
　縄文時代の再葬墓…………………山田康弘
　土器から見た再葬墓の系譜と展開……植木雅博
　弥生時代における人面付土器の分類をめぐって
　…………………………………………設楽博己
　人面付土器の意味論………………小林青樹
　西日本の再葬墓……………………春成秀爾

第3章 弥生時代の代表的な再葬墓遺跡
　福島県 鳥内遺跡……………………角田　学
　福島県 油田遺跡……………………梶原文子
　茨城県 小野天神前遺跡……………阿久津久
　栃木県 戸木内遺跡…………………森嶋秀一
　群馬県 再葬墓造営期の遺跡—洞穴遺跡を中心に—
　…………………………………………関根史比古
　埼玉県 須釜遺跡……………………鬼塚知典
　千葉県 墹台遺跡……………………荒井世志紀

第4章 討論
　なんだっぺ？泉坂下〜再葬墓研究最前線〜

別冊・季刊考古学28

B5判 140頁
本体2,600円

淡路島・松帆銅鐸と弥生社会

石野博信・和田晴吾 監修
兵庫県立考古博物館 編

2015年4月、淡路島の松帆で発見された銅鐸の今日までの調査研究成果を総括。口絵には初めて7個すべての銅鐸・舌の両面のカラー写真を掲載。個々の専門家による論考とあわせて、昨秋兵庫県立考古博物館で開催されたシンポジウムで、松帆銅鐸の特徴、松帆銅鐸が弥生社会の理解に及ぼした影響を議論した内容を収録。

■主な内容■

淡路・松帆銅鐸は何を語るか…………石野博信

第1章 松帆銅鐸と淡路・三原平野の弥生時代
　松帆銅鐸の調査と研究………………難波洋三
　淡路島の青銅器………………………鐵　英記
　淡路・三原平野周辺の弥生時代遺跡の動向
　……………………………………定松佳重・的崎薫

第2章 青銅の鐸と武器からみる弥生社会
　近畿弥生社会における銅鐸の役割……福永伸哉

紀元前の弥生社会における最古の銅鐸埋納
　…………………………………………森岡秀人
武器形青銅器の東進……………………吉田　広

第3章 討論
　松帆銅鐸と淡路の青銅器をめぐって
　司会：石野博信
　パネラー：森岡秀人・難波洋三・福永伸哉・
　　　吉田　広・和田晴吾
あとがき………………………………池田征弘

季刊考古学・別冊30
賤機山古墳と東国首長
目次

序　章　『賤機山古墳と東国首長』の経緯と趣旨 ……………………… 田村隆太郎　11

第1章　賤機山古墳と地域の様相

6世紀後半における
東海東部の地域性と首長墓 …………………………………………… 田村隆太郎　13

トピックス　賤機山古墳の実相 ……………………………………… 佐藤祐樹　25

トピックス　静岡・清水平野の後期首長墓 ………………………… 菊池吉修　29

富士山・愛鷹山南麓の
古墳群の形成と地域社会の展開 ……………………………………… 藤村　翔　33

トピックス　駿河郡における
　　　　　　古墳時代後・終末期の古墳概観 ……………………… 大谷宏治　47

第2章　後期首長墓をめぐる視点

埋葬施設からみた東海地方東部の首長墓
―古墳時代の首長位継承をめぐる2つのモデル― …… 太田宏明　51

大刀・甲冑・馬具からみた
関東と東海東部の首長墓 ……………………………………………… 内山敏行　65

第3章　地域首長と社会の特質

東海地方における古墳時代後期の地域社会 …… 鈴木一有　79

東国における後期古墳の特質
―前方後円墳の終焉と関係して― ……………… 若狭　徹　94

考古学からみた6,7世紀の
王権と地域社会 ……………………………………… 菱田哲郎　102

第4章　文献史学における議論と考古学との接点

賤機山古墳の被葬者像と駿河の地域支配 ……… 高橋照彦　110

欽明期の王権と地域 ………………………………… 仁藤敦史　125

第5章　討　論：古墳時代後期後半の東国地域首長の諸相

討論1　富士郡域をめぐる問題 …………………………………… 139
討論2　賤機山古墳をめぐる問題 ………………………………… 146

　　　コーディネーター：滝沢　誠
　　　パネリスト：内山敏行，太田宏明，鈴木一有，高橋照彦，田村隆太郎，
　　　　　　　　　菱田哲郎，藤村　翔，若狭　徹
　　　コメンテーター：仁藤敦史

古墳時代の地域研究をめぐる
課題と展望―討論を終えて― …………………… 滝沢　誠　157

■表紙写真■
賤機山古墳の保存整備前の横穴式石室（奥壁側から撮影）　静岡市文化財課提供

歴史・考古・世界遺産の情報誌

文化財発掘出土情報

- 全国の新聞（103紙307版）に報道される発掘情報を収集し収録
- 最新の発掘調査の成果を巻頭グラビアで紹介
- 調査報告書刊行案内・歴史や考古に関連する博物館等の特別展案内やシンポジウム、研究会開催情報も満載
- 遺跡の活用に向けた史跡整備や、世界遺産情報も掲載。

◆1983年1月創刊　◆毎月1日発行　◆B5判
◆定価 2,200円+税　（※年間購読の場合送料無料）

2019年4月号 (通巻455号)

◆収録遺跡・記事
- 千田北遺跡
- 小山田城
- 加茂宮ノ前遺跡
- 須玖遺跡群 他

◆巻頭グラビア
- 徳島県徳島市
- 一宮城跡

2019年7月号 (通巻458号)

◆収録遺跡・記事
- 国立科学博物館ほか
- 浜中2遺跡
- 六波羅邸
- 百舌鳥・古市古墳群 他

◆巻頭グラビア
- 石川県金沢市
- 千代田北遺跡

2019年5月号 (通巻456号)

◆収録遺跡・記事
- 前田遺跡
- 若杉山遺跡
- 下原洞穴遺跡
- カマン・カレホユック遺跡 他

◆巻頭グラビア
- 三重県いなべ市
- 空畑遺跡

2019年8月号 (通巻459号)

◆収録遺跡・記事
- 金井東裏遺跡
- 塩部遺跡
- 青台遺跡
- ナスカ地上絵 他

◆巻頭グラビア
- 神奈川県伊勢原市
- 子易・中川原遺跡

2019年6月号 (通巻457号)

◆収録遺跡・記事
- 四天王寺
- 智頭枕田遺跡
- 周防鋳銭司跡
- 青塚遺跡 他

◆巻頭グラビア
- 兵庫県豊岡市
- 耳谷草山古墳群

2019年9月号 (通巻460号)

◆収録遺跡・記事
- 北町低湿地遺跡
- 居家似岩陰遺跡
- 宮滝遺跡
- 百舌鳥・古市古墳群 他

◆巻頭グラビア
- 和歌山県和歌山市
- 和歌山城

歴史と考古の書籍・グッズ　☆☆ **オンラインショップ** ☆☆　https://j-tsushin.co.jp/

- 約1kg　1,800円+税
  （2〜3片に分かれていることもあります）
- 約400g　1,000円+税
  （中片・ケース入り）
- 約150g　500円+税
  （小片・ケース入り）

黒曜石の原石（北海道・白滝産）

- ヒモギリ式　1,500円+税
- キリモミ式　1,800円+税
- ユミギリ式　2,500円+税
- マイギリ式　3,800円+税

火おこしセット（写真はヒモギリ式セット）

株式会社 ジャパン通信情報センター　〒150-0066 東京都渋谷区西原3-1-8　Tel. 03-5452-3243　Fax. 03-5452-3242

1. 賤機山古墳
しずはたやま

古墳周辺を南上空から望む

静岡市の賤機山古墳は、大型の横穴式石室をもつ直径約32mの円墳であり、現在は国指定史跡として保存整備されている。静岡平野の北から中央へのびる丘陵の先端に立地し、眼下には駿河国総社である静岡浅間大社があるほか、駿河国府の推定地である駿府城跡も近い。多くの古墳が平野の東西丘陵に分布するのに対して、特徴的な位置を示している。

（静岡市文化財課提供）

保存整備前の横穴式石室 玄室内と奥壁

この横穴式石室は江戸時代に開口しており、石棺内などは盗掘されている。その後、1949（昭和24）年に学術目的の発掘調査が行なわれ、1991〜1995（平成3〜7）年に保存整備のための発掘調査が行なわれた。全長約11.5m、玄室長約6.5m、幅約2.6m、最大高約3.7mの両袖の大型横穴式石室であり、家形石棺を導入するなど、畿内の王墓クラスと共通した特徴を多くもつ。
写真では右側の側壁がせり出しているが、今は築造時の状態に直されている。
また、表紙の写真は同じ状態の石室を奥壁側から撮影したものである。　（静岡市文化財課提供）

羨道の倭装大刀などの出土状況

昭和の調査では玄室，平成の調査では羨道において多くの副葬品が出土している。冠の破片などの装身具，鈴鏡，小札甲や多くの武器，金銅装馬具，銅碗，土器群などがあり，6世紀後半の東海地方では類を見ない豊富な内容である。羨道に並び置かれた4振の倭装大刀と心葉形鏡板付轡や棘葉形杏葉といった舶載の金銅装馬具などは，この被葬者が特別な存在であったことをうかがわせる。（静岡市文化財課提供）

金銅装馬具
鈴以外は羨道から出土。（静岡県埋蔵文化財センター提供）

倭装大刀（約1/6，静岡市文化財課提供）

2. 富士山・愛鷹山(あしたかやま)南麓(富士郡域)の古墳

富士山南西麓を望む

5世紀の富士山噴火の傷跡も癒えた6世紀後葉以降，この地域では群集墳が展開を始める。富士川東岸に位置する伝法古墳群は，個々の古墳は小規模ながら，豊富な武器や馬具のほか，農工具や渡来系遺物を副葬する例が多い。8世紀になると，伝法古墳群の墓域を含む領域に，駿河国富士郡家の有力比定地・東平遺跡が最盛期を迎える。
(富士市提供)

国久保古墳の雁木玉
(富士市文化振興課提供)

中原第4号墳の横穴式石室と副葬品

富士市の中原第4号墳は，6世紀後葉に築かれた直径約10.5mの円墳であり，段構造の入口をもつ無袖の横穴式石室を埋葬施設とする。全長5.5mの石室から，多量の武器や馬具，土器などのほか，鍛冶具の鉄鉗を含む豊富な農工具類が出土した。駿河東部地域で初めて横穴系埋葬施設を採用したこの被葬者は，王権と結びつき，渡来系技術者を含む手工業集団を束ねた軍事的指導者と考えられる。
(富士市文化振興課提供)

東平第1号墳の副葬品　写真左が丁字形利器。

西平第1号墳の副葬品

中原第4号墳以後も，伝法古墳群内において指導者層の古墳が連綿と築かれた状況がわかっている。7世紀中頃に築かれた東平第1号墳は，豊富な武器や馬具のほか，渡来系の儀器とみられる丁字形利器が出土した。7世紀後半以降に築かれた西平第1号墳は，方頭大刀や蕨手刀とともに銅製腰帯具が出土しており，駿河国富士郡の郡領氏族の墳墓とみられる。

（富士市文化振興課提供）

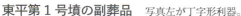

3. 愛鷹山南東麓（駿河郡域）の古墳　原分古墳

発掘調査時の墳丘と副葬品

駿東郡長泉町の原分古墳は，愛鷹山南東の黄瀬川流域に築かれた直径約17mの円墳である。全長10.4mの無袖石室では，伊豆石製の家形石棺や釘付木棺が確認され，金銅装を含む武器や馬具，土器などが出土した。7世紀前半から中頃にかけて活躍した当古墳の被葬者は，王権との結びつきを背景に，東日本諸地域とのネットワークも有した首長層と考えられる。

（静岡県埋蔵文化財センター提供）

賤機山古墳と東国首長

序　章

『賤機山古墳と東国首長』
の経緯と趣旨

静岡県文化・観光部
文化局文化財課
田村隆太郎
Ryutaro Tamura

1　本書の経緯

　本書は，2018（平成30）年10月20日から21日に開催された日本考古学協会2018年度静岡大会の分科会Ⅲの成果をまとめたものである。

　分科会Ⅲは「古墳時代後期後半の東国地域首長の諸相」をテーマに掲げて，8名による考古学の発表と討論を行なった。また，これに関連する文献史学の講演を行ない，討論にも反映させた。本書では，発表と講演の当日資料を修正して再編するほか，議論になった駿河の後期古墳をトピックスとして紹介し，さらに，討論の記録を掲載することで，本会の成果と展望を広く明らかにしたい。

　以下に分科会Ⅲの趣旨説明を再掲する。

2　シンポジウムの趣旨

　静岡県内では，戦後まもなく行なわれた静岡市登呂遺跡の発掘調査につづいて，同じ静岡市に所在する賤機山古墳の発掘調査が行なわれている[1]。

　同墳は，江戸時代の開口によって横穴式石室と家形石棺をもつ古墳として知られていたが，日本考古学協会登呂遺跡調査特別委員会における周辺遺跡の学術調査の対象として選定され，1949（昭和24）年に発掘調査が実施された。この発掘調査では，石室と石棺の形態などが確認され，石棺や玄室内において豊富な副葬品が発見された。さらに，1991～1995（平成3～7）年の保存整備に伴う発掘調査によって，墳丘・石室の構造がより明らかになるとともに，羨道を中心とした豊富な副葬品の出土が加わった。近年，後期古墳に関する調査事例の増加や諸研究の進展はめざましく，石室や石棺，さらには副葬品の比較において，賤機山古墳と奈良県藤ノ木古墳の関連性が指摘されるようになっている[2]。この古墳を現在の学問の水準で多角的に評価することは，学界でも待望されている試みといえるだろう。

　賤機山古墳が築造された古墳時代後期後半（6世紀後半）は，全国に横穴式石室が普及する一方で前方後円墳の築造が終焉を迎えつつある時期にあたる。その移行過程は各地域で同様ではなく，倭王権による地域把握の違いのあらわれとして認識されている。本会では，静岡県が近畿地方と関東地方との中間にあることに留意しつつ，後期後半の首長墳がもつ諸要素を比較検討し，その様相について各方面からの整理を試みる。

　本会では，次のとおり発表の構成を考えた。まず，当該地域である静岡県内の地域研究の成果を明らかにするため，東海地方東部における首長墳の内容を概観する報告のほか，特徴的な成果があがっている駿河東部の富士山・愛鷹山南麓地域の調査状況を紹介する。副葬品や埋葬施設については，金銅装馬具や飾大刀をはじめとする武器・武具・馬具の様相を明らかにし，大型横穴式石室の展開と家形石棺の導入，前方後円墳の終焉といった，この時期の首長墳をめぐる諸要素をとりあげ，その推移を整理する。さらに，会の後半においては，静岡県を含む東海地方のほか，「東国」を代表する関東地方，倭王権中枢が位置する近畿地方といった異なるフィールドを通じて研究を進める立場から，王権と地域社会，地域首長に関する諸問題について考える。

　この時期については考古学による多様な成果とともに，国造制や屯倉などに関する豊富な古代史の成果がある[3]。後の国郡制や古代寺院などの状況についても，関連する事象として目配せをする必要がある[4]。本会の発表では考古学による分析

を主眼としているが，古代史の研究成果についても，関連性を考慮することの是非を含め，検討を深めることを視野に入れた。本会に先立つ仁藤敦史氏による講演は，考古学の成果と古代史の研究との接点を探る一助として，本会事務局側から依頼したものである。

本会は古墳時代後期後半の東海東部を主要対象とし，とくに駿河の評価を中心に企画を練り上げた。各研究発表には重複する内容があるが，異なる研究者の多様な視点からのアプローチを繰り返し，律令国家成立前の地域社会や地域首長の具体像に迫る一つのモデルケースを示したい。現在，賤機山古墳は国指定史跡として保存整備され，静岡市では特別史跡登呂遺跡とともに手厚い保護策が講じられている。本会における諸論考を通じ，この古墳をめぐる新たな学術的意義が引き出せ，合わせて今後の活用にむけて展望も示せれば幸いである。

註
1) 後藤守一・斉藤　忠『静岡賤機山古墳』静岡市教育委員会，1953年
2) 大塚初重「藤ノ木古墳から賤機山古墳へ―六世紀のスルガの国をめぐって―」『静岡県史研究』7，静岡県，1991年。土生田純之「東日本の横穴式石室について」『東国に伝う横穴式石室』静岡県考古学会，2008年。桃崎祐輔「笊内37号横穴墓出土馬具から復元される馬装について」『研究紀要2001』福島県文化財センター白河館，2002年。鈴木一有「東海の馬具と飾大刀にみる地域性と首長権」『東海の馬具と飾大刀』東海古墳文化研究会，2006年など
3) 原　秀三郎「大和王権と遠江・駿河・伊豆の古代氏族」『静岡県史』通史編1原始・古代，1994年。同「遠江・駿河・伊豆三国の成立」『静岡県史』通史編1原始・古代，1994年
4) 山中敏史「国郡制の成立」『静岡県史』通史編1原始・古代，1994年

図1　遠江・駿河・伊豆の三国と郡（註4文献から作成）

第1章　賤機山古墳と地域の様相

6世紀後半における東海東部の地域性と首長墓

静岡県文化・観光部
文化局文化財課
田村隆太郎
Ryutaro Tamura

1　はじめに

　東海東部は，現在の愛知県東部から静岡県にあたり，旧国では三河，遠江，駿河，伊豆が該当する[1]。海に沿って中小の平野と丘陵が配置された地形にあり，図1のように小地域が東西に並ぶ。
　6・7世紀における「東国」の範囲について，防人や舎人の輩出に係る記録や「万葉集」の防人歌，東歌の確認範囲から，遠江・信濃以東とする評価が認められる。また，ヤマトタケル東征伝承の本来の範囲についても，駿河や信濃に求められることが指摘されている[2]。この地域は近畿地方から関東地方を結ぶ東海道の中間に位置し，東西の境界域として意識されることも多い。
　古墳時代後期（6世紀）は，前方後円墳が終焉を迎え，横穴系埋葬施設が広く普及する時期にあたる[3]。律令国家になる前の王権と東国をめぐる諸様相を考えるにあたって，東海東部のとくに遠江・駿河を中心にとりあげて，後期古墳からみた地域性と首長墓の特徴について報告する。

2　後期古墳にみる地域性

(1) 前方後円墳

　古墳時代中期末葉（5世紀末頃）から後期にかけて，東海東部では墳長70mを超える大型前方後円墳が認められなくなる一方，中・小規模の前方後円墳の築造が多くの小地域に広がる（図2）。前方後円墳の築造の背景にある王権と地域の関係について，古墳時代中期までの拠点的に大首長を位置づける構造から地域分立・並列化へと転換した可能性も指摘されている[4]。後期前方後円墳に対しては，各地域の特徴を反映した展開も考慮されよう。

　三河では，東三河において6世紀末葉まで前方後円墳の築造が認められる。群集墳を構成する場合も少数あるが，単独的な立地で横穴式石室を採用する場合が多い。6世紀末葉の豊橋市馬越長火塚古墳は，墳長約70mの前方後円墳である。詳細は後述するが，見瀬丸山型と評価される墳丘に三河型横穴式石室を採用し，優秀な副葬品をもつ特徴的な首長墓である[5]。
　遠江・駿河・伊豆の後期前方後円墳については，立地と埴輪，埋葬施設の特徴から次の2種類（A・B）に大別してみたい。
　A　単独的に立地し，埴輪の樹立や畿内系横穴式石室（片袖式）の導入を特徴とするもの
　B　群集墳を形成し，横穴式木室や在地化した横穴式石室を採用するもの
　Aは，Bに比べて隔絶性のある首長墓としての性格が評価できる。埴輪の樹立はAに限定的であることから，その需用を実現することのできる階層的位置を評価することができる。一方，畿内系横穴式石室の導入と埴輪の樹立は共伴しない傾向にあり，Aのなかに築造経緯の違いや変遷が指摘できる可能性はある。Bは，Aに比べて首長墓の隔絶性が弱い一方，群集墳を形成する集団の中心的存在としての性格が評価できる。墳丘規模は

図1　東海東部の地域

Aより小さい傾向にあり，埴輪の樹立は認められない。

首長墓の隔絶性と集団の中心的存在という2つの性格は，必ずしも排他的なものではない。しかし，Aが遠江から北伊豆の各地に分布し，6世紀中葉に終焉するのに対して，Bは遠江に多く，6世紀後半まで続くという違いが指摘できる。前方後円墳の築造には王権との関係性が想定されるが，群集墳への位置づけに遠江と駿河・伊豆との差異を評価することができる。

(2) 横穴系埋葬施設

三河の横穴式石室 東海東部のなかで最も古い横穴系埋葬施設が認められるのは，西三河（矢作川流域）である。5世紀後半に北部九州との関係が指摘できる竪穴系横口式石室が現れる[6]。その後，この地域では三河型横穴式石室と評価される両袖の石室（擬似両袖式石室）が完成され，竪穴系横口式石室の系譜などが指摘される無袖の横穴式石室（無袖石室）とともに展開する[7]。

三河型横穴式石室は，立柱石を側壁から突出させて両袖とするものであり，一枚石の奥壁，主軸断面が弧状になる天井，玄室平面形の胴張化，複室構造の形成といった特徴を伴う。なお，東三河（豊川流域）にも無袖石室の導入と展開があるほか，馬越長火塚古墳のように三河型横穴式石室も導入される。胴張などの特徴については，無袖石室にも影響が認められる。

畿内系石室導入地域 西・中遠江と西駿河では6世紀前半に畿内系の片袖式石室，中駿河では6世紀後半に畿内系の両袖式石室が現れる。これら畿内系石室については，拠点的な伝播による首長墓への導入が評価される[8]。

さらに，これらの地域では片袖式石室や両袖式石室のほかに，三河系と評価される擬似両袖式石室や無袖石室も導入され，局所的には横穴式木室や横穴墓の分布も認められる。畿内系石室を頂点とする階層秩序のなかで，多様な伝播と在地化の展開が認められる。

三河系石室の影響については，先述した三河型横穴式石室の諸特徴によって把握でき，玄室平面形の胴張化などは擬似両袖式に限らず認めることができる。ただし，この影響は遠江に対して駿河では弱くなる傾向にある。畿内系石室のような拠点的な伝播とは異なり，西から東への勾配を伴う漸進的な伝播が指摘されている[9]。

西遠江と西駿河は，ともに6世紀前半に畿内系の片袖式石室が導入される地域である。しかし，

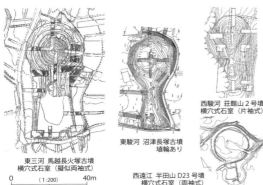

図2 東海東部の後期前方後円墳

その後の群集墳を含めた6世紀後半の展開においては，異なる変遷をみせる。西遠江では，最上位階層への両袖式石室の採用もある一方で，浜松市蛭子森古墳や宇藤坂A古墳群など，片袖式石室墳にも優位な階層的位置が保たれる場合が目立つ。これに対して西駿河では，片袖式石室は群集墳中の小規模なものとなり，優位性が認められなくなる。群集墳の形成と横穴式石室の普及の背景について，西遠江では前代からの発展的展開が指摘できるのに対して，西駿河には転換的な様相を伴う可能性が考えられる。

東遠江と東駿河 両地域には畿内系石室の導入がなく，単系的な埋葬施設の展開が把握できる。

東遠江では，6世紀前半に横穴墓の導入があり，7世紀まで展開する。導入については，形態などの特徴から北部九州の影響が指摘されている[10]。北部九州や関東・東北地方の横穴墓には，長距離交易を担った性格が指摘されており，水上交通に基づく伝播が考慮される[11]。その一方で，後述する掛川市宇洞ケ谷横穴墓のような首長墓と

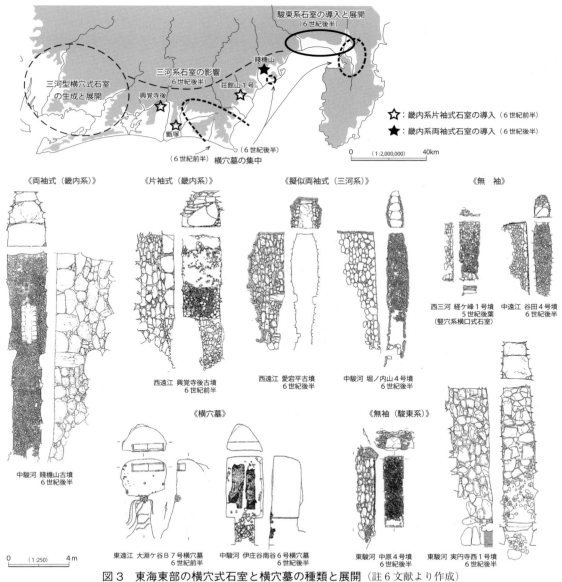

図3 東海東部の横穴式石室と横穴墓の種類と展開（註6文献より作成）

評価される大型の横穴墓もあり，王権との関わりを含めた展開も指摘できる点に特徴がある[12]。

東遠江の丘陵には，横穴や組合式石棺材の加工に適した泥岩・シルト岩の層が多い。しかし，横穴式石室に適した石材を求める場合には，山岳地帯との河川のつながりは浅く，周辺地域に比べて不利な位置にあると考えられる。また，前・中期の大型古墳の築造や埴輪の受容などをみると，西・中遠江に比べて後出的な傾向や技術情報の欠落，在地的展開が顕著になる特質が把握できる[13]。

東駿河では，6世紀後半に無袖の横穴式石室が導入され，展開する。入口の段構造や床面の仕切石，矩形の平面形といった，中駿河以西の無袖石室とは異なる特徴が目立ち，地域特有の「駿東系石室」として評価することもできる[14]。出現期の富士市中原4号墳では，上位階層にありながら石室規模は小さい。大型化を志向しない無袖石室の系譜によるものと考えられる。その後の展開においては，富士市実円寺西1号墳などのように，大型石室の構築も認められるようになる。また，東西40km程の地域内において，胴張の影響や無段の入口構造，石棺の採用などが認められるところもある。ただし，有袖・有羨道の構造を採らない点は古墳の終末まで保持される。

東駿河は駿河湾の奥に位置し，浮島沼と北に臨む富士・愛鷹山，甲斐に通じる富士川が特徴的な環境を形成している。浮島沼周辺の集落と古墳の変遷については，富士山噴火活動の5世紀の活発化や6世紀の沈静化との関係も考慮される[15]。

3 地域生産と後期古墳の展開

東海東部において，6世紀は須恵器や鍛冶などの地域生産が展開する時期でもある。そこで，遠江と駿河・伊豆の地域生産に関する様相を比較してみたい（図4）[16]。

なお，三河では尾張などに遅れて須恵器生産は5世紀後半，鍛冶は5世紀中葉の導入が指摘できる。後者については，西三河の鉄滓や鍛冶関連の祭祀具と評価される鉄鐸の出土が根拠である。北部九州との関係が指摘できる横穴式石室の導入時期に対応しており，背景として新興勢力による広域交流を評価することもできる。

（1）遠江の様相

須恵器生産の導入と展開 須恵器生産の導入については，湖西古窯跡群の明通り窯を初現として，

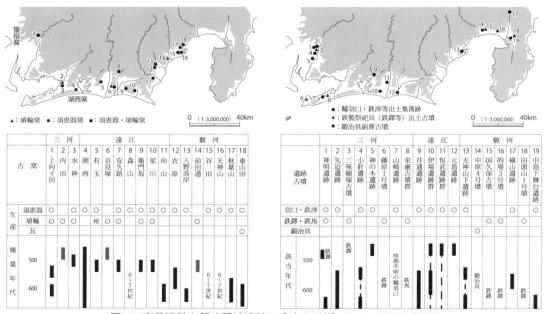

図4　窯業遺跡と鍛冶関連遺跡の分布と時期（註16文献より作成）

5世紀後葉〜6世紀前半の窯跡が点在している。6世紀前半を中心に埴輪も焼成した窯跡があり，淡輪系埴輪や尾張系埴輪と評価される須恵器製作技術を用いた埴輪が供給されている[17]。

6世紀中葉以降になると，多くの操業が停止し，須恵器生産は湖西古窯跡群に集約していった様相が指摘できる。

鍛冶の導入と展開 鍛冶遺構の発見はないが，磐田市元島遺跡の高坏転用の鞴羽口，浜松市伊場遺跡の鞴羽口や鉄滓などの出土から，5世紀中葉の拠点的な導入が把握できる。また，鞴羽口などの出土や古墳出土鉄器の増大などから，6世紀には鍛冶生産が拡充していったものと推測できる。

このことに関しては，副葬された鉄鏃の増大と形態的特徴の地域色，無規格・不定形な鉄製板鋌の存在などからも地域生産の可能性を指摘することができる[18]。

横穴式木室墳の特徴 手工業生産の開発との関係が指摘できる古墳として，横穴式木室墳をあげることができる（図5）。木組みの墓室を基本とした横穴式木室は，近畿，北陸，東海および関東・東北地方に分布するが，横穴式石室に比べて極めて少数で限られた分布を示す。出現は南加賀や伊勢・遠江が6世紀前葉と古く，近畿や関東・東北地方では6世紀後葉になる。

被葬者像については，渡来系集団や生産技術者に求められることが多い。家屋建物にも類する墓室構造，墓室を焼く「火化」といった特徴からは，墓室や葬送に関する特異な認識や習俗が推測できる[19]。さらに，窯跡との位置関係から須恵器生産との関連が指摘できる古墳群もある。遠江では須恵器生産との関係は明確にし難いが，6世紀後葉以前の副葬鏃には「平根鏃のみ」の鏃束が多く，中世故実にある狩猟用の野矢や前・中期古墳の農工具に伴う平根鏃の系譜などから，鍛冶を含めた生産の役割を象徴したものと評価できる[20]。

最上位の首長墓に位置づけられる場合はほとんどなく，木室構造や火化には地域ごとの違いも著しい。横穴式木室は「木組の墓室」への志向性を伴いながら，地域ごとに創出された側面が強いも

のと評価できる。遠江では，小規模前方後円墳（先述のB）を含む群を形成する階層にある。特殊な性質をもった集団が，王権の意図によって地域秩序のなかに位置づけられ，地域生産の発展に重要な役割を担った可能性を考えることができる。

（2）駿河・伊豆の様相

須恵器生産の導入と展開 須恵器窯は西・中駿河に分布しており，6世紀後半の導入から7世紀に至る展開が認められる。6世紀前半までは須恵器生産の導入は把握できず，生産される埴輪も関東系埴輪工人の関与が指摘される点で遠江以西と

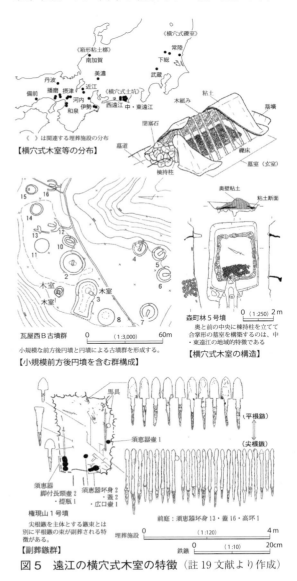

図5 遠江の横穴式木室の特徴（註19文献より作成）

は異なる[21]。

　須恵器生産との関係が指摘できる集落跡として，藤枝市寺家前遺跡をあげることができる（図6）。溝や柵の区画と四面庇付建物，大規模建物，正方形建物によって構成される建物群が把握されており，6世紀末葉から7世紀前半の豪族の居館である可能性も指摘することができる[22]。注目されるのは，焼き歪みのある須恵器の失敗品が多く出土している点である。これらを集落に持ち込んだ理由は検討課題であるが，近隣には衣原古窯や入野高岸古窯があり，新たな須恵器生産に関わった首長層の存在を推測することができる。

　鍛冶の導入と展開　鍛冶については，鞴羽口などの出土や鉄鐸を副葬する古墳，鍛冶具を副葬する古墳の存在から，6世紀後半の東駿河を中心とした導入と展開が把握できる。また，鉄鏃をみると，とくに平根鏃のなかに東西に偏在する形態が認められる（図6）。鉄器生産において，遠江を境

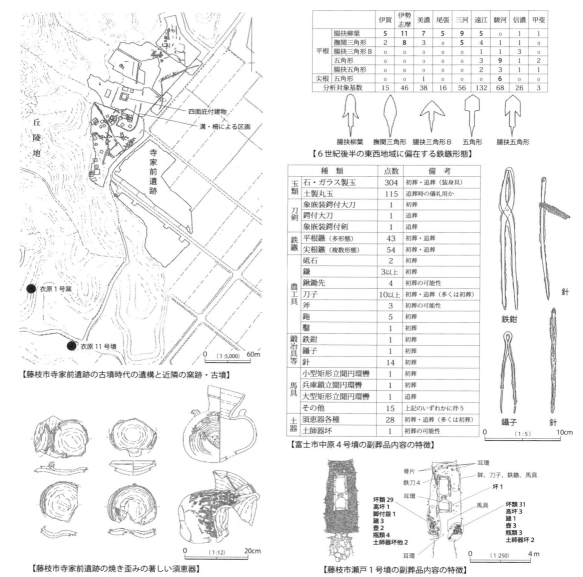

図6　駿河の須恵器生産・鍛冶との関連がうかがえる集落と古墳（註22〜24文献より作成）

界域とする東西地域差が顕在化していった可能性が指摘されている[23]。

関連する後期古墳　富士市中原4号墳は，東駿河の西寄り，富士山南西麓に位置する径約10.5mの円墳である[24]。東駿河では初現となる6世紀後葉の横穴式石室墳であり，無袖で開口部に段構造を伴う駿東系石室を導入している（図3）。副葬品には金銅製品が少ないものの，バラエティー豊富な鉄鏃などの武器や複数の馬具，多様な生産地から集められた土器群，そして鍛冶具，農工具，針といった生産用具が多いのが特徴的であり，地域生産への重要な関わりをうかがうことができる（図6）。また，埋葬方法や玉類の特徴なども含めて，西日本地域とのつながりや渡来系集団との関係も指摘できる。

中原4号墳からは，西日本の渡来系集団と関係のある技術者集団の統括者として，地域生産の開発に乗り出した者の存在がうかがえる。さらに，駿東系石室の導入から，地域を代表する存在として新たな地域社会の展開に関わるものであったと考えたい。

西・中駿河の須恵器生産に対しては，特化した関わりを示す古墳の存在はみえ難い。しかし，最上位の首長墓である静岡市賤機山古墳をはじめ，多くの土器を副葬する古墳があり（図6），土器の儀礼と副葬に対する執着の傾向が指摘できる。

遠江と駿河では，須恵器生産や鍛冶の導入時期，展開の様相などに違いがある。さらに，その開発に関わる存在について，6世紀前半の遠江では地域のなかでも特殊な性格を持つものであるのに対して，6世紀後半の駿河では，首長層と地域全体の特徴にも関わる性格が評価できる。前代からの地域社会の状況に加えて，王権の地域経営に関する戦略なども関連している可能性が考慮される。

4　6世紀後半の首長墓

東海東部の後期古墳の階層秩序[25]について，終焉を迎える前方後円墳とともに，20m前後以上の円墳や方墳も上位に位置づけることができる。横穴系埋葬施設では，玄室長5mを超えるものが首長層の候補となる。6世紀後半には大型化した墓室が目立つようになり，駿河では家形石棺を頂点とする棺形態も注目される要素になる。

金銅装飾のある馬具や大刀のほか，冠帽，鏡，甲冑などの多くは，上位階層により実現できる王権との関係や広域流通によるものと指摘できる[26]。副葬土器については，器台や脚付長頸壺をはじめとする脚付器種に上位階層との関連性がうかがえる[27]。

6世紀後半の最上位階層に位置づけできるものとして，東三河の豊橋市馬越長火塚古墳，東遠江の掛川市宇洞ヶ谷横穴，中駿河の静岡市賤機山古墳をあげることができる。その他の中・小首長墓は各小地域に分布しており，単独立地に限らず群集墳内にも認められる。

(1) 三河の様相

西三河では，径20m程の円墳が上位階層の主体となり，副葬品などをみても突出した存在は見出しにくくなる。その一方で，東三河には三河湾沿岸の豊橋市牟呂王塚古墳や豊川左岸中流域の豊橋市馬越長火塚古墳といった前方後円墳の築造が認められ，とくに後者は突出した存在として注目することができる（図7）。

馬越長火塚古墳の特徴は先にもふれたが，見瀬丸山型と評価される特徴的な墳長約70mの前方後円墳であるとともに，西三河で生成された三河型横穴式石室を採用し，三河地域の特徴を代表する複室構造の大型石室を構築している。副葬品には棘葉形杏葉などの金銅装馬具や象嵌装刀装具，鏡片，トンボ玉などが確認できる。時期は6世紀末葉に位置づけられる。

この古墳は，豊川の支流である馬越川の内陸盆地的な扇状地に立地する。周囲の丘陵上には前期前方後円墳・前方後方墳が分布するが，中期や後期前半の主要古墳は豊川流域の別の領域に分布している。墳丘・石室の特徴を含めて，馬越長火塚古墳の築造には強い契機的な背景が推測できる。一方，後続する時期には，近隣に大塚南古墳と口明塚南古墳が築造されている。これらは径20m前後の円墳であり，金銅装馬具の副葬もある。墳

丘構造などに馬越長火塚古墳と共通する特徴も確認されており、7世紀前葉に至る首長墓系譜を指摘することができる[28]。

このような特徴を持つ馬越長火塚古墳の被葬者像については、欽明朝に外交関係で活躍した地域・氏族の首長であり、初代穂国造にあたる者の可能性が指摘されている[29]。なお、律令期には西の三河国造と東の穂国造の領域を合わせて三河国が置かれたとされるが、国府と国分寺は東三河の宝飯郡、現在の豊川市（豊川右岸域）に位置する。

(2) 遠江の様相

西・中遠江に分布する6世紀後半の前方後円墳は、群集墳を形成する墳長30m以下の小規模墳で占められる。その他の上位階層も径20m程の円墳が主体であり、現在のところ突出する存在は見出しにくい。

これらの中小首長墓は各小地域内に分散しており、墳丘や墓室の形態、立地の群集性などの特徴に相違点が多い（図8）。墓室では、前代の首長墓が採用した片袖式石室の系譜を継ぐもの、新たに両袖式石室を導入するもの、三河の影響を強く受けた擬似両袖式を採用するものがあり、特異な横穴式木室を採用するものもある。各地に異なる在地色や他地域とのつながりをもつ中小首長が林立していた可能性が考えられる。

東遠江に集中する横穴墓は、横穴式石室などの古墳に比べて下位に位置づけられる傾向にあり、多くは横穴群を形成する。しかし、逆川左岸上流域の掛川市宇洞ヶ谷横穴墓は、単独立地の横穴墓であり、玄室長約6.3mの大規模な墓室をもつ（図8）。中央に造り付けられた石棺も特徴的であり、鏡や空玉などの装身具のほか、金銅装馬具や飾大刀、高坏形器台や脚付長頸壺を含む多量の土器群を副葬する6世紀後葉の首長墓である。

同じ丘陵には、先行する6世紀中葉の山麓山横穴墓があり、同様の首長墓として評価される。また、後続する6世紀末葉頃の堀ノ内13号墳は横穴式木室墳であるが、大型の墓室を構築しており、鏡や金銅装馬具など豊富な副葬品をもつ。さらに、金銅装馬具と飾大刀を副葬する堀ノ内D1号横穴墓を含めて、6世紀中葉から7世紀前葉まで続く首長墓の系譜を把握することができる。なお、これらの約4km北、逆川の支流である倉真川を北にさかのぼった場所には、同じ6世紀後半に位置づけられる掛川市平塚古墳がある。撹乱によって副葬品は評価し難いが、一辺約22mの方墳であり、規模の大きな両袖式石室をもつ。

東遠江は、古墳時代前期より前方後円墳を含む古墳の築造があるものの、墳丘規模や葺石・埴輪の受容レベルは西・中遠江に及ばない。6世紀に

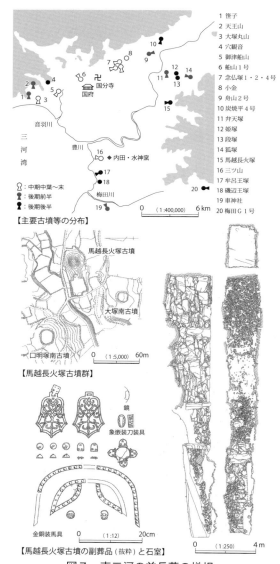

図7　東三河の首長墓の様相

なると，横穴墓を墓制の主体とする独特な地域になるが，そのなかで，傑出した首長墓系譜が現れたことがわかる。遠江には遠淡海国造や久努国造に遅れて，6世紀に素賀国造が現在の掛川市付近に置かれたとされており，この首長墓系譜との関連が注目される[30]。

(3) 駿河・伊豆の様相

静岡市賤機山古墳は，中駿河の静岡平野に位置する径約32mの円墳であり，大型の畿内系両袖式石室と家形石棺を採用している（図9）。1949（昭和24）年と1991〜1995（平成3〜7）年に発掘調査が行なわれ，冠帽金具や空玉などの装身具，六鈴鏡，花形鏡板轡と花形杏葉，心葉形鏡板付轡と棘葉形杏葉，金銅装壺鐙，歩揺付金具，鞍金具などの金銅装馬具，鉄製馬具，象嵌円頭などの飾大刀，4振の倭装大刀，小札甲などの武装具，銅碗類，脚付長頸壺を含む多量の土器などが出土している。6世紀後半から7世紀前半に複数の埋葬があったと把握できるが，家形石棺の埋葬が初葬または初期に追葬された主たる被葬者であり，王権との関係が強い最上位の首長として評価することができる。

多量の副葬土器群は，西・中駿河の諸窯によってもたらされたと評価できるものであり，須恵器生産の導入や展開とも深く関わっていた可能性が指摘できる[31]。また，家形石棺は伊豆凝灰岩製（伊豆石）と推定されており，駿河湾をまたいだ流通が指摘できる。伊豆石の石棺は，この賤機山古墳を契機として静岡平野の首長墓に採用され，7世紀には東駿河〜北伊豆の狩野川・黄瀬川流域

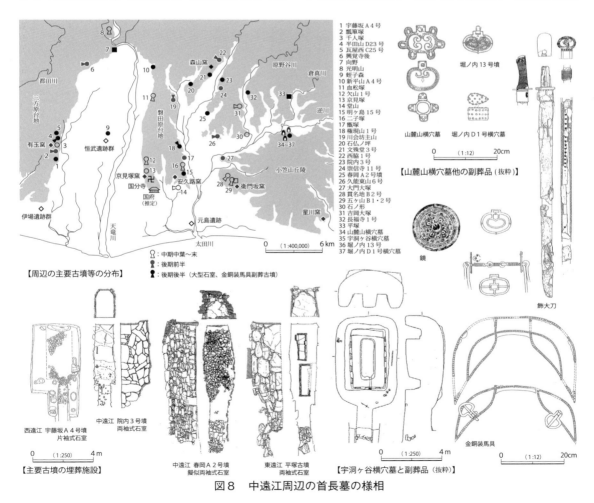

図8　中遠江周辺の首長墓の様相

に認められるようになり，横口式石槨や8世紀の石櫃までの系譜的変遷をたどることができる[32]。須恵器生産や伊豆石の利用など，駿河・伊豆の広範囲に対する影響力も評価することができる。

この古墳は，平野北部の賤機山丘陵の先端に立地する。尾根を北に上がると常陸型石枕が注目される麓山神社後古墳などがあるが，賤機山古墳との連続性を示す古墳は知られていない[33]。また，眼下には静岡浅間神社があるほか，駿河国府推定地も近い[34]。隔絶性の高い場所に契機的に築造された単独墳として評価することができる。

静岡平野の東側丘陵では，6世紀前半に埴輪を樹立する前方後円墳，6世紀後半に一辺20m前後～30mの方墳が築造されている。また，平野の西側丘陵においても，一辺20m前後の方墳が7世紀初頭前後に築造されている。駿河丸山古墳などの大型方墳には，両袖式石室や伊豆石の家形石棺の採用があり，賤機山古墳の石室・石棺の系譜を継ぐものと評価できる。なお，この近辺には片山廃寺があり，駿河国分寺跡の有力候補になっている。また，この丘陵の西縁を流れる大谷川の下流域には，大規模な水辺の祭祀跡が発見された神明原・元宮川遺跡が位置する。

律令期において，静岡平野の北部は安倍郡，南半部は東西丘陵を含めて有度郡に含まれる。ただし，阿倍系の氏族や有度部氏が両郡にまたがって存在することから，同一地域としての性格も指摘されている[35]。一方，静岡平野の北東につながる清水平野は，廬原国造が置かれたとされる廬原郡にあたる。静岡市神明山4号墳は清水平野に位置する6世紀末葉の首長墓であるが，細長い擬似両袖式石室を採用しており，賤機山古墳などの両袖式石室とは異なる系譜的特徴が指摘できる。静岡平野との領域の違いを評価したい。

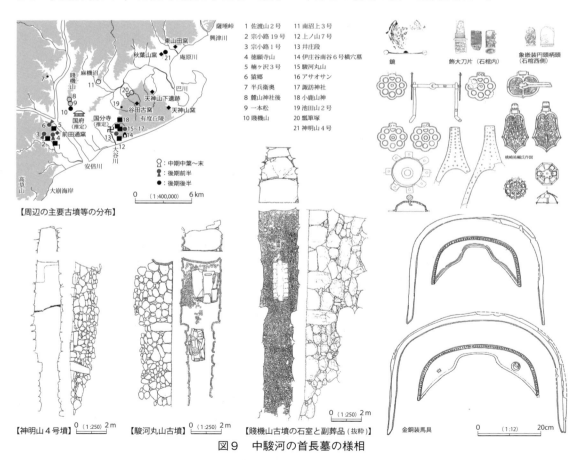

図9　中駿河の首長墓の様相

5 まとめ

　前方後円墳の終焉と横穴系埋葬施設の普及について，駿河では6世紀後半に大きく転換するような変化として把握することができ，遠江の6世紀前半から続く変遷過程とは異なる展開が評価できる。

　この駿河の状況については，6世紀後半に発現する地域生産の開発との関連性を評価し，また，大型の畿内系両袖式石室と家形石棺を導入した賤機山古墳の存在に注目した。この首長墓が示す中心領域は，後に駿河国府や国分寺が置かれる静岡平野に設定できる。その一方で，影響力が発揮された範囲は西駿河から伊豆に及ぶ可能性が石棺や須恵器から指摘できる。廬原国造や東駿河東部の珠流河（するが）国造との関係性が課題になるが，王権との強い関係をもつ首長を拠点的に配して，新たな生産力への需用を背景とした駿河・伊豆の地域づくりを行なうことにより，王権や王権に係る氏族の東方基盤の拡充にも資した可能性を考えたい。

註

1) 伊豆国は，680年に駿河国から分置されたとされる。境界にある境川は，国境に相応しいとはいい難いほどの小さな川である。
2) 仁藤敦史「ヤマトタケル東征伝承と焼津」『焼津市史研究』2，2001年
3) 時期については，田辺昭三『陶邑古窯址群Ⅰ』平安学園考古クラブ，1966年。田辺昭三『須恵器大成』角川書店，1981年。鈴木敏則『有玉古窯』浜松市教育委員会，2004年を参考にして，陶邑編年MT15型式併行期を6世紀前葉：後期前葉，同TK10型式併行期を6世紀中葉：後期中葉，同TK43型式併行期を6世紀後葉：後期後葉，同TK209型式併行期の古相を6世紀末葉：後期末葉にあたるものとする。また，おおむね前2時期を6世紀前半，後2時期を6世紀後半とする。
4) 滝沢　誠『古墳時代の軍事組織と政治構造』同成社，2015年
5) 岩原　剛編『馬越長火塚古墳群』豊橋市教育委員会，2012年
6) 東海東部の横穴式石室については，静岡県考古学会『静岡県の横穴式石室』，2003年。土生田純之編『東日本の無袖横穴式石室』雄山閣，2010年。鈴木一有「東海地方における横穴系埋葬施設の多様性」『研究発表資料集』日本考古学協会2017年度宮崎大会実行委員会，2017年を参考にした。
7) 三河の横穴式石室については，前掲註6のほかに岩原　剛「三河の横穴式石室—三河型横穴式石室の生成と伝播を中心に」『吾々の考古学』和田晴吾先生還暦記念論集刊行会，2008年。岩原　剛「各地の古墳Ⅶ　東海」土生田純之・亀田修一編『古墳時代研究の現状と課題』上，同成社，2012年を参考にした。
8) 鈴木一有「東海東部の横穴式石室にみる地域圏の形成」『静岡県の横穴式石室』静岡県考古学会，2003年
9) 前掲註8に同じ
10) 松井一明「遠江における横穴墓の伝播と展開—北部九州横穴墓との形態と墓前域の比較を中心として」『静岡県考古学研究』33，2001年
11) 松浦宇哲「横穴系埋葬施設からみた北部九州の地域社会」『研究発表資料集』日本考古学協会2017年度宮崎大会実行委員会，2017年。柏木善治「関東・東北地方における横穴系の墓制について」『研究発表資料集』日本考古学協会2017年度宮崎大会実行委員会，2017年
12) 大谷宏治「東海東部の横穴墓と古墳—遠江地域を中心として—」『横穴墓と古墳』東北・関東前方後円墳研究会，2010年。前掲註6鈴木2017
13) 拙稿「東遠江地域における埴輪と古墳」『東海の埴輪—出現と終焉，地域性を探る—』考古学研究会東海例会，2018年
14) 菊池吉修「駿河」土生田純之編『東日本の無袖横穴式石室』雄山閣，2010年。前掲註6鈴木2017など
15) 藤村　翔「古墳時代から平安時代にかけての富士山の噴火災害と遺跡動態」『研究発表資料集』日本考古学協会2017年度宮崎大会実行委員会，2017年
16) 須恵器や鍛冶の地域生産については，考古学研究会東海例会『東海における古墳時代の手工業生産の展開を考える』，2017年の西島庸介「尾張・三河における古墳時代の手工業生産—窯業技術・鍛冶技術を中心として—」，井口智博「遠江における古墳時代の手工業生産—関連遺物からみた技術の伝播と展開—」，藤村　翔「駿河・

伊豆地域における手工業技術の受容と集落動態―6・7世紀を中心に―」を参考にした。

17) 鈴木敏則「埴輪」『静岡県の前方後円墳 総括編』静岡県教育委員会，2001年。鈴木一有「遠江における円筒埴輪の編年の到達点と課題」『東海の埴輪―出現と終焉，地域性を考える―』考古学研究会東海例会，2018年

18) 大谷宏治「東と西の狭間―古墳時代後期の鉄鏃にみる東海・甲信地方の特質―」『設立20周年記念論文集』財団法人静岡県埋蔵文化財調査研究所，2004年。西澤正晴「遠江・駿河における鉄製板鐔の変遷と展開」『研究紀要』9，財団法人静岡県埋蔵文化財調査研究所，2002年

19) 拙稿「東海の横穴式木室と葬送」『東海の古墳風景』雄山閣，2008年。小森哲也「横穴式木室考―先行研究の整理と分布・構造からみた地域間交流―」『考古学雑誌』97―4，2013年。前掲註6 鈴木2017

20) 拙稿「副葬鏃群からみた遠江の横穴式木室墳」『設立20周年記念論文集』財団法人静岡県埋蔵文化財調査研究所，2004年

21) 前掲註17の鈴木敏則2001年。藤村 翔「駿河・伊豆地域における埴輪祭祀の受容とその意義」『東海の埴輪―出現と終焉，地域性を探る―』考古学研究会東海例会，2018年

22) 中川律子・平野吾郎・福島志野ほか『寺家前遺跡Ⅲ』静岡県埋蔵文化財センター，2014年

23) 前掲註18 大谷2004

24) 佐藤祐樹編『伝法 中原古墳群』富士市教育委員会，2016年

25) 階層秩序については，大谷宏治「階層構造論」『東海の後期古墳を考える』東海考古学フォーラム三河大会実行委員会，2001年を参考にした。

26) 岩原 剛「東海地域の装飾付大刀と後期古墳」『装飾付大刀と後期古墳』島根県教育庁古代文化センター・島根県教育庁埋蔵文化財センター，2005年。大谷宏治「馬具の分布からみた東海古墳時代社会」『東海の馬具と飾大刀』東海古墳文化研究会，2006年。鈴木一有「東海の馬具と飾大刀にみる地域性と首長権」『東海の馬具と飾大刀』東海古墳文化研究会，2006年

27) 拙稿「静岡県の後期古墳における脚付長頸壺」『研究紀要』第3号，静岡県埋蔵文化財センター，2014年

28) 前掲註5に同じ

29) 土生田純之「墳丘の特徴と評価」『馬越長火塚古墳群』豊橋市教育委員会，2012年

30) 原 秀三郎「大和王権と遠江・駿河・伊豆の古代氏族」『静岡県史』通史編1，静岡県，1994年。松本稔章「大和王権と素賀国造」『掛川市史』上巻，掛川市，1997年

31) 後藤建一「古墳出土須恵器にみる地域流通の解体と一元化」『日本考古学』9，日本考古学協会，2000年

32) 鈴木一有「7世紀における地域拠点の形成過程」『国立歴史民俗博物館研究報告』179，国立歴史民俗博物館，2013年

33) 滝沢 誠・久永雅宏「静岡市麓山神社古墳出土の石枕」『静岡県考古学研究』49，2018年

34) 静岡浅間大社は，平安時代に駿河国総社となる神部神社と浅間神社および大歳御祖神社の三社を総称したものである。神部神社と大歳御祖神社は延喜式内社である。また，駿河国府があった場所としては，駿府城跡付近が候補としてあげられている。

35) 須永 忍「古代駿河中部の氏族とヤマト王権」『国造制・部民制の研究』八木書店，2017年

＊各遺跡・古墳の報告書は一部を除いて割愛させていただいた。

―トピックス―

賤機山古墳の実相

富士市市民部文化振興課
佐藤 祐樹
Yuki Sato

1 古墳の位置と調査履歴

賤機山古墳は静岡市静岡浅間神社の境内地内に所在し，両袖式の横穴式石室の存在や大型の家形石棺を有すること，豊富な副葬品が出土したことから1953（昭和28）年3月31日付けで国史跡に指定された古墳として知られている。

江戸時代後期の「駿河國史」や「駿國雑誌」などの文献において，明和年間（1764-1771）の石室内部の状況や石室内から鈴鏡が出土したことが紹介されており，研究者内では著名な古墳として知られていたようである。その後，日本考古学協会登呂遺跡調査特別委員会における周辺遺跡の調査として後藤守一，斉藤忠を中心として1959年3月20日から26日まで発掘調査が実施された【昭和調査】。

昭和調査は天井石の隙間から石室内に侵入し，石棺内部および周辺が重点的に発掘された。明和年間の盗掘により遺物は残されていないだろうという当初の予想に反して多くの副葬品が出土した。それら遺物の特徴や石室，石棺の特徴から築造年代は6世紀後半として報告されている[1]。

その後，昭和調査の遺物は『静岡県史』の編纂において再整理され，その一部は種別ごとに実測図が提示されたが，昭和調査の全体像が示されたとはいえない状況であった。

一方，昭和調査の際に玄室左側壁の一部に崩落の危険性が指摘されていたが，徐々に進行していることもあり，静岡市教育委員会は抜本的解決を図るために，1984年に古墳の保存整備を行なう事前調査として墳丘測量を実施し，1991（平成3）年からは石室の半解体を含む整備事業を開始した。この整備の過程で，石室内の再発掘調査や前庭部や墳丘のトレンチ調査が実施され【平成調査】，2冊の概要報告書を経て，1997年に発掘調査報告書が刊行されている[2]。

2 墳丘規模と埋葬施設

墳丘 平成調査の1・6・7・9トレンチにおいて検出された墳裾により，直径32m，高さ7mの円墳であることが確かめられた。7トレンチ南端

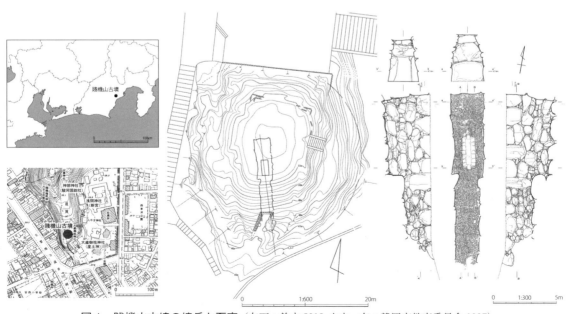

図1　賤機山古墳の墳丘と石室（左下：鈴木2018，中央・右：静岡市教育委員会1997）

では外護列石と考えられる石積みが検出されているが，これが地山傾斜の低い南側にのみ存在する構造なのか，もしくは全周したのかは明らかではない。また，開口部南側に設定した10トレンチの墳裾付近では，墳丘構築前の周溝状の掘り込みを検出した。溝は幅2m程度であり，長さは検出された部分で4m程度ある。墳丘構築時の区画としての目的が想定される。

石室 埋葬施設は南側に開口する畿内系の両袖式石室である。石室の大部分が地山を掘り込んだ深さ3〜4m程度の墓坑内に収まる。玄室は幅の狭い長方形で，玄門部の左右に立柱石を配し，幅を減じた羨道部が続く。側壁は基底石に大きめの石を使用する。奥壁は面を横に用いた3石で構成される。規模を以下にまとめる。

全長11.5m（奥壁から羨門推定位置まで）
玄室長6.5m，幅2.6m，高さ3.2〜3.7m
玄門幅1.4m，羨道幅1.8m

石棺 玄室主軸上のやや南側，玄門よりに刳貫式家形石棺が安置されている。石材は，古墳から東方へ約50km離れた伊豆半島の沼津市静浦産の凝灰岩で「伊豆石」と呼ばれる石材である。

棺蓋は断面台形を呈しているが，蓋内部も深く刳り貫かれている。小口面に一対，長側面に三対の縄掛突起があり，小口面と長側面とでは，突起上面の角度や下端の高さが異なるという特徴を示す。棺身は平面が四角形で側面は台形をなし，内部にはチョウナによる仕上げの痕跡が残る。また，蓋と身の合わせ目にはベンガラが残存していたことから他の部分（もしくは全体）にベンガラが塗付されていた可能性もある。以下，石棺の法量をまとめる。

身：全長（床面）2.5m，最大幅1.13m，
　　高さ0.64〜0.68m，深さ0.41m
蓋：全長2.91m，幅1.08m，平坦面長2.10m，
　　最大幅0.40m，深さ0.23m

耳環など遺物の出土状況や鉄釘の存在からは石棺以外の場所における埋葬行為も指摘できる。

3　副葬品と年代

各報告書から復元できる副葬品の全体像についてまとめておくが，一部は『賤機山古墳研究会』（代表：鈴木一有）における議論・成果も含まれている。

【昭和調査】（『静岡県史』による）
　［装身具］六鈴鏡1，耳環4（2対），ガラス丸

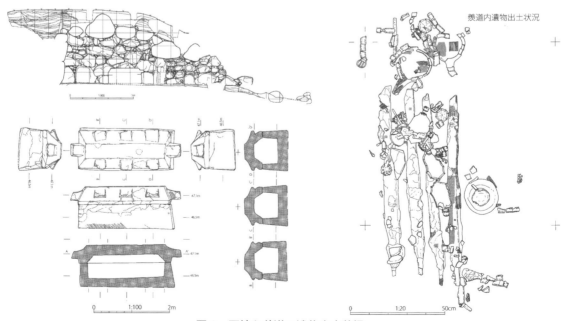

図2　石棺と羨道の遺物出土状況

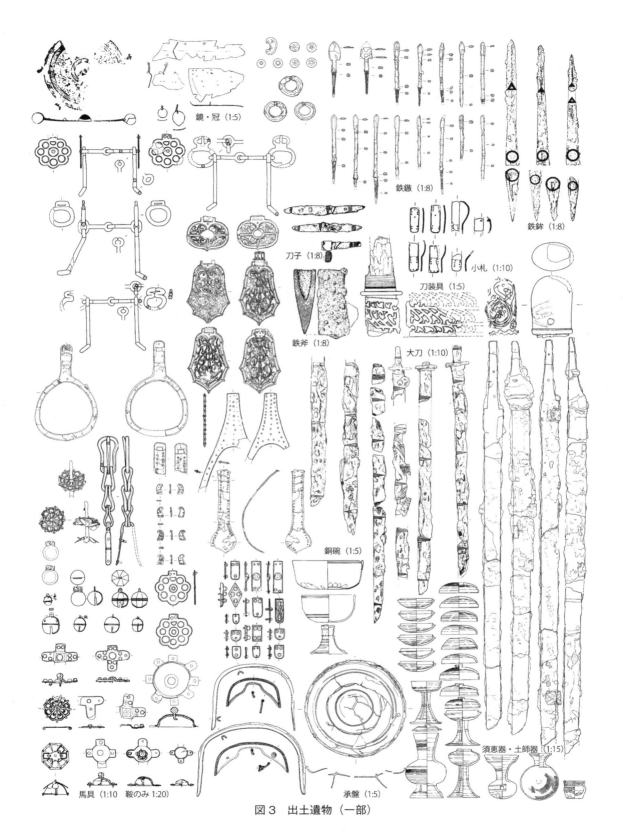

図3 出土遺物（一部）

トピックス 賤機山古墳の実相 27

玉12, 中空丸玉20, 冠1ほか
［武器・武具］小札甲1, 大刀2, 円頭柄頭1（鞘尻2）, 方頭柄頭2（鞘尻2）, 銀象嵌鍔4片, 鍔6（うち2が金銅張）, 鉄鏃51, 鉾5
［工具］鉄斧1, 刀子3
［馬具］轡5, 鞍8, 鐙3, 杏葉2, 雲珠6, 帯金具15, 辻金具17, 鈴15
［土器］須恵器約90（実測可能なもの）

【平成調査】
［装身具］耳環3, 勾玉1, ガラス丸玉6
［武器・武具］大刀4, 鉄鏃47（鏃身部）, 小札20
［工具］刀子1
［馬具］轡2, 杓子形壺鐙1対, 鈴2, 棘葉形杏葉4, 歩揺付飾り金具7＋, その他多数
［土器］須恵器多数, 土師器
［その他］承盤付き銅碗

須恵器は川江により遠考研編年第Ⅲ期中葉（TK43型式期）の標識資料とされ, 築造年代を考える上での基点となっており, 生産地の検討もされている[3]。

耳環は昭和調査では2組4点, 平成調査では2組3点が出土していることから最低4人の埋葬が想定される。ただし, 石棺内の被葬者は冠を装着し, 耳環は伴わない。

六鈴鏡は盗掘されて浅間神社に保管されていた破片と昭和調査時の出土破片が同一個体である。

大刀は, 昭和調査では鳳凰文銀象嵌円頭柄頭や複数の鉄製円頭柄頭, 方頭柄頭などが認められ, 平成調査では羨道より木箱に納められたと推定される状況で倭装金銅大刀が4振り出土した。頭椎大刀や環頭大刀が認められない点が特徴といえる[4]。

小札甲は千葉県金鈴塚古墳にみられる「繊孔2列の胴部小札の中位に第三繊孔を1個持つ」タイプで[5], 鉾は5個体のうち型式のわかる3個体はいずれも身部断面が三角形をなす三角穂式鉄鉾である。

馬具は副葬品の中でも最も種類が多く, 様相が複雑である。轡は平成調査の心葉形十字文透彫鏡板轡に加えて昭和調査でも4つの轡（花形鏡板轡1, 大型矩形立聞環状鏡板轡2, 鉸具造立聞環状鏡板轡1）が出土しており, 最低でも5セットの馬装が想定される。特に羨道部からまとまって出土した心葉形十字文透彫鏡板轡と棘葉形杏葉, 歩揺付飾り金具, 杓子形壺鐙については, 金銅製意匠に優れた馬装を復元することができる。

4　賤機山古墳の位置づけ

賤機山古墳の墳丘下層には6点の板状銅釧や水晶玉を副葬した弥生時代後期の有力墓の存在が明らかになっており[6], また, 賤機山古墳の丘陵直下には駿河総社の神部神社や浅間神社が鎮座するなど地域の中枢域を形成していた場所といえる。その場所において, 6世紀後半に畿内系横穴式石室と家形石棺を採用し, 奈良県藤ノ木古墳にも通じる馬具や大刀を副葬する最高階層の墓が作られる背景には「倭王権を構成する有力氏族」との複雑な係わり合いを想定すべきであろう[7]。

註
1) 静岡県教育委員会『静岡賤機山古墳』1953年
2) 静岡市教育委員会『国指定史跡　賤機山古墳発掘調査報告書』1997年
3) 後藤建一「古墳出土須恵器にみる地域流通の一元化」『日本考古学』9, 2000年
4) 内山敏行「武器・武具・馬具からみた関東と東海東部の首長墓」『境界の考古学』2018年
5) 前掲註4に同じ
6) 前掲註2に同じ
7) 鈴木一有「東海地方における古墳時代後期の地域社会」『境界の考古学』2018年

参考文献
静岡県1992『静岡県史』資料編3考古三

―トピックス―

静岡・清水平野の後期首長墓

静岡県文化・観光部
文化局文化財課
菊池吉修
Yoshinobu Kikuchi

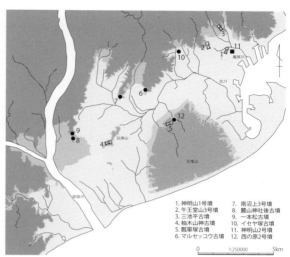

図1 前期～中期の主要古墳分布図

1. 神明山1号墳　　7. 南沼上3号墳
2. 午王堂山3号墳　8. 麓山神社後古墳
3. 三池平古墳　　　9. 一本松古墳
4. 柚木山神古墳　　10. イセヤ塚古墳
5. 瓢箪塚古墳　　　11. 神明山2号墳
6. マルセッコウ古墳　12. 西の原2号墳

1 はじめに

東海地方を代表する後期古墳である賤機山古墳は，静岡市に所在する。現在の静岡市は，2003（平成15）年に旧静岡市と旧清水市の合併により成立し，現市域の南部に平野が広がる。このうち，西側の旧静岡市域に広がるのが安倍川が主となり形成した「静岡平野」，東側の旧清水市域に広がるのが巴川や庵原川などが形成した「清水平野」である。この二つの平野は，南側の独立丘陵である有度山と北側から延びる瀬名丘陵により幅を狭められるものの，連続した平野を成し明確な境界は見出し難い。

2 静岡・清水平野の古墳

この地域では，二つの平野を見おろす丘陵斜面で古墳の存在が確認されており，2,000基以上の古墳が存在したともいわれている[1]。静岡・清水平野では古墳の造営は7世紀後半まで続く。本稿では，6世紀前半から7世紀後半までを古墳時代後期として扱うことにする。なお，当地の古墳時代後期の首長墓の概要を記すに先立ち，前中期の古墳の動向も概観しておきたい。

3 前期～中期の古墳

まず，この地域で初現的な古墳としてあげられるのは，墳長69mの前方後円墳の神明山1号墳である。前期前半に位置づけられる神明山1号墳は庵原川右岸の独立丘陵上に所在するが，清水平野では，前期後半に前方後方墳の午王堂山3号墳，前期末葉に前方後円墳の三池平古墳が造営され，前期を通じて首長墓が確認できる。一方，静岡平野では前期後半に柚木山神古墳（谷津山1号墳）が築かれる。柚木山神古墳は墳長108mと古墳時代を通じて，静岡・清水平野最大の前方後円墳である。同一丘陵上の谷津山2号墳（36m）はこれに続く前方後円墳と言われるが，静岡平野においては後続する首長墓は見出せない。

中期になると，瀬名古墳群中に前方後円墳の可能性が指摘されるものがあるが，中期後葉に位置づけられる墳長49.2mの瓢箪塚古墳（西の原1号墳）まで前方後円墳の築造は途絶える。ただし，マルセッコウ古墳（瀬名2号墳，31m），帯金式短甲を出土した南沼上3号墳（17m），石枕を持つ麓山神社後古墳，銅鏡を出土した一本松古墳やイセヤ塚古墳のように前期に古墳が築造されなかった地域に中小規模の円墳が造られるようになる。なお，清水平野では，方画規矩鏡を出土した神明山2号墳がこの時期の方墳と見られる。

以上，清水平野ではこの地を基盤とする集団が，前期から中期にかけて一定程度の勢力を有して存続するが，静岡平野では前期の一時期にのみ突出した勢力を持つ集団が現れるものの，その後は賤機山丘陵～巴川上流域，巴川中流域を基盤とする諸集団が併存していたとみられる。

4 安倍川右岸と有度山西麓

後期に入ると，それまで有力墓がみられなかった安倍川西岸で相次いで前方後円墳が築かれる。

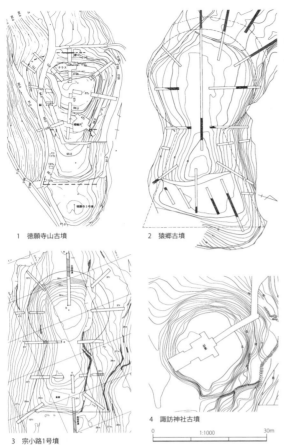

図2 6世紀前半の古墳

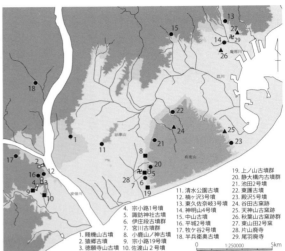

図3 後期の主要古墳，主要遺跡分布図

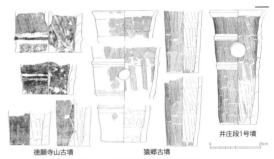

図4 後期古墳出土埴輪

徳願寺山古墳（墳長36m），猿郷1号墳（墳長55m）は，いずれも6世紀前半に位置づけられ，宗光寺1号墳（墳長39m）はこれに後続する古墳と推測されている[2]。

また，有度山西麓も前～中期に有力墳がみられなかった地域であるが，後期になると有力墳が新たに造営される。墳長32mの諏訪神社古墳は後期前半と推定されるいわゆる帆立貝形古墳であり，6世紀前～中葉の井庄段古墳は直径20～30mと推定される円墳である。両者ともそれまで首長墓が築かれることがなかった地域であるが，その後に築造される古墳からも，この両地域は後期における静岡・清水平野において優位性を持つ集団が基盤とする地域であったとうかがえる。その胎動が後期の訪れとともに現れることは，後期における静岡・清水平野の政治的動向を反映するも

のとして注目できよう。なお，これらの古墳の主体部は発掘調査を経ていないため不確実ではあるが，木棺直葬とみられている。また，猿郷1号墳，徳願寺山古墳は円筒埴輪と形象埴輪を持つ。井庄段古墳でも円筒埴輪が確認されており，いずれも関東系の埴輪とされる[3]。前～中期の静岡・清水平野では，三池平古墳，マルセッコウ古墳で壺形埴輪片が出土している程度であり，後期になり新たに有力墳が展開する地域で関東系の円筒埴輪が導入されることは，あわせて注目できよう。

5 賤機山古墳と横穴系埋葬施設の導入

安倍川右岸で築かれた3基の古墳を最後に，静岡・清水平野では前方後円墳は築造されなくなる。その一方で，新たに横穴系の埋葬施設が6世紀後半になると導入される。横穴系埋葬施設導入

表1 後期後半の主要墳

名称	墳丘 形状	規模(m)	横穴式石室 形状	規模(m)	馬具	飾大刀	副葬品 他
賤機山古墳	円	32	畿内系両袖	18.2	●	●	鏡,銅椀,小札
駿河丸山古墳	方	19	畿内系両袖	9.7	●	●	鹿角装刀子
小鹿山ノ神古墳	方	19.4	不明		●		
宗小路19号墳	方	18	畿内系両袖	11.0	●		
佐渡山2号墳	方	27.5	(片袖)	(15)			鏡
神明山4号墳	円	18	疑似両袖	10.1	●	●	小札
楠ヶ沢3号墳	方	17	不明	10.5			
東久佐奈岐3号墳	不明		不明	(7.4)	●		銅釧
清水公園古墳	円?	―	不明	(9)		●	銅椀
平城2号墳	方	14	無袖	7.3	●		
牧ケ谷2号墳	方		無袖	6.9	●		
半兵衛奥古墳	不明	―	不明	(5)	●		
上ノ山5号墳	方	22.5	疑似両袖	15.8	●		
上ノ山6号墳	方	15.6	疑似両袖	10.8	●		
上ノ山7号墳	方	17	疑似両袖	12.0	●		
伊庄段2号墳	(円)	(20)	疑似両袖	13.5	●	●	鹿角装刀子
宮川5号墳	不明		疑似両袖	(7.0)	●		
アセオサン古墳	方	18	疑似両袖	13.5	●		
静大学構内10号墳	不明		無袖	8.1			空玉
池田山2号墳	円?	―	不明	―	●		
東護古墳	不明		不明	(10)	●		
殿沢5号墳	不明		無袖	5.2	●		U字鍬先
中山古墳	不明		不明	(9)	●		鈴釧,銅椀

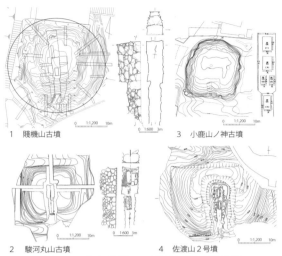

図5 6世紀後葉～7世紀初頭の首長墓

以降の当地における階層構造は、副葬品と埋葬施設の状況から分析されている[4]。首長墓として位置づけられるのは、畿内系横穴式石室や刳抜式石棺を採用する古墳のほか、全長9m以上の石室を持ち馬具・飾大刀・武具・鏡のうち2種以上を保有する古墳といえる。横穴系埋葬施設を主体部とする最初の首長墓は、6世紀後半に位置づけられる賤機山古墳である。墳径32mの円墳で、前庭部を含めた長さ18.2mの畿内系横穴式石室は、家形石棺を内包し、複数の装飾大刀や金銅装馬具を始めとする豊富な副葬品から、畿内との密接な関連性を持った被葬者像がうかがえる。名実ともに静岡・清水平野を代表する後期の首長墓が、静岡平野を一望する丘陵先端に墓制と葬制の転換を伴い築造されたことは、静岡・清水平野の古墳時代後期において社会的・政治的変革がもたらされたことを如実に示すものと言えよう。

6 方墳の採用

賤機山古墳に続く6世紀末葉～7世紀初頭の首長墓と位置づけられるのは、駿河丸山古墳（宮川1号墳）、小鹿山ノ神古墳、宗小路19号墳、佐渡山2号墳である。このうち前2者は有度山西麓、後2者は安倍川西岸にあり、後期に入り勢力を伸展する地域に所在することが注目される。また、いずれも方墳であることも特筆に値しよう。さらに、駿河丸山古墳、宗小路19号墳は畿内系の横穴式石室を採用している。もっとも駿河丸山古墳は、家形石棺を持つものの石室は三河系の石室[5]の影響が色濃く、宗小路19号墳は石棺を持たないなどの違いがみられる。なお、小鹿山ノ神古墳でも刳抜式の石棺の存在が伝えられている。この古墳はほかの3基より後出するようであり、2対の立柱石の存在や狭長な形態から、在地的変容を遂げた石室とみられる。このほか、楠ヶ沢3号墳、東久佐奈岐3号墳も有力な被葬者像がうかがえる同時期の古墳である。また、4基の石棺と装飾大刀を持つ清水公園古墳（谷津山4号墳）は4基の方墳に比肩し得る階層の可能性を持つ。7世紀初頭を過ぎると、畿内系横穴式石室や刳抜式石棺は見られなくなる。内容的にも確たる首長墓を見出し難くなるなか、清水平野の独立丘陵東麓に所在する神明山4号墳は、石室形態は疑似両袖式であるものの金銅装馬具や複数の飾大刀、小札等の優れた副葬品を持ち、7世紀前半における首長墓として位置づけられる。また、双竜環頭大刀や銅椀等の出土が伝えられる中山古墳も、有力な被葬者像が浮かぶ古墳である。これらに続く階層としては、平城2号墳、牧ケ谷2号墳、半兵衛奥古墳、上ノ山5～7号墳、伊庄段2号墳、宮川5号

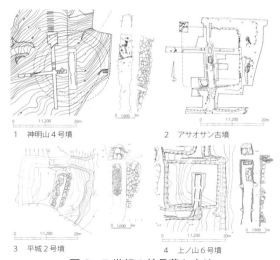

図6 7世紀の首長墓と方墳
1 神明山4号墳　2 アサオサン古墳
3 平城2号墳　4 上ノ山6号墳

墳，アサオサン古墳（宮川7号墳），静岡大学構内10号墳，池田山2号墳，東護(とうご)古墳，殿沢(とんざわ)5号墳があげられる。とくに有度山西麓のアサオサン古墳，上ノ山5〜7号墳，安倍川西岸の平城2号墳は方墳であることもあわせて注目できよう。墳丘規模からみれば，アサオサン古墳，上ノ山5〜7号墳は，先行する首長墓と比べても遜色はない。

7　首長墓と郡域

律令制下の静岡・清水平野は，静岡平野北半に安倍郡，平野南半に有度郡，清水平野に庵原郡が置かれるが，古墳時代後期の様相はそれぞれの郡域で異なる。結びとして概要を記す。まず，安倍郡域には当地における隔絶した首長墓である賤機山古墳が所在するが，後続する首長墓を見出せない。この地は，前〜中期をみても，古墳の造営は低調である。後に国府が置かれた地であることも勘案すると，中央との結びつきの強さ故に，勢力の伸長や古墳造営に対する王権からの制約を受けていた可能性もある。有度郡域は，古墳時代後期に入り，勢力が伸展した地域である。賤機山古墳に続く時期に首長墓，有力墳が郡の東西でそれぞれ継続的に営まれ，上位階層が方墳を採用することも特徴的である。限定的ではあるが畿内系石室や家形石棺が存在する一方で，三河系の石室も採用され，賤機山古墳の被葬者との関連性がうか

がえるとともに，他地域との在地間交流も持ち合わせていたとみられる。庵原郡域に相当する清水平野は，前期から継続的に首長墓が営まれる。有度郡域のように方墳や畿内系石室は採用されないことから，静岡平野の首長層とは，一定距離を置き，独自のルートで王権や他地域との関連性を持っていたと想定される。

註

1) 静岡市立登呂博物館『静岡・清水平野の古墳時代―新出土品にみるまつりとくらし―』静岡市立登呂博物館 1990
2) 宗光寺1号墳は時期をさかのぼる意見もある。鈴木一有「東海地方における古墳時代後期の地域社会」『境界の考古学』日本考古学協会2018静岡大会実行委員会，2018年。なお，安倍川右岸では，ほかにも前方後円墳の存在が指摘されている。篠原和大「静岡市丸子地区所在前方後円墳の調査」『考古学研究室調査研究集報2017』静岡大学人文社会科学部考古学研究室，2018年
3) 鈴木敏則「埴輪」『静岡県の前方後円墳―総括片―』静岡県教育委員会，2001年
4) 大谷宏治「遠江・駿河における古墳時代後期の階層構造」『研究紀要』第7号，㈶静岡県埋蔵文化財調査研究所，2000年。菊池吉修「静清地域」『東海の馬具と飾大刀』東海古墳文化研究会，2006年
5) 鈴木一有「東海地方における横穴系埋葬施設の多様性」『研究発表資料集』日本考古学協会2017静岡大会実行委員会，2017年

挿図出典

図2：静岡県教育委員会『静岡県の前方後円墳』2001年
図4：前掲註3
図5：1. 静岡市教育委員会『国指定史跡 賤機山古墳』1997年　2. 静岡市教育委員会『駿河丸山古墳』1962年，中野 宥「静岡市域の古墳の分布（後）」『学芸職員研究紀要9』静岡県博物館協会，1985年　3. 静岡大学人文学部考古学研究室『小鹿山神古墳』2010年　4. 静岡市教育委員会ほか『佐渡山2号墳』1984年
図6：1. 清水市教育委員会『神明山第4号墳』2002年　2. 静岡市教育委員会『駿河宮川遺跡』1975年　3. 静岡市教育委員会『平城遺跡・平城古墳群』1992年　4. 静岡市教育委員会『上ノ山遺跡発掘調査概報Ⅰ』1984年

富士山・愛鷹山南麓の古墳群の形成と地域社会の展開

富士市市民部文化振興課
藤村　翔
Shou Fujimura

1　はじめに

　静岡県東部にあたる富士山・愛鷹山南麓に古墳時代後期後半以降に築かれた古墳群については，近年資料化が相次ぎ，具体的な古墳群の様相のほか，律令期以降に古墳群内部に郡家関連遺跡が成立していく過程も含めて明らかになりつつある。本報告ではそれらの成果をもとに，倭王権からみれば東国社会との接触地帯に位置する当地域の特性について，古墳時代中期から奈良時代にかけての通時的な古墳と集落の分析を通じて明らかにしたい。

2　富士山の噴火と小規模首長墳の並立

(1)　中期における首長系譜の断絶と再開

　中期から後期前半の首長墳の動静　当地域は前期初頭から末までの間に前方後方墳・後円墳の首長層を継続的に輩出したが，富士山の噴火頻発期にあたる中期前半には状況が一変する[1]。駿河中部地域以東では墳丘規模が20〜30mほどの円墳が主となり，前期までの古墳と比べるとその衰退は著しい（図1）。その後，富士山の火山噴出物が南麓に降灰した5世紀末頃（TK23〜TK47型式併行期）になると，再び古墳の築造が活発化し，40〜60m級の前方後円墳や大型円墳といった比較的小規模な首長墳が各河川流域・小地域単位で一斉に並立するようになる[2]。そうした中小規模の首長墳の多くは盾持人や低位置突帯の円筒埴輪を含む，いわゆる関東系の埴輪を採用する点で共通する[3]。
　また，5世紀後半から6世紀前葉にかけての時期には各地の集落周辺でカマドや須恵器，子持勾玉を含む石製模造品祭祀が導入されるほか，一部の古墳では常総型石枕[4]が採用される。埴輪祭祀も含め，上記の新しい文化の受容は関東諸地域を含む広域的な交流網が同時期に整備されていったことが推察される。当地域においては，東西日本の境界たる本地域の有する特性[5]から，より伝統的に交流のある関東方面との交流網が機能したと評価されるが，新しい技術や文物の導入が，中期初頭以来頻発していた富士山の噴火活動が沈静化に向かう時期[6]に実施されたことは注意しておきたい[7]。

3　富士山・愛鷹山南麓の群集墳形成

(1)　富士山・愛鷹山南麓の古墳群

　「多様」な無袖石室の展開　駿河・伊豆地域で前方後円墳の新たな築造がみられなくなる6世紀後葉（TK43型式併行期）以降，駿河東部地域においては横穴式石室を主体部とした径10m前後の円墳が各地で築かれ，以後，それらの古墳を軸に古墳群や本格的な群集墳形成が開始される。横穴式石室の形式は，現在確認されている限りすべて無袖であり，駿河東部地域は「排他的」に無袖石室が展開する地域として指摘されてきている[8]。ただし，一口に無袖形といってもその内実は多様であり，平面形が長大・狭小なもの（船津寺の上1号墳）と胴張りのもの（比奈G-74号墳，須津J-159号墳など），開口部付近に段構造を有するもの（中原4号墳，実円寺西1号墳など）と平坦なもの（船津寺の上1号墳など），石材に富士山の溶岩礫を用いるもの（おもに富士川東岸〜赤淵川以西の古墳）と，河原石を用いるもの（おもに赤淵川以東の古墳），裏込めに礫を多用するもの（岩淵・木島古墳群，実円寺西1号墳など）と，そうでないもの（横沢古墳など），仕切石を設けるもの（大坂上古墳など）と箱形石棺を設けるもの（千人塚古墳など）というように，各部位にさまざまな差違が認めら

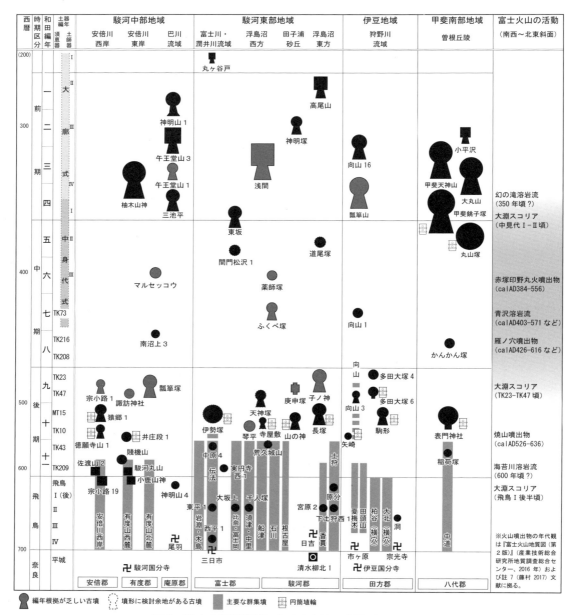

図 1 富士山周辺地域における古墳の変遷（筆者作成）

れる（図2）。これらの諸特徴には，駿河東部地域内部の地域差として認識できるものもあり，裏込めに礫を用いるものや仕切石を備えるものは富士川流域に，箱形石棺を備えるものは黄瀬川流域にそれぞれ分布の中心をもつと考えられている[9]。ただし，互いが排他的に分布するような関係性ではなく，一方の分布中心地に他方の特徴も有する石室が築かれる場合もあるので，同じ無袖形石室ではありながら，個々の特徴は「浸透的」な分布[10]を示す。

無袖石室の階層構造　駿河東部地域の無袖石室の階層構造については，石室全長10mを超える大型の無袖石室を頂点として，その下に中型石室や7世紀後半以降はこれに小石室も加わるヒエラルキーが想定されている[11]。ただ，当地域で重要なのは，菊池吉修も指摘している通り，最上位階

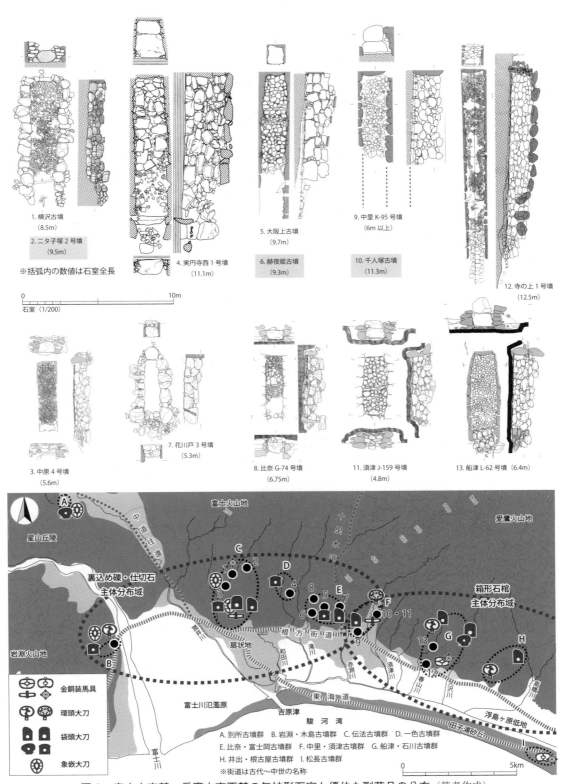

図2　富士山南麓〜愛鷹山南西麓の無袖形石室と優位な副葬品の分布（筆者作成）

富士山・愛鷹山南麓の古墳群の形成と地域社会の展開　35

層が同時期に複数存在する点であろう[12]。少なくとも6世紀末頃（TK209型式併行期）には10m前後の大型石室と4〜6mの中型石室の間に階層構造が生まれ、後者はさらに副葬品内容によっても分化する[13]。こういった階層構造が、各小地域の古墳群単位で少なくとも7世紀中頃（飛鳥Ⅱ）まではうかがえるが、大型石室も各古墳群で1世代限りというわけではなく、岩淵・木島や伝法、比奈・富士岡、中里・須津では群内で少なくとも2〜3世代ほどは続けて築かれたものとみられる。

一古墳群内でも多様な形式のみられる装飾付大刀に代表される優位な副葬品目が各小地域に分散し、それらが中型石室にも一定量副葬されている状況を重視すれば、各古墳群の集団単位やそのなかの個人レベルで、倭王権を構成する有力氏族や地域の大首長層などと直接関わり、その恩恵を受けた結果として、こうした階層構造が表出されるに至ったと考えられよう。時勢によって、駿河東部地域内の集団間の優劣はあったとみられるが、地域全体を統べるような、古墳群間を横断する支配者層の墳墓を見出すことは困難である。

4 伝法古墳群の展開と富士川東岸域の開発

(1) 伝法古墳群の形成

本節からは、TK43型式併行期以後に盛行を見せる駿河東部地域の古墳群について、近年の調査研究によってその実態解明が飛躍的に進んだ旧富士川氾濫原[14]東岸に占地する伝法古墳群を例として、その詳細をみていきたい。

古墳群の構造 伝法古墳群とは富士市域の西側を流れる潤井川の北東岸、伝法沢川の東岸に位置し、富士山南麓に広がる大淵扇状地の低丘陵上からその裾野の緩斜面にかけて築かれた古墳群の総称である（図3）。MT15〜TK10型式併行期には伝法沢川の下流域を中心に古墳群が展開するが、TK209型式併行期までには上流域まで分布が広がり、飛鳥Ⅰ期（後半）以降はさらに東側の丘陵一帯へと拡大して古墳築造数も一気に増加することが想定されている[15]。ちなみに、潤井川流域（富士川東岸域）における墳墓の築造は、上流域で弥生時代終末期に丸ヶ谷戸前方後方形周溝墓が築かれて以来のことであり、とくに下流域については、当時まったく新しい墓域であったとみられる。

後期前半までの伝法古墳群 古墳群造営の端緒となった古墳が、伝法沢川の東岸、沖積平野に面した丘陵南端部に築かれた伊勢塚古墳である。当古墳は径54mを測る二段築成の大型円墳であり、墳丘や周溝から出土した円筒埴輪から、MT15〜TK10型式併行期の築造が推定されるほか、上毛野・下毛野地域などの埴輪祭祀との関わりが推定される巫女形の人物小像の存在が確認されている[16]。

伊勢塚古墳の周囲には、1958（昭和33）年に後藤守一らによる『吉原市の古墳』報告時、既に墳丘が消滅し遺物も散逸していたものの、目を見張る副葬品の出土が伝わる古墳が複数存在する[17]。そのうち、九郎林塚古墳（伝法A-3号墳）は規模不明の円墳であり、長さ約3m、幅約1mの竪穴式石槨とみられる主体部から、大刀や金銅装の鏡板を有した轡のほか、須恵器（𤭯）の出土が伝わる。主体部や馬具の特徴から、TK10型式併行期頃までに築造された、伊勢塚古墳と同時期あるいは後続する有力古墳とみられる。伝法沢川下流域にはほかにも、鏡の出土が伝わる鏡塚古墳や、大刀・甲冑残片・須恵器の出土が伝わる兜塚古墳などが占地しており、これらの古墳もMT15〜TK10型式併行期に収まる蓋然性は高い。

このように、後期前半までの伝法古墳群は、前代とは大きく異なる新しい墓域へと新来の埴輪祭祀を携えて進出した伊勢塚古墳を中心に展開したであろうことは想像に難くない。

(2) 中原4号墳の築造と地域開発の推進

中原4号墳被葬者の到来 後期後半以降の伝法古墳群において、TK43型式併行期に築かれた中原4号墳の存在は、駿河東部地域全体のその後の展開を方向付けるものとしても極めて重要である。中原4号墳は南北の直径が10.5mの円墳で、主体部は壁面の大部分が墓坑内におさまる無袖の竪穴系横口式石室である。副葬品は多量の玉類、土器類のほか、銀象嵌装大刀・剣や131点以上となる多量の鉄鏃からなる武器、3組の鉄製馬

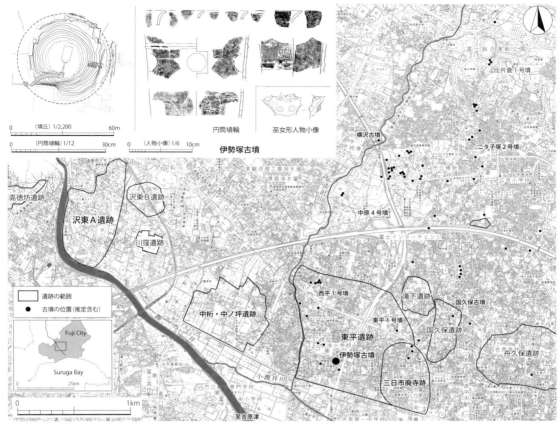

図3 潤井川東岸の遺跡分布と伊勢塚古墳（佐藤2016掲載図をもとに筆者加筆）

具，そして，刀子・斧・鉇・鑿・鎌・鍬鋤先・砥石・針・鑷子といった豊富な生産用具とともに，東海地域唯一となる鍛冶具の鉄鉗が出土し，報告書では埋葬施設や副葬品の品目毎に被葬者の性格に迫る詳細な検討が行なわれた（図4）[18]。

　横穴式石室は小型ながら渡来系の竪穴系横口式石室をもとに列島内で創出されたものとみられ，西日本〜東海諸地域でみられるものと共通する特徴を有するほか，その後の駿河東部地域の石室形態に大きな影響を与えている[19]。また外来系器種である把手付椀を含む豊富な須恵器や甑を多用する組成からは渡来系集団や駿河近隣の複数の生産地との関係性が指摘されるほか[20]，豊富ながらも階層的に統制された武器・馬具からは倭王権との強い結びつきや被葬者の武人的性質を[21]，また土玉を含む玉類の組成は被葬者の西日本地域との強い繋がりをあぶり出すことに成功している[22]。そして，副葬品の中でも一際目を引く豊富な生産用具は，農業や林業，布・皮生産，鉄器生産に携わった，渡来人を含む技術者集団と被葬者の関わりを強く示すものとして評価された[23]。中原4号墳の被葬者は，倭王権との軍事的結びつきを背景として，近畿や西日本地域の渡来系集団と関係をもち，駿河東部地域に新しい産業の種を蒔いて富士山麓の山野や河川・低地部などの開発を推し進めた技術者集団の統括者としての性格が想定される[24]。

富士川東岸域の開発と沢東A遺跡　伝法古墳群に葬られた集団の経営基盤となった集落はいかなるものであったのか。伝法古墳群が展開する潤井川の下流域から上流へ2km程度遡った地点に占地する集落が，沢東A遺跡である（図5）。古墳時代前期以来，駿河湾の主要な港湾の一つであった吉原津[25]に潤井川を通じて直結する拠点集落としてTK208型式併行期以降に台頭した当遺跡は，

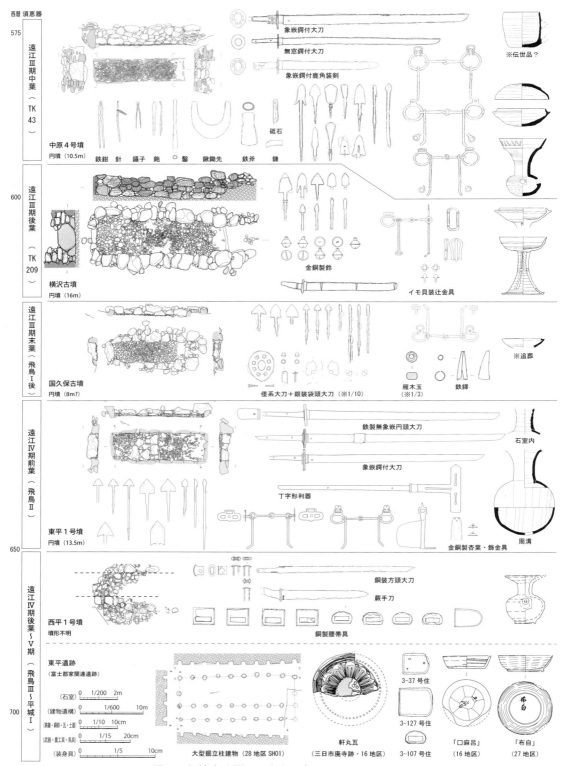

図4 伝法古墳群から富士郡家への展開（筆者作成）

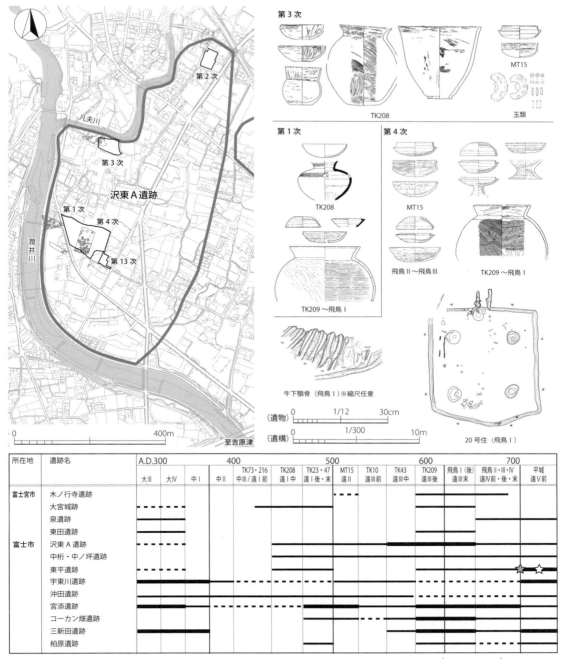

図5 沢東A遺跡と潤井川流域～浮島沼西岸の主要集落の消長（佐藤2016掲載図をもとに筆者加筆・再構成）

新来の須恵器や子持勾玉を含む石製模造品の出土も顕著であり，後期前半の伊勢塚古墳に葬られた首長の経営母体として，潤井川中・下流域の低地開発の拠点として機能したことが窺える。伊勢塚古墳の立地は，吉原津から潤井川（小潤井川）を通って沢東A遺跡までの間を往来する船舶に対して，視覚的に偉容を示す狙いがあったであろうことは想像に難くない。さらにTK43型式併行期から飛鳥I期後半には，特徴的な平面五角形の竪穴建物が導入されて住居軒数も増大し，集落規

富士山・愛鷹山南麓の古墳群の形成と地域社会の展開　39

模が拡大することが指摘されているが[26]、当該期の竪穴建物などから牛の遺存体が検出されていることも注目される[27]。1次調査SB27（TK208型式併行期）[28]や4次調査10号竪穴建物跡（飛鳥Ⅰ期後半頃）[29]など5ヶ所以上の建物跡や遺構から牛骨・牛歯が出土しており、当遺跡周辺において牛の飼育が広く実施されていたことが想定される。木ノ内義昭や鈴木一有、大谷宏治は中原4号墳に代表される複数の鉄製馬具の副葬や横沢古墳・花川戸1号墳でみられる馬骨・馬歯の出土から、駿河東部地域[30]における馬匹生産を想定するが[31]、沢東A遺跡の集落の周辺で牛の飼育が行なわれていたとすれば、富士山麓周辺の牧の経営や動物飼育は、想像以上に豊かなものであった可能性がある。

稚贄屯倉と沢東A遺跡　『日本書紀』安閑天皇2（535）年に駿河国に置かれたとされる稚贄屯倉については、潤井川・和田川・沼川の河口部付近である吉原津周辺から潤井川東岸に比定する意見が多く、実際の設置時期についても推古朝頃とみる考えがある[32]。吉原津に直接関わる遺跡とみられる田子の浦港遺跡の実態が不明瞭なため継続的な検討は不可欠であるが、津を実質的に管理した集団が居住したとみられる沢東A遺跡が、6世紀後葉から7世紀前半代における富士川東岸・富士山麓地域では最も拠点的かつ先進的な集落として評価される。

文献から指摘されるように、稚贄屯倉が上宮王家に直接連なる壬生部が管掌した地域経営の拠点であるならば[33]、西日本からの移住者的な性格を有し、富士川東岸域の開発を主導したであろう中原4号墳の被葬者像とも親和的である。少なくとも、播磨地域では屯倉型の地域開発[34]、上毛野地域では渡来系技術を含む新たな手工業振興と土地開発[35]と表現された、屯倉を中心とした地域経営や土地開発が、伝法古墳群や対岸の岩淵・木島古墳群[36]などに葬られた集団によって、沢東A遺跡の集落を中心に実践されていったものと評価されよう。そうした地域開発を経て、6世紀後葉から7世紀代の駿河東部・伊豆地域において、多量の鉄鏃を副葬する古墳や小鍛冶関連遺物、針、ガラス小玉鋳型といった手工業関連遺跡が集中する状況[37]が表出するに至ったと考えたい（図6）。

（3）伝法古墳群の展開と求心集落の移動

ポスト中原4号墳世代　中原4号墳の築造後、7世紀初頭前後（TK209型式併行期）には4号墳から伝法沢川を600mほど遡った地点に、径16mの円墳である横沢古墳が築かれる。伝法古墳群では大型の部類に入る全長8.7mの段構造を有する無袖形石室から、金銅製鈴を伴う金銅製装身具片や大刀、鉄鏃、イモ貝装辻金具を伴う鉄製馬具、須恵器などが見つかっている（図4）。中原4号墳の次の世代の指導者層の古墳と評価されるが、石室の墓坑が浅く、盛土主体の比較的大きな墳丘を有する点で相違がある。

さらに7世紀第Ⅰ四半期頃（飛鳥Ⅰ期後半）に、伝法沢川の東側に広がる丘陵末端、和田川を見下ろす高台に新たな墓域を形成するのが、国久保古墳である。当古墳は直径8m程の小型の円墳で、全長4.7mの段構造を有する無袖形石室を主体部とするが、雁木玉や鉄鐸といった希少な装身具とともに、銀装袋頭大刀柄頭片や鉄製八窓鍔、総数53点以上の鉄鏃、鉄製馬具などが副葬されていた（図4）[38]。墳丘や石室は小規模ながら、駿河東部地域では第2位の鉄鏃点数を誇り、銀装袋頭大刀＋倭系の鉄製大刀という豊富な武器の保有もさることながら、鉄器製作集団との関わり[39]や鍛冶具と同様に新羅系の渡来系遺物[40]として注目される鉄鐸、舶載品とみられる雁木玉[41]が一つの古墳から出土したことは注目に値する。国久保古墳の被葬者については、中原4号墳被葬者でみられた武人＋渡来系技術者集団の統括者という性格を強く引き継いだ指導者層とみてよい。

東平1号墳の築造と新しい波　国久保古墳にやや遅れて、7世紀第Ⅱ四半期頃（飛鳥Ⅱ期）に築かれたのが東平1号墳である。国久保古墳同様、伝法沢川の東側の丘陵上、和田川水源の湧水池を眼下に望む高台に新たな墓域を形成する。当古墳は南北13.5mの円墳であり、全長5.12mの段構造の無袖石室から、銀象嵌装大刀や鉄製円頭大刀、鉄鏃、金銅装のものを含む2組の馬具など

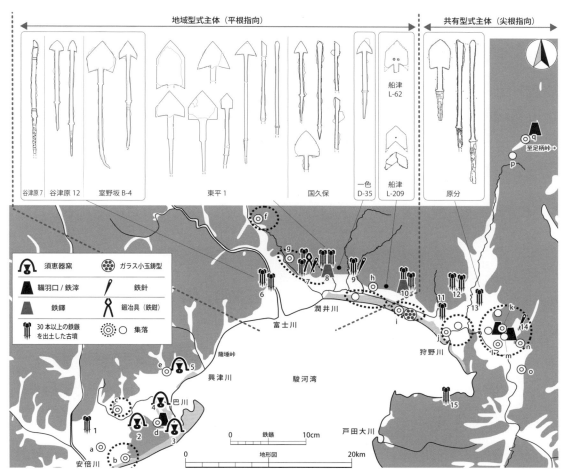

図6 駿河・伊豆地域の手工業関連遺跡と地域型式鉄鏃の広がり（6世紀後半〜7世紀，筆者作成）

のほか，列島内でまだ4例しか確認されていない丁字形利器が出土した（図4）[42]。

東平1号墳でみられる横長心葉形鏡板付轡や銅製壺鐙などの馬具は，その成立期の資料として位置づけられる最先端の製品であり，いずれも東日本地域に偏在する傾向にある[43]。また平根腸抉三角形式長頸鏃も東日本で広域的に採用された「地域型式」[44]である一方で，大型の五角形式鉄鏃や短小な鏃身部の片刃箭長頸鏃が在地における鉄器製作の可能性を示唆しており，当古墳の被葬者が鉄鏃の生産や流通に関わった可能性を想起させる[45]。そして，丁字形利器は高句麗でみられる双方刃の柄穴鉄斧から派生するものであり，軍事統率権や刑罰執行権を象徴する儀器として列島内で成立したと評価されることから，渡来系集団の統率者としての被葬者の性格が想定されている[46]。東平1号墳の被葬者は，中原4号墳以来の渡来系集団との関わりを着実に引き継ぎつつも，東日本地域との接触地帯として軍事的にも倭王権からより一層重要視された地域首長として位置づけられよう[47]。

7世紀前半代の伝法古墳群の指導者層の墳墓である国久保古墳や東平1号墳が，ともに中原4号墳の被葬者の系譜や職掌を継承するような石室構造や副葬品組成を採用しながらも，伝法沢川の岸

富士山・愛鷹山南麓の古墳群の形成と地域社会の展開　41

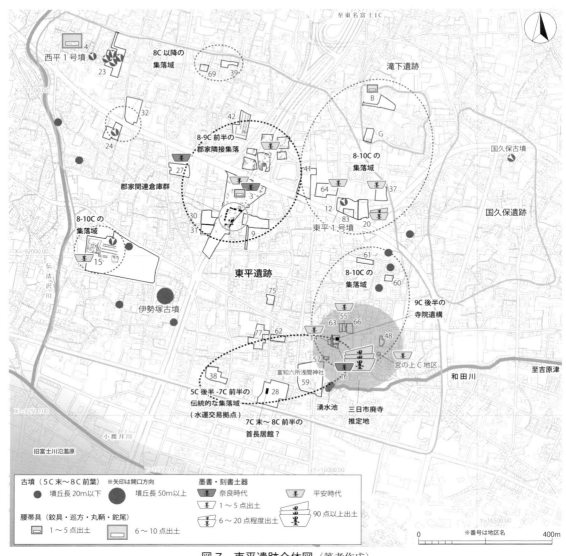

図7　東平遺跡全体図（筆者作成）

辺ではなく，東側の丘陵上，ともに和田川を見下ろす高台に新たな墓域を形成した点は注目される（図3）。7世紀前半以降，国久保・東平1号墳の両古墳を軸にそれぞれ派生する新たな墓道沿いに支群が営まれていくのであるが[48]，ここに伝法古墳群の大きな画期を認めることができる[49]。

7世紀第Ⅲ～第Ⅳ四半期頃（飛鳥Ⅲ～Ⅳ期頃）には，東平1号墳の北西のやや離れた地点に，西平1号墳が築かれる（図4）。その被葬者は，飛鳥の官営工房で生産され，東日本諸地域の首長たちを国家による軍事編成に取り込むことを目的として配布された最新型式の銅装方頭大刀[50]や蕨手刀を保有しており，先に見た東平1号墳の馬具の分布とも共通する点から，東平1号墳の被葬者の役割を継承する指導者の奥津城であると評価できる。

東平遺跡の台頭　伝法古墳群の墓域の転換の後を追うように，7世紀後半には沢東A遺跡の住居数は大きく減少し，かわりに伝法古墳群の南側，潤井川（小潤井川）下流域の川辺に近いエリアに東平遺跡が成長を開始する[51]。7世紀後半代の東平遺跡の中枢はまさに和田川水源池周辺であり，そのすぐ北側の高台には東平1号墳が位置していた。

和田川水源池の北側には白鳳期後期の創建（7世紀第Ⅳ四半期～8世紀初頭）とみられる三日市廃寺跡が造営されたほか，水源池の西側には7世紀末～8世紀前半頃の首長居館とみられる大型掘立柱建物跡（28地区SH01）も確認されるようになる。和田川は吉原津と接続する天然の運河であり，外海と近距離で接続する和田川水運の利便性が重要視された結果，沢東A遺跡から東平遺跡へと集落の移動を促したものと考えられる。それは，5世紀後半以来進められていた富士川東岸域（潤井川下流域）の開発の到達点を象徴する大きな出来事であり，その決断と行動が，東平1号墳やその後継者である西平1号墳の首長らによって推進されたであろうことは想像に難くない。三日市廃寺も，上記の首長系譜に直接結びついた古代寺院[52]として位置づけられるだろう。この段階の東平遺跡が，富士評家関連遺跡として評価できる余地も十分にある。

5　古墳群から郡家へ

（1）富士郡家関連遺跡群としての東平遺跡

　伝法古墳群の領域内において成立した東平遺跡は，奈良時代にさらなる急成長を遂げ，郡内で最も求心力を有した政治・宗教・交易・手工業生産の拠点としての地位を確立するようになっており，駿河国富士郡家にふさわしい[53]。奈良時代には，集落の核となった和田川水源池周辺にとどまらず，前代に古墳が築かれていた丘陵上や伝法沢川東岸にまで集落が拡がるようになり，領域内の最も高所（3地区）には，総柱建物と側柱建物が混在しつつも方形に整然と並んだ郡家正倉とみられる倉庫関連建物群が造営される。政庁関連の施設は未発見であるが，2・3地区を中心に銅製腰帯具や「布自」郡名墨書土器（図4）などが出土した官人層の住居とみられる竪穴建物跡も複数検出されていることから，和田川水源池周辺から正倉域周辺までの間のどこかに眠っているとみられる。

（2）郡家と古墳群

　奈良時代以降の集落と古墳の関係をみると，古墳を破壊して集落を拡大した痕跡は認められず，既存の古墳の間を縫うように新興の集落域が形成された様子が看取されるほか，8世紀代にも横穴式石室墳への追葬や前庭部祭祀が依然実施された状況が確認できる。また先述した西平1号墳は，8世紀前半には富士郡大領級の銅製腰帯具[54]を保有する人物の埋葬も確認されており[55]，郡司層の墳墓が伝法古墳群内に存在することが確認できる。その他の官人層についても，伝法古墳群や周辺の一色古墳群，郡家対岸の岩淵・木島古墳群内の妙見支群・山王支群などに新たな墓域が設定され，埋葬された状況が認められる。

　以上のとおり，郡家設置以後も前代の古墳に対する配慮や再利用，隣接した墓域の造営などを通じて，依然として古墳に対する畏敬の念や祭祀が継続していた状況を指摘することができる。このような点からも，伝法古墳群から郡家関連集落への移行は，単に同じ土地を利用したというものではなく，少なくとも中原4号墳以降の系譜を引き継いだ地域首長とその集団によって実行されたものと評価できよう。

6　おわりに

　奈良時代に駿河国富士郡と呼ばれた領域における地域拠点は，古墳時代後期以来の有力氏族の本拠地かつ屯倉の推定地に近接して発展し，飛鳥時代に若干場所を替えながらも，同一の古墳群に葬られた集団によって郡家設置が進む奈良時代まで経営されていたことを確認した。5世紀後半～6世紀前半には，伝統的に親交が深い関東諸地域との関係性のなかで技術などを受容して地域開発が進められた一方で，6世紀後半以降の渡来系を含む各種手工業技術の導入には，倭王権によるテコ入れがあったものと推察される[56]。その中心的な役割を担ったのが6世紀後半以降の伝法古墳群の指導者層であり，7世紀末まで継続して王権から重視されるのであるが，東日本地域向けの馬具や大刀などを豊富に保有する点からは，その期待される役割の中に軍事的役割[57]が含まれていたと考えられる。後の東海道と東山道を結ぶジャンクションとしての役割を有した富士山南麓地域は，

畿内の王権からみれば，後の清見関（薩埵峠）の
すぐ外側，東国経営の最前線ともいえる軍事的要
衝の地として捉えられる。農耕生産の基盤も十分
とは言いがたい当該地において，100基単位の群
集墳が複数並立する背景には，有事の際には自前
で装備を調え，兵として奔出できる生産技術を保
有した集団が複数存在していた可能性を想定して
おくことも必要であろう[58]。

富士山南麓地域周辺は，群集墳被葬者層と手工
業生産の関係やその軍事的側面，倭王権の領域
論，街道認識など，古代の地域社会を考える上で
多くの示唆に富む良好なフィールドとして，今後
より一層の研究や活用の進展が望まれる。

註

1) 渡井英誉「駿河における首長墓の変遷と富士山噴火」『富士学研究』10−1，富士学会，2012年
2) 滝沢　誠「古墳時代政治構造の地域的把握―駿河における大型古墳の変遷―」『古墳時代の軍事組織と政治構造』同成社，2015年など
3) 鈴木敏則「駿河・伊豆の円筒埴輪Ⅱ」『埴輪研究会誌』6，埴輪研究会，2002年など
4) 滝沢　誠・久永雅宏「静岡市麓山神社後古墳出土の石枕」『静岡県考古学研究』49，静岡県考古学会，2018年，白井久美子「石枕と立花の諸段階―東海出土資料の位置づけ―」『技術と交流の考古学』同成社，2013年
5) 田村隆太郎「静岡県の後期古墳研究にみる『東西のはざま』の評価」『静岡県考古学会2017年度シンポジウム　境界（はざま）の考古学』静岡県考古学会，2018年
6) 富士山南麓から東麓にかけては，5世紀代を中心に印野丸火溶岩（384〜556 cal AD），青沢溶岩（403〜571 cal AD），大淵スコリア（TK23・47型式併行期）が相次いで流出・降下しているが，大淵スコリア以降，沈静化したものと考えられる。その一方で，榛名山の5世紀末と6世紀中葉の2度にわたる大噴火により，上毛野地域に深刻な被害をもたらしたこと（若狭2011など）も，当時の東海東部〜関東諸地域の社会情勢を考える上で重要な因子となる。若狭　徹「中期の上毛野―共立から小地域経営へ―」右島和夫ほか編『古墳時代毛野の実像』季刊考古学・別冊17，雄山閣，2011年
7) 藤村　翔「古墳時代から平安時代にかけての富士山の噴火災害と遺跡動態」『一般社団法人日本考古学協会2017年度宮崎大会資料集』日本考古学協会2017年度宮崎大会実行委員会，2017年
8) 鈴木一有「東海地方における後期古墳の特質」『第8回東海考古学フォーラム三河大会　東海の後期古墳を考える』東海考古学フォーラム，2001年など
9) 大谷宏治「古墳時代後期〜終末期の古墳について」大谷宏治編『富士山・愛鷹山麓の古墳群』静岡県埋蔵文化財調査研究所調査報告，231，㈶静岡県埋蔵文化財調査研究所，2010年
10) 太田宏明「考古資料にみられる分布境界領域の様相―横穴式石室を資料として―」『考古学研究』第57巻第4号（通巻228号），2011年
11) 井鍋誉之『東駿河の横穴式石室』『静岡県の横穴式石室』静岡県考古学会，2003年。前掲註8に同じ
12) 菊池吉修「駿河」土生田純之編『東日本の無袖横穴式石室』雄山閣，2010年
13) 藤村　翔「中原4号墳の横穴式石室とその歴史的意義」『伝法　中原古墳群』富士市教育委員会，2016年
14) 現在の富士川から，東側の潤井川・小潤井川までの範囲。
15) 藤村　翔ほか「伝法　国久保古墳の発掘調査」藤村・若林美希編『平成13年度　富士市内遺跡・伝法　国久保古墳　埋蔵文化財発掘調査報告書』富士市教育委員会，2011年
16) 藤村　翔「駿河・伊豆地域における埴輪祭祀の受容とその意義」『東海の埴輪―出現と終焉，地域性を探る―』第31回考古学研究会東海例会，2018年
17) 中野国雄「第五　吉原市域の古墳」後藤守一ほか編『吉原市の古墳』吉原市教育委員会，1958年
18) 佐藤祐樹編『伝法　中原古墳群』富士市教育委員会，2016年
19) 前掲註13に同じ
20) 和田達也「中原4号墳出土須恵器の様相」『伝法　中原古墳群』富士市教育委員会，2016年。田村隆太郎「中原4号墳の埋葬と儀礼」『伝法　中原古墳群』富士市教育委員会，2016年
21) 大谷宏治「中原4号墳出土刀剣類・馬具の特徴と被葬者の性格」『伝法　中原古墳群』富士市教育委員会，2016年。菊池吉修「中原4号墳出土鉄鏃について」『伝法　中原古墳群』富士市教

育委員会，2016 年
22) 戸根比呂子「中原 4 号墳出土の玉」『伝法 中原古墳群』富士市教育委員会，2016 年
23) 鈴木一有「中原 4 号墳から出土した生産用具が提起する問題」『伝法 中原古墳群』富士市教育委員会，2016 年
24) 富士市文化振興課編『中原第 4 号墳の被葬者に迫る 資料集』平成 29 年度 中原第 4 号墳出土品市指定文化財記念シンポジウム，富士市・富士市教育委員会，2018 年。前掲註 18 に同じ
25) 本稿でいう吉原津とは，潤井川や和田川，沼川（浮島沼）の合流地点の周辺域から駿河湾までの間に広がっていたラグーン地形に営まれたとみられる古代の港湾施設を指す。中世には吉原湊，近世には小須湊などの名称で呼称されたが，1958（昭和 33）年以降の大規模な開削工事を経て，現在の人工的な田子の浦港へと変貌している。
26) 佐藤祐樹・若林美希「沢東 A 遺跡の成立と展開」若林美希編『沢東 A 遺跡 第 1 次』富士市教育委員会，2014 年
27) 志村 博ほか『沢東 A 遺跡・第 V 地区』富士市教育委員会，1997 年
28) 資料を実見した植月学氏の御教示による。出土状況が不明なため，中期の竪穴建物跡を利用した後世の掘り込みに伴う可能性がある。
29) 報告書（前掲註 27）で「牛骨」は床面上の出土とされるが，詳細な覆土の土層図はなく，竪穴建物跡の堀方底面（地山上）を床面と認識しているものと判断される。しかし，その後の調査で当地域の竪穴建物跡の大半が貼床（堀方埋土）を設けることが明らかになっており，本資料の牛下顎骨についても，堀方底面からの出土となる可能性がある。そうであるならば，その特殊な出土状況から何らかの祭祀にかかわる可能性が浮上するのであり，TK209 型式併行期以降に東国に広がる牛を捧げた祭祀（笹生 2011，植月 2011）との関連性も想起させる。植月 学「動物考古学からさぐる古代の牛」『帝京大学山梨文化財研究所報』第 53 号，帝京大学山梨文化財研究所，2011 年。笹生 衛「古代日本の祭祀と牛」『牧と考古学─牛をめぐる諸問題 資料集』山梨県考古学協会 2011 年度研究集会，2011 年
30) 平安時代の記録であるが，927（延長 5）年には駿河国の岡野馬牧（大野牧）と蘇弥奈馬牧で牛馬の生産が行われていたことが知られている（『延喜式』巻 28─兵部省）。岡野馬牧は愛鷹山南東麓から黄瀬川西岸にあたるとみられるが，蘇弥奈馬牧は静岡市牧ケ谷から美和の一帯とする説と，伝法古墳群の北側に広がる富士市大淵曽比奈とする説がある（註 31 木ノ内 1995 文献）。富士山麓から愛鷹山南東麓は馬具副葬古墳や牛骨の資料が充実することからみると，蘇弥奈馬牧が富士山南麓のいずれかの地域に比定できる可能性は十分にある。
31) 木ノ内義昭「古墳への馬の埋納について─静岡県内の事例から─」『花川戸第 1 号墳』富士市教育委員会，1995 年。鈴木一有「東海東部の横穴式石室にみる地域圏の形成」『静岡県の横穴式石室』静岡県考古学会，2003 年。大谷宏治「副葬品からみた無袖石室の位相─東海～関東を中心に─」土生田純之編『東日本の無袖横穴式石室』雄山閣，2010 年
32) 仁藤敦史「スルガ国造とスルガ国」裾野市史編さん委員会編『裾野市史研究』4，裾野市教育委員会，1992 年。原 秀三郎「大和王権と遠江・駿河・伊豆の古代氏族」『静岡県史』通史編 1，静岡県，1994 年など
33) 註 32 仁藤 1992 文献など
34) 菱田哲郎「7 世紀における地域社会の変容 古墳研究と集落研究の接続をめざして」『国立歴史民俗博物館研究報告』179〔共同研究〕新しい古代国家像のための基礎的研究，2013 年
35) 若狭 徹「東国における古墳時代地域経営の諸段階─上毛野地域を中心として─」『国立歴史民俗博物館研究報告』第 211 集〔共同研究〕古代東アジアにおける倭世界の実態，2018 年
36) 本稿でいう岩淵・木島古墳群とは沢東 A 遺跡や伝法古墳群から旧富士川氾濫原（現在の富士川・潤井川）を挟んで西側の丘陵斜面，吉津川の周辺に展開する 200 基以上の古墳で構成される古墳群であり，現在は谷津原古墳群，妙見古墳群，室野坂古墳群，駿河山王古墳群と呼び分けられている。谷津原・室野坂地区で 6 世紀後葉（TK43 併行期）以降に古墳築造が開始され，妙見・駿河山王地区では 8 世紀前葉まで造墓が継続しており，横穴式石室の構造はほかの富士山・愛鷹山麓の古墳群に共通する（石川 2008）。石川武男「富士川西岸域古墳群の様相」若月正巳ほか編『谷津原古墳群』富士川町教育員会，2008 年

37) 藤村　翔「駿河・伊豆地域における手工業技術の受容と集落動態―6・7世紀を中心に―」『東海における古墳時代の手工業生産の展開を考える』第28回考古学研究会東海例会，2017年
38) 前掲註15に同じ
39) 早野浩二「古墳時代の鉄鏃について」『研究紀要』9，㈶愛知県教育・スポーツ振興財団愛知県埋蔵文化財センター，2008年
40) 寺井　誠編『特別展 渡来人いずこより』大阪歴史博物館，2017年
41) 安永周平「装飾付ガラス玉研究序論」『橿原考古学研究所論集』第十五，奈良県立橿原考古学研究所，2008年
42) 佐藤祐樹編『伝法 東平第1号墳』富士市教育委員，2018年
43) 大谷宏治「東平1号墳副葬馬具と大刀の特徴からみた被葬者像」『伝法 東平1号墳』富士市教育委員会，2018年
44) 内山敏行「後期・終末期古墳出土の鉄鏃―東日本の場合―」『月刊 考古学ジャーナル』No.616（特集：後・終末期古墳出土の武器），2011年など
45) 藤村　翔「東平1号墳出土鉄鏃の評価と意義」『伝法 東平第1号墳』富士市教育委員会，2018年
46) 鈴木一有「丁字形利器とその系譜」『伝法 東平1号墳』富士市教育委員会，2018年
47) 前掲註42に同じ
48) 前掲註15に同じ
49) この意味において，東平1号墳や国久保古墳の被葬者が，中原4号墳の被葬者の社会的役割は引き継ぎつつも，その出自などは異にしていた可能性を否定することはできない。
50) 豊島直博「方頭大刀の生産と古代国家」『考古学雑誌』98―3，日本考古学会，2014年
51) 藤村　翔「富士郡家関連遺跡群の成立と展開～富士市東平遺跡とその周辺～」『静岡県考古学研究』No.45　静岡県考古学会，2014年
52) 鈴木一有「7世紀における地域拠点の形成過程」『国立歴史民俗博物館研究報告』179，〔共同研究〕新しい古代国家像のための基礎的研究，2013年
53) 佐藤祐樹「駿河・伊豆における古代の墨書土器と手工業」『静岡県と周辺地域の官衙出土文字資料と手工業生産』地域と考古学の会・浜松市博物館・静岡県考古学会シンポジウム，2018年。前掲註51に同じ
54) 植松章八「静岡県の鋳帯具」志村博ほか『東平遺跡発掘調査報告書』富士市教育委員会，2003年
55) 本稿では西平1号墳の方頭大刀の年代観（前掲註50文献）から，初葬者を7世紀後半代に活躍した人物と捉え，銅製腰帯具は奈良時代に活躍した追葬者（郡司）に伴うものと判断したが，7世紀第Ⅳ四半期頃から8世紀前葉にかけて長期に活躍した同一人物の副葬品であった可能性も残る。西平1号墳は石室奥半部分が未調査であり，今後の調査によって確定できる余地がある。
56) 前掲註37に同じ
57) 岡安光彦「壬申の乱における兵器と兵士―考古学的検討―」『土曜考古』35（特集：武器・馬文化），土曜考古学研究会，2013年
58) 前掲註45に同じ

参考文献
佐藤祐樹「伝法古墳群の展開と地域社会の成立」『伝法 中原古墳群』富士市教育委員会，2016年
藤村　翔『富士山の下に灰を雨らす―富士の噴火と古墳時代後期の幕開け―』富士市立博物館，2014年
＊紙幅の都合上，個別の報告書は割愛した。

トピックス

駿河郡における古墳時代後・終末期の古墳概観

静岡県文化・観光部
文化局文化財課
大谷宏治
Hiroshi Oya

1 はじめに

　東駿河地域は富士川西岸～箱根山麓にわたる広大な地域であるが，旧富士郡域，旧駿河郡域に分かれる。この地域には古墳時代後期後半～終末期の古墳が集中しており，富士郡域では近年の報告書刊行により変遷過程や古墳の様相が明確になりつつある（藤村論文参照）。ここでは富士郡域と対比する意味も含め，その東に位置する旧駿河郡域（以下，駿河郡。現沼津市・長泉町・清水町・裾野市・御殿場市）の古墳時代後期後半～終末期の古墳の特徴を概観したうえで，今後の研究課題について述べたい。

2 駿河郡の古墳概観（図1）

　東駿河における古墳の初現は高尾山古墳であり，その後神明塚古墳，向山16号墳，浅間古墳は単発的に築造される。富士山の噴火活動などによる影響と考えられるが，中期の古墳は少なく，富士山の噴火活動が弱まる中期末葉以降，子ノ神古墳，長塚古墳，伊勢塚古墳，天神塚古墳などが後期前半までに，後期中葉には松長6号墳，荒久城山古墳などが築造される。つづく後期後半（とくにTK209型式期併行期）以降富士山・愛鷹山麓，香貫山，箱根山麓などに横穴式石室を埋葬施設とする古墳が爆発的に築造され，富士市船津古墳群や沼津市石川古墳群などでは100基を超える[1]。このように富士郡・駿河郡の群集墳は突如として築造が開始されることから中原4号墳などで想定されるように他地域からの，渡来人を含む新興集団を計画的に配置した可能性も想定しておくべきかもしれない[2]。

　当地域の横穴式石室墳は20m以下の古墳であり，古墳の規模により突出的な古墳がないこと，

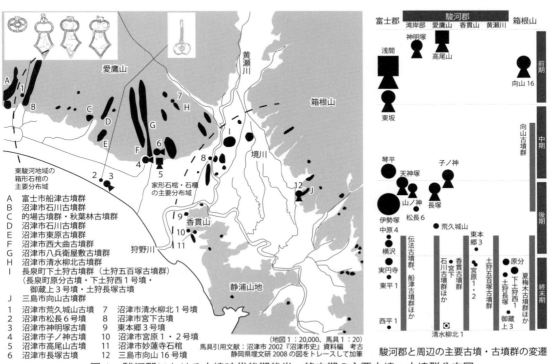

図1　駿河郡における古墳時代後期後半～終末期の主要古墳・古墳群分布図

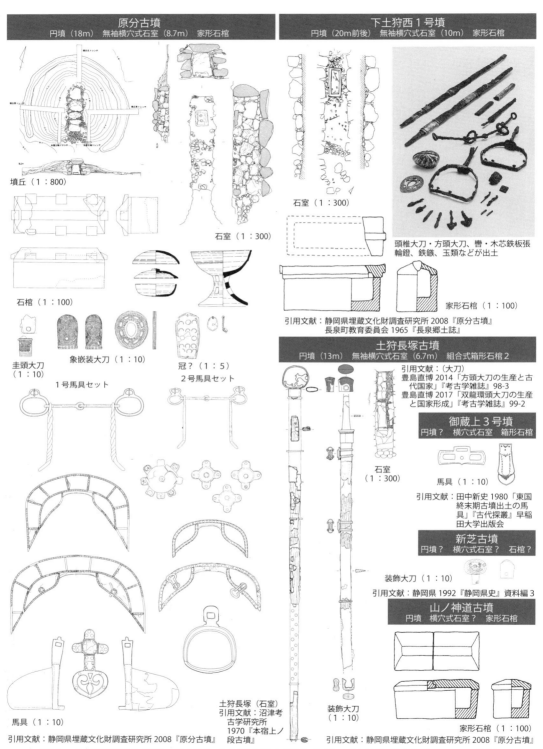

図2　土狩五百塚古墳群（長泉町）の主要古墳の概要（写真は静岡県埋蔵文化財センター所蔵）

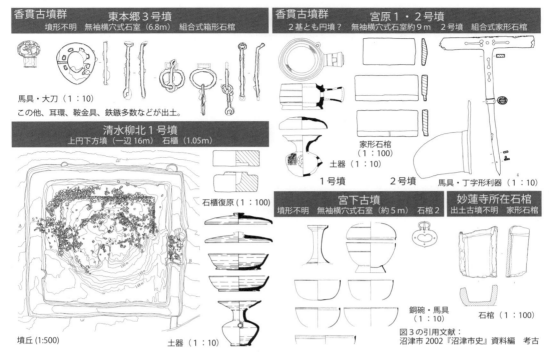

図3 香貫古墳群の主要古墳と清水柳北1号墳，宮下古墳（沼津市）の概要

馬具や装飾付大刀が多数出土することが特徴である。ここでは駿河郡において副葬品や石室規模から優位にあることが想定できる，黄瀬川流域の長泉町土狩五百塚古墳群と，狩野川南岸の香貫山麓に築造された沼津市香貫古墳群などを取り上げる。

土狩五百塚古墳群（図2） 黄瀬川流域の古墳は，正式な報告書がなく，『静岡縣史』や，『長泉郷土誌』など[3]に紹介される程度であり，広く知られることはなかった。このような状況の中，長泉町原分古墳が発掘調査され，石室規模や副葬品の質量[4]により注目を浴びることとなった。原分古墳の周辺には下土狩西1号墳，土狩長塚古墳，御蔵上3号墳，新芝古墳など金銅装馬具や装飾付大刀が出土する古墳が複数存在しており，それらが終末期に限定されることも特徴である。また，家形石棺が原分古墳，下土狩西1号墳など上位階層の古墳に採用されるとともに箱形石棺が多用される。

香貫古墳群（図3） 土狩五百塚古墳群とともに家形石棺が集中する香貫山麓の古墳群（通称：香貫古墳群）がある。後期末葉の東本郷3号墳で単龍環頭大刀が出土しているが，注目すべきは家形石棺が採用される宮原2号墳で，富士市東平1号墳など日本列島で4例しかない丁字形利器が副葬され，同1号墳からは駿河では最も早い時期の円面硯が副葬されていた。硯からは文字を使いこなす被葬者像が想定されることから初期の官人などの可能性が想定されるとともに，丁字形利器は軍事的指揮権の象徴である「鉞斧」で，東アジア東北部の王権との関係が想定され，被葬者が渡来系氏族で初期の官人であった可能性がある[5]。

宮下古墳（図3） 上記した古墳のほか土狩五百塚古墳群の黄瀬川の対岸にある宮下古墳では石棺2基（1基は家形石棺か）が利用されて，金銅装馬具も副葬されるなど土狩五百塚古墳群と様相が類似するが，とくに注目されるのは銅碗の複数（水瓶1点・銅碗6点）副葬である。白鳳期の寺院である日吉廃寺からも近く，被葬者が仏教を導入した可能性とともに，畿内の有力者層との関係性

が注目される。

清水柳北1号墳（図3）　当古墳は愛鷹山東南麓に築造された上円下方墳であり，埋葬施設は1mを超える伊豆石製の大型石櫃（いしびつ）である。墳形と石櫃はともに畿内でみられる特徴であり，被葬者と畿内王権との関係が注目される。

3　駿河郡の古墳からみた古墳時代社会

駿河郡と富士郡の後・終末期古墳　両郡域では無袖横穴式石室が採用され，馬具・装飾付大刀の副葬が多いなどの共通性が高いことから同様の性格の集団であった可能性が高い。その一方駿河郡域では，石室の入り口に段を持たないものが多く，箱形石棺をおもに使用するものがあるのに対し，富士郡域は石室の入り口に段をもつものが多く，屍床仕切石を多用して石室内を区分する，という特徴がみられる。のちに郡域を区分けする際，こうした細かな文化の違いも考慮された可能性がある。

家形石棺の集中　駿河では，後期後半に駿河を代表する賤機山古墳と駿河丸山古墳で家形石棺が使用され，終末期になると狩野川流域・黄瀬川流域の15～20m規模の古墳を中心に採用される。家形石棺の独占的な使用は，狩野川・黄瀬川流域の集団が急成長したことにより畿内との直接的な関係が深まり，採用することができるようになったと考える。

なお，下土狩西1号墳などの多くの石棺は地域独自の形式を採用するが，伊豆の国市洞古墳は横口式石槨，沼津市清水柳北1号墳は上円下方墳で石櫃を採用するなど，奈良時代に至るまで畿内との強い関係が継続していたと推測できる。

駿河郡における馬匹生産の可能性　別稿[6]で論じたが，駿河郡，富士郡は鉄製馬具が集中する地域であり，資料が古く調査の記録ではないため詳細は不明ながらも土狩五百塚古墳群中の麦原塚古墳，香貫古墳群中の宮原2号墳で石室内に馬骨が副葬されていたとされている。この記載が正しければ，富士山南麓に想定される「蘇弥奈馬牧」の前身馬牧とともに，駿河郡内に置かれた『延喜式』にある「岡野馬牧」の前身の馬牧が愛鷹山東南麓にあったと想定できる。

駿河郡と「珠琉河国造」　奈良時代の駿河郡では現沼津駅周辺に地域拠点となる郡衙や日吉廃寺など主要施設が置かれた[7]。7世紀代に集中して築造され，副葬品や家形石棺から畿内王権との関係が深い土狩五百塚古墳群や香貫古墳群などは，この拠点に近いことから，その被葬者集団は郡衙や寺院の成立に深く関与した可能性が高い。

なお，『国造本紀』の「珠琉河国造」は金刺舎人を姓とすることから武人的，官人的な性格が想定されるが，原分古墳や下土狩西1号墳などで想定される畿内との関係，「岡野馬牧」前身の馬牧の存在や，宮原1・2号墳で想定される武人的（丁字形利器），官人的（硯）な特徴が合致する。ただし，有力古墳の被葬者と珠琉河国造を結びつけるのではなく，古墳や集落遺跡資料を詳細に分析したうえで，豊かな地域史を描き出す必要がある。

註
1) 沼津市『沼津市史』資料編 考古，2002年，沼津市『沼津市史』通史編 原始・古代・中世 2005年
2) 井鍋誉之「古墳時代終末期における駿河東部の有力墳」『原分古墳』2008年ほか
3) 静岡県『静岡縣史』1930年，長泉町教育委員会『長泉郷土誌』1965年ほか
4) 静岡県埋蔵文化財調査研究所『原分古墳』2008年ほか
5) 鈴木一有「丁字形利器とその系譜」『伝法東平第1号墳』富士市教育委員会，2018年
6) 大谷宏治「東海における古墳時代の馬文化の様相」『馬の考古学』雄山閣，2019年
7) 鈴木一有「7世紀における地域拠点の形成過程―東海地方を中心として―」『国立歴史民俗博物館研究報告』179，国立歴史民俗博物館，2013年

第2章 後期首長墓をめぐる視点

埋葬施設からみた東海地方東部の首長墓
―古墳時代の首長位継承をめぐる2つのモデル―

河内長野市教育委員会
太田宏明
Hiroaki Ota

1 はじめに

 古墳時代に巨大な古墳を築いた首長達は、誰からどのようにして地位や財を受け継ぎ、受け継いだ地位や財を誰に渡していたのだろうか？また、彼等はどのような人々によって支持され、どのようにその勢力基盤を固めていたのだろうか？この2つの問題は、いわば、古墳時代研究の真骨頂ともいうべき研究テーマで、古くから多くの議論が交わされてきた。本稿では、東海地方東部の首長墓に採用された埋葬施設に着目して、これらの問題を考える事にしたい。

2 埋葬施設に見える首長間の繋がり

(1) 首長間における埋葬施設伝達の背景

 古墳の埋葬施設には、まったく独創的に創りあげられたものが少ない。もちろん、埋葬施設にはいくつかの類型が存在するが、一つの類型内ではある程度の規格性が存在する。これらの事実から、首長は思いつくままに埋葬施設を築造していたわけではなく、先行して築造された誰かの埋葬施設を参考として自らの埋葬施設を築いていたと考えられる。つまり、模倣の対象が存在し、その形態をまねて、構築技術を採り入れ、自らの埋葬施設の築造を行なっていたと考えられる。
 おそらく当時は、土木構造物の形状や構築方法を伝える手段として、設計図や仕様書のようなものがまだ十分に使われていなかったと考えられる。このため、ほかの古墳の埋葬施設を参考とし、そこから形態や構築技術を取得するためには、その古墳を訪れる必要があったものと想像する。また、埋葬施設が古墳完成後に外部からは見えなくなる事を勘案すると、一定の管理下に置かれていたと考えられる施工途中の古墳に立ち入り、その状況を把握し、理解する必要があった。このような情景を思いうかべるとき、参考にされた側の古墳の被葬者と、参考にした側の古墳の被葬者には一定の人間関係が予め形成されていたと考える。
 また、古墳の埋葬施設は副葬品と異なり、一人の被葬者につき、一つの形態しか選択できない。このため、埋葬施設の選択には、被葬者のこだわりが強く働いていたはずである。この想定からも類似した埋葬施設を採用した被葬者相互には、一定の紐帯関係と信頼関係があった事を想像する。

(2) 地位継承原理と家族形態

 仮に、古墳時代の地位や財の継承の仕組みが江戸時代のものに近ければ、自己の埋葬施設の参考にするのは、おそらく先代の家長である父親の古墳のものであるのではないだろうか？日本では、江戸時代に直系家族[1]と呼ばれる家族の形が定着を見た[2]。日本の直系家族では、嫡男が、父親から家業、地位、家財そして生活の拠点である屋敷、それに交友関係までも引き継いでいた。この事によって、「家」の中で同じような社会的立場を持つ人物が再生産されていたわけである。古墳時代が江戸時代のような直系家族、あるいはこの直系家族に類似した財や地位の継承システムを持つ社会であれば、首長は父でもある先代の首長のものに習い自己の埋葬施設を築造するだろう。この場合、歴代の首長墓は同じ系統の埋葬施設を持ち、同じ様式の副葬品組成を持つ蓋然性が高くなり、墓制の伝統は同一地域内で世代を超えて縦方向につながっていく事となる。また、このような首長墓群は、墓域を一にして築造される可能性が高い[3]。

これとは対照的に，小家族が一般的となった現代社会では子はいずれ親元を離れて独立し，親と異なった仕事につき，独立後は自らの力で財を築き，居を定める。また，親とは異なる交友網を築き，この中で生活をおくる。もちろんこれは大勢の傾向である。古墳時代が小家族を基礎とした社会であれば，首長は自らの世代を中心に交流関係を広げたと考える。そしてその交流関係の中で最も大きな信頼を寄せ，大きな影響を受けた人物に習い埋葬施設を築く事であろう。ただし，この人物とは父親や先代の首長とは限らない。むしろそうではない可能性の方が高いと考える。この場合，埋葬施設は，地域を超えて，同一世代を中心に横方向へつながっていく事となる。

日本における地位や財の継承の在り方の変遷を見た場合[4]，中世を通じて徐々に，直系親族を軸に地位や財などが一括して円滑に継承されるように変化した事が明らかにされつつある[5]。中世以前は，子は独立し，別の場所に居を構える事を常としていたようである[6]。また財産は個人所有であり[7]，分割相続が一般的であった[8]。古代においてもこのような慣習があり，平安時代の貴族の多くは，婚姻とともに実家を離れ，多くは妻方居住を経て，完全な独立を果たす場合が多く，分割相続が行なわれていた[9]。江戸時代と比較すると直系を軸に財や地位を円滑に伝える事ができにくい社会であったと言える。ただし，平安時代には，特定の職を担う家系が門流として成立し，職責を果たすため知識や技術が父から子へ伝えられていた[10]。

考古学的方法では，首長の地位そのものが，直系の親子で継承されていたのか，あるいは財が一括継承されていたのかを論証する事はきわめて困難である。しかし，同一地域に築造された首長墓が相互に類似した埋葬施設を共有し，あるいは継承していたのかどうかは明らかにする事が可能である。少し推論を加えつつ述べると，新たに古墳を築造しようとする首長に参考にする事を思わせしめ，また参考にされる側も技術供与や自らの古墳への立ち入りを許すような人間関係が確立していたのは，同一地域の先代の首長なのか，あるいは遠く離れた別の場所に拠点を置く首長であったのかは明らかにする事ができる。本稿は，この点に検討を加えて，古墳時代の地位継承や財の相続システムを推論する事を目的としている。

(3) 地位継承における2つのモデル

古墳時代首長の地位継承の在り方を推論するため，ここまでの議論を基礎に同一地域に築造された首長墓間における埋葬施設共有の在り方をモデル化すると2つのモデルを提示できる（図1）。

一つ目は，同一地域内に築造された首長墓群が同一類型あるいは同一系統の埋葬施設を共有している場合である。この場合，先代の首長墓に採用された埋葬施設類型が次世代の首長墓へ継承される場合と，歴代の首長が特定地域からの影響を継続的に受け続け，この結果同一類型の埋葬施設を採用する場合とが想定できる。こうした考古学的事象からは，先代の首長と次世代の首長の紐帯関係や一体性を推論でき，前者から後者へ地位や交流関係など様々な権利や財が比較的スムーズに継承された事が推論できる。これを大会[11]ではモデルⅠと呼んだが，ここでは継承型モデルとする。

二つ目は，同一地域の各世代の首長が，生前の活動や交流関係に基づいて，それぞれ異なるルートで他地域より独自に埋葬施設を導入した場合である。この場合，同一の埋

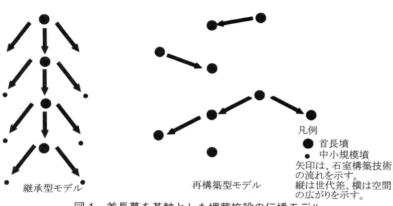

図1　首長墓を基軸とした埋葬施設の伝播モデル

葬施設類型が地域を超えて広く共有される状況が付随する。このモデルでは先に築造された首長墓の埋葬施設類型は後続する首長墓へ顕著な影響を持たない。このような考古学的事象からは、世代ごとに財・拠点・交流関係が再構築された事が推論できる。これを大会ではモデルⅡと呼んだが、再構築型モデルとする。

古墳時代の首長墓系譜をみると、この2つのモデルに対応する状況をいずれも見る事ができる。

継承型モデルに合致する事例は古墳時代後期に多く、研究がより進んでいる事例としては東西の出雲地域[12]、紀北地域[13]、奈良盆地[14]をあげる事ができる。出雲地域では、西部の神戸川流域で歴代の首長墓が大念寺型石室とよばれる一定の特徴を共有する横穴式石室を共通に採用している。また、東部では東出雲型石棺式石室と呼ばれる一定の特徴を共有する横穴式石室が共通に採用されている。これらの場合、次世代の首長は埋葬施設の構築にあたって、先代の首長墓を参考にした事が明らかである。ただし、各首長墓は墓域を共有しておらず、東西の出雲ともに2km四方ほどの広い範囲に分散して築造されている。紀北地域では、岩橋千塚古墳群において岩橋型石室と呼ばれる一定の範型を共有した横穴式石室地域類型が歴代の首長墓で共有されている。さらに、奈良盆地を構成する諸小地域に築かれた首長墓でも、畿内型石室とこれに付随する地域色が歴代の首長墓で踏襲されている[15]。なお、当該モデルは、小森哲也の指摘のとおり、群集墳への影響の有無を指標に細分する事ができる[16]。

再構築型モデルに合致する事例は古墳時代前期から中期に多く、研究が進んでいる事例では、九州地方の菊池川流域[17]、筑後川流域[18]、近畿地方の紀の川流域[19]、和泉中部地域[20]などをあげる事ができる。これらの地域における首長墓は、時期によって採用する埋葬施設の形態に変化が見られる。土器や古墳副葬品などが長距離を移動している事から人の移動も活発であったと考えられる古墳時代にあっては、再構築型モデルが先行し継承型モデルが遅れて出現するようである。

3 東海地方東部の首長墓での ケーススタディ

前章では、古墳時代に再構築型モデルが先行して出現し、やがて古墳時代後期に継承型モデルに変化する事を述べた。しかし、前者から後者へある時期をもって斉一的に変化したわけではなく、地域によって変化の状況にも違いがあったものと考える。ここでは東海地方東部を対象に首長墓に採用された埋葬施設を分析し、首長墓間における埋葬施設類型の共有状況を明らかにする。なお、西日本の多くの地域では、6世紀になると横穴式石室地域類型[21]が成立しており、歴代の首長墓が同一類型の横穴式石室を継続的に採用している状況が確認されている。一方で同じ時期の東海地方東部や関東地方では、1つの地域に様々な類型の横穴式石室が共存している状況が確認されており、またこれらの埋葬施設の多くが地域の外部から伝播してきたものである事も知られている。このような事から、本稿では東海地方東部を対象に首長墓に採用された埋葬施設を分析する事で、2つのモデルの共存の状態や、この2つが相互にどのように関わっていたのか明らかにする。

（1）地域の設定

本稿で検討の対象とする東海地方東部とは、令制国の三河、遠江、駿河の3ヵ国を包括し、合わせて、27の郡が置かれていた。当該地域は長大な海岸線が東西にわたってのび、これにそって平野部が展開しているが、丘陵や河川によって複数の地形の単位に区分する事ができる。

本稿では、静岡県考古学会によっておもに地形によって設定された地域区分[22]を用い、これに矢作川流域地域、豊川流域地域、渥美半島を加える。したがって、検討の対象となる地域は、矢作川流域地域、豊川流域地域、渥美半島、浜名湖沿岸地域、天竜川西岸地域、天竜川東岸地域、東遠江地域、志太地域、静清平野地域、東駿河地域となる。各地域はいずれも閉鎖的であり、隣接する地域へ行くためには、大規模な河川や丘陵などの自然障壁を越える必要がある。なお、各地域と令制郡は1対1の対応にない[23]。

(2) 首長墓の抽出基準

6世紀の東海地方東部には,巨大な墳丘を持つ首長墓が希少である。このため,首長墓の定義を幾分か緩和して運用する必要がある。首長墓の抽出基準としては,単独で立地するもの,相対的に規模の大きな墳丘を有するもの,相対的に規模の大きな埋葬施設を有するもの,顕著な副葬品を持つものという4つの基準を設定し,これらの内,いくつかの特徴を合わせ持つものを首長墓とした。この際,墳丘についてはおおむね20m以上を一つの基準とした。

(3) 埋葬施設類型の設定

古墳時代後期の当該地域における埋葬施設については,愛知県域の東部にあたる三河地域と静岡県域にあたる遠江・駿河地域で別個に進められてきた。三河地域については加納俊介[24],土生田純之[25]による集成に基づく研究があり,岩原剛によって石室系統の整理が行なわれたほか,三河型石室が提唱されている[26]。遠江地域の横穴式石室に関しては,鈴木敏則[27],鈴木一有[28],大谷宏治[29],田村隆太郎[30]の研究があり,駿河地域に関しては菊池吉修の研究[31],井鍋誉之の研究[32]がある。これらの研究では,当該地域に畿内系石室,三河系石室,無袖形石室,横穴墓,横穴式木室などの埋葬施設が存在する事が指摘されている。ここでは,これらの研究成果に依拠しつつ,埋葬施設類型の設定を行なう。

① 畿内型・畿内系石室 畿内型石室は,6世紀から7世紀前半において畿内地域の支配者層墳墓に採用された埋葬施設であり,畿内地域では群集墳被葬者層に至るまで採用が広がっている。畿内型石室の形態的特徴は羨道と玄室よりなり,これらの境には,立柱石や楣石,框石などの特別な構造を有しない比較的単純で簡素な形態をとっている事である。畿外の諸地域には,畿内型石室の影響を受けて築造された畿内系石室が分布する地域があり,東海地方東部もこのような地域の一つである。

東海地方東部の畿内系石室については,これまで畿内地域から伝播したものと考えられた事もあった。しかし,当該地域に分布する畿内系石室を見ると,畿内型石室に近い形態をとっているものから,他類型の横穴式石室の影響や在地化の過程で形態や用石法の変容が進んだものまで様々なものが含まれる。

② 九州系石室 九州系石室とは,九州地方に分布し,あるいは九州地方が伝播元になって日本各地へ伝播した横穴式石室の総称である。東海地方東部の場合,6世紀後半に北部九州地域の筑後・北肥後型石室[33]が形態を変容させつつ連鎖型[34]の伝播によって伝わり,矢作川流域地域で三河型石室[35]が成立した。この三河型石室が伝播し,あるいはこの影響下に築造された横穴式石室が東海地方東部で三河系石室とされているものである[36]。三河型石室の形態的特徴は,疑似両袖形,複室構造の形式をとり,胴張の平面形態と弧状の天井が見られる事,変遷過程の中で大型の1石の石材で奥壁を構成するものが出現する事,立柱石によって石室内を区分する事である[37]。これらの定義を完全には満たしていないものは三河系石室とした。

東海地方東部での三河型石室の影響は一部の事例を除いて連鎖型の伝播によっており[38],東部へ行くほど伝播元の特徴は薄れる。

③ 無袖形石室 無袖形石室は,東海地方東部の各地でみられ,当該地域以外にあっても,西日本各地や関東地方などの各地でみる事ができ,もっとも普遍的に存在する石室形式であるといえる。無袖形石室は,①有袖形石室の退化によって生み出されたもの。②九州地方の無袖形石室の伝播によって生み出されたもの。③朝鮮半島南部洛東江東流域の竪穴系横口式石室の伝播によって生み出されたものに大別できる[39]。③に関しては,さらに複数系統のものが存在する。

東海地方東部の場合,③に包括される類型が多く存在しているものと考える。これらは,地域によって伝播してくる時期,石室掘形の形態,開口部の構造に違いがみられるため,半島からの伝播も複数の時期とルートで別個になされたものと考えられる[40]。

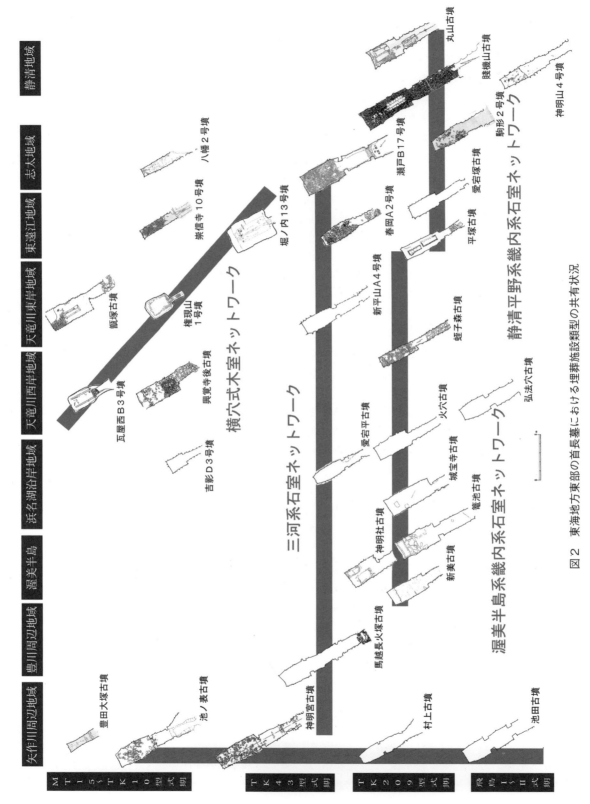

図2 東海地方東部の首長墓における埋葬施設類型の共有状況

埋葬施設からみた東海地方東部の首長墓―古墳時代の首長位継承をめぐる2つのモデル―

④その他　以上，定義を行なった横穴式石室諸類型以外に，横穴墓や横穴式木室も当該地域では首長墓の埋葬施設として採用される場合がある。

(4) 東海地方東部の首長墓に採用された埋葬施設の整理（図2）

この節では，首長墓に採用された埋葬施設について，地域ごとに整理を行なう。この中で各首長墓の埋葬施設がどこから伝播してきたものであるのか，あるいは歴代の首長墓にどのように共有されているのか，あるいは群集墳中の埋葬施設にどのような影響を与えているのかについて検討した。

①矢作川流域地域　当該地域の首長墓は，6世紀前半の豊田大塚古墳で竪穴系横口式石室が採用されるものの，6世紀中葉の池ノ表古墳，6世紀後半の神明宮古墳，岩津1号墳，6世紀末の村上古墳，7世紀初頭の池田1号墳と歴代の首長墓に三河型石室が採用されている。三河型石室は九州地方の筑後・北肥後型石室が連鎖型伝播によって伝わったものである。しかし，当該地域で三河型石室としての範型が確立し，東海地方東部においては伝播の発信源となった。6世紀中葉以降の各首長墓では，玄門部と羨道部に鴨居石とこれを直接支える立柱石とを配置し，胴張の平面形を有する石室を共通に採用している。奥壁石材の1石化，前室の大型化などの変化も認められるものの，先代の首長墓に大きな影響を受けて次世代の首長墓の埋葬施設が構築されているといえ，典型的な継承型モデルが見られる地域である。ただし，各首長墓は墓域を共有せず相互に一定の距離を置いて築造されている。なお，矢作川流域地域は典型的な群集墳が顕著ではない地域であるが，三河型石室は中ノ坂9号墳や蔵前古墳のようなより小規模な古墳にも無袖形石室とともに採用がされており，首長層とより下位の階層に紐帯関係があった事が窺える。

②豊川流域地域　当該地域の首長墓は，沿岸部に6世紀前半の妙見古墳，6世紀後半の磯辺王塚古墳，牟呂王塚古墳[41]と続く系譜があり，内陸部に6世紀後半の馬越長火塚古墳，7世紀初頭の段塚古墳，姫塚古墳，上向嶋2号墳と続く系譜が存在する。各首長墓は，墓域を共有せずに相互に一定の距離を置いて築造されている。内陸部の馬越長火塚古墳，姫塚古墳，上向嶋2号墳で三河型（系）石室が共通に採用されている。当該石室類型は，矢作川流域地域より伝播してきたものと考えられるが，歴代の首長は共通の意匠を持つ石室を採用していたと言え，継承型モデルが適応できる地域である。この中でも馬越長火塚古墳は三河型石室の特徴をすべて有しているが，矢作川流域地域のものと比較すると立柱石が直接天井石を支えておらず，一石の横長立面形の石材を介して天井石を支えている点に変容が見られる。なお，当該古墳は，三河系石室を採用する古墳の中では最大規模を誇っており，より東方への伝播においても中核を担ったものと考える。なお，豊川流域地域は典型的な群集墳が顕著ではない地域であるが，三河型石室は照山古墳や馬乗2号墳のようなより小規模な古墳にも無袖形石室とともに採用が行なわれており，首長層とより下位の階層に紐帯関係があった事が窺える。

③渥美半島　当該地域の首長墓は，6世紀後半の神明社古墳，新美古墳，城宝寺古墳，篭池古墳が該当し，いずれも畿内系石室を採用している。畿内型石室との比較では，神明社古墳で5群[42]の影響が見られ，ほかは7群[43]の影響が見られる。しかし，これらにおいて，奥壁に鏡石を側壁に腰石を備える点で畿内型石室からは変容が進んでおり，本稿ではこれらを渥美半島系畿内系石室とする。これら4基の首長墓は同一類型の埋葬施設を共有するものの，ほぼ同世代のものと見られるため，継承型モデルとは言えない。なお，各古墳は，墓域を共有しておらず，一定の距離をおいて分布している。首長墓に採用された渥美半島系畿内系石室は藤原3号墳，がくた5号墳などの群集墳中に築造された古墳の一部にも採用されている。

④浜名湖沿岸地域　当該地域の首長墓は，6世紀中葉に吉影D3号墳，6世紀後半に火穴古墳が築造される。いずれも畿内系石室を採用している。吉影D3号墳は用石法の詳細に不明な点が多いが

奥壁は平積を基本としているようである。一方で火穴古墳は，5群に近い特徴もみられるが，奥壁基底石に鏡石を用い，玄室側壁の奥壁側の基底石がとくに大型化し，羨道側壁基底石には比較的小型石材を用いており，その用石法の特徴から渥美半島より伝播してきたものと考える[44]。両古墳は畿内系石室という同一類型の埋葬施設を採用しているが，その用石法はかけはなれており，異なる経路で伝播してきたものである可能性がある。また，墓域を共有せず，距離を置いて築造されている。

なお，首長墓と呼ぶには，やや小型の古墳である6世紀後半の愛宕平古墳，6世紀末の見徳3号墳，7世紀初頭の弘法穴古墳は，豊川流域地域より伝播してきたと考えられる三河系石室を採用している。これらは，三河型石室の定義を満たすが，豊川流域地域の馬越長火塚古墳と同様に，立柱石が直接天井石を支えていない[45]。

当該地域の状況は，各首長墓がそれぞれ異なるルートで独自に埋葬施設の構築に関わる情報を入手しており，長期間にわたって地域内で特定の埋葬施設類型を継承していない。このため再構築型モデルが適応できる。群集墳では，遺存状況が良好なものが少ないが，無袖形石室が多い中，首長墓で採用された畿内系石室もみられ統一性を欠く。

⑤**天竜川西岸地域**　当該地域の首長墓は，6世紀前半～中葉の興覚寺後古墳で畿内系石室，瓦屋西B3号墳，半田山B4号墳，瓦屋西C5号墳で横穴式木室を採用する。6世紀後半の半田山D23号墳，6世紀末の蛭子森古墳，は畿内系石室を採用する。7世紀前半の向野古墳では大きく変形しているが三河系石室を採用する。各首長墓は，一部を除き，相互に一定の距離を置いて分布し，一部の首長墓は群集墳を構成する。

興覚寺後古墳は3群[46]の構造を基本としているが，奥壁に鏡石を玄室側壁基底部に腰石を採用し，前壁を持たず，羨道に鴨居石を有するなど同時期の畿内型石室には認める事のできない用石法を用いて築造されている。6世紀後半の蛭子森古墳は5群の畿内型石室を基本としているものの，築造時期が新しく，羨門にも立石を設け，5群の畿内型石室にはみられない特徴がある。渥美半島系畿内系石室に分類できる。両古墳に採用された横穴式石室は畿内系石室という点で共通しているものの，蛭子森古墳では，興覚寺後古墳でみられた玄室側壁への腰石の採用が見られず，玄室平面形態も大きく異なる。これらに加えて，築造時期が大きく離れている事などからも，2つの資料に直接的な関連性を見出す事は難しく，個別に別のルートで導入されたものと考える。

横穴式木室を採用する3基の首長墓は地域の南西部の天竜川の河岸段丘の縁辺部に位置し，比較的隣接して立地する。一定の期間，首長墓で特定の埋葬施設に関する情報が共有されていた可能性も指摘できる。向野古墳は，三河系石室を基本としながらも，一部で切石の採用，直線的に伸びる玄室形態などには畿内型石室の影響がある。

これらの事から，当該地域の首長墓に採用されている埋葬施設は統一されておらず，畿内系石室，横穴式木室，三河系石室の各類型が見られる。横穴式木室は当該地域が伝播元になった可能性があるが[47]，ほかの埋葬施設は何れも他地域より導入したものであり，再構築型モデルを見せる地域といえる。群集墳では，無袖形石室が多く見られるものの，宇藤坂A6号墳などの畿内系石室，半田山C15号墳などの三河系石室もみられ統一性を欠く。

⑥**天竜川東岸地域**　当該地域の首長墓は，6世紀前半の甑塚古墳で畿内系石室，6世紀中葉の権現山1号墳で横穴式木室，6世紀後半の明ヶ島4号墳で有袖形石室，明ヶ島15号墳，新平山A4号墳で三河系石室，6世紀末の屋敷山1号墳で横穴式木室が採用されている。横穴式木室については天竜川西岸地域より導入されたものと考えられる[48]。各首長墓は採用する埋葬施類型を共有しておらず，常に地域の外部より導入しているといえる。また，各首長墓は相互に一定の距離をおいて築造されており，甑塚古墳を除く事例は，それぞれが別個に群集墳を構成する。このような状況から典型的な再構築型モデルを見せる地域である

と言える。なお，群集墳では，無袖形石室が多いが三河系石室が大手内A8号墳や長者屋敷1号墳で，渥美半島系畿内系石室が新平山A1号などでみられる。

当該地域の三河系石室は，奥壁を複数の石材で構築しており，もはや三河型石室の定義を完全にみたすものでは無くなっており連鎖型の伝播によったものと考えられる。

⑦**東遠江地域** 当該地域の首長墓は，6世紀中葉の崇信寺10号墳，大門大塚古墳で竪穴系横口式石室，6世紀後半の山麓山横穴，宇洞ヶ谷横穴で横穴墓，堀ノ内13号墳で横穴式木室，長福寺1号墳，春岡A2号墳で変形の進んだ三河系石室が採用される。6世紀末では，高根森2号墳，院内4号墳で変形の進んだ三河系石室，平塚古墳，愛宕塚古墳でかなり変形の進んだ畿内系石室が採用されている。7世紀に入ると，御小屋原3号墳，仁田山ノ崎古墳が築造されるが，埋葬施設の詳細は不明である。

各首長墓は，相互に一定の距離を置いて分布し[49]，採用する埋葬施設類型を共有しておらず，畿内系石室，横穴式木室，三河系石室，竪穴系横口式石室，横穴墓の5つの類型が見られ，常に地域の外部より埋葬施設を導入している。畿内系石室を採用する平塚古墳と愛宕塚古墳を比較すると，前者が渥美半島系畿内系石室で奥壁に鏡石を採用しているのに対して，後者は奥壁を平積し，玄室側壁を谷積するなど，静清平野地域の畿内系石室の特徴が見られ，それぞれ別のルートで導入されたものである。このような事から，再構築型モデルを見せる地域であると言える。群集墳被葬者層はおもに横穴墓を採用し，河川系単位での地域性が指摘されている[50]。

⑧**志太地域** 当該地域の首長墓は，6世紀中葉に観音前2号墳で木棺直葬が，八幡2号墳で無袖形石室が採用されている。6世紀後半には，荘館山1号墳，荘館山2号墳で畿内系石室が導入されている可能性が高いが，石室構造の詳細と全貌が不明なため，どのようなルートで伝播してきたものかは推論できない。畿内系石室を採用する，より規模の小さな古墳である駒形2号墳では，奥壁を平積し，腰石もみられないため静清平野地域の畿内系石室の影響が見られる。6世紀後半の瀬戸B17号墳で三河系石室が採用されており，複数段に積まれた奥壁以外は比較的三河系石室の範型が守られており，三河地域より直接的に伝播してきたものである可能も高い。7世紀の九景寺古墳で無袖形石室が採用されている。当該石室の系譜については明確にできない。各首長墓は採用する埋葬施設類型を共有しておらず，畿内系石室，三河系石室，無袖形石室がみられ，再構築型モデルを見せる地域であると言える。群集墳では，首長墓に採用された横穴式石室類型のいずれもがみられ統一性を欠く。

⑨**静清平野地域** 当該地域の首長墓は，6世紀の後半に築造された賤機山古墳，小鹿山神古墳，駿河丸山古墳があり，畿内系石室が導入されている。このほか，残存状況などの理由により詳細な検討ができない佐渡山2号墳，宗小路19号墳も有袖形石室であり畿内系石室である可能性が濃厚である。これらの古墳の築造時期の差を大きく見る事はできず，したがって継承型モデルとはいえない。一方で6世紀末から7世紀になるとアサオサン古墳，神明山4号墳で変形の進んだ三河系石室が採用されている。6世紀後半から7世紀初頭にかけて採用している埋葬施設が畿内系石室から三河系石室へと変化しており，この点で再構築型モデルと評価できる。なお，各首長墓は相互に一定の距離を置いて築造されている。

賤機山古墳に採用された畿内系石室は7群の特徴がみられ東海地方東部の畿内系石室の中ではもっとも大型でかつ，畿内型石室（7群）に近い構造と用石法がみられる。東遠江地域，志太地域，静清平野地域でみられる畿内系石室の多くは，賤機山古墳を介した2次的な伝播によって伝わった可能性が指摘できる。これらを静清平野系畿内系石室とする。一方，首長墓で採用されている三河系石室は，伝播元での範型が大きく変形しており，畿内系石室の影響もみられる。

群集墳では，無袖形石室が埋葬施設として採用

されている場合が多く，首長墓に採用された横穴式石室類型のいずれもがみられ統一性を欠く。これらの内，三河系石室では複室構造や羨道に立柱石を備えるものは少ない。また，羨道に立柱石を備える場合でも，上ノ山5号墳では，平面形が細長い矩形をしており，玄門の突出はわずかであり，奥壁も複数の石材で，かつ基底石に横長立面形の石材を配置するなど，平面的にも，立面的にも三河型石室とは大きく異なる形状をしている。

⑩**東駿河地域** 当該地域の首長墓には，6世紀後半に築造された横沢古墳，実円寺西古墳，大阪上古墳，船津寺ノ上古墳，原分古墳，下土狩西1号墳があり，これらは何れも無袖形石室を採用する。これらの首長墓は，同一形態の埋葬施設を共有するものの，ほぼ同世代のものと見られるため，継承型モデルとは言えない。当該地域の後期古墳を分析した藤村翔は，最上位階層が同時期に複数存在し，古墳群間を横断する支配者層の墳墓は存在しない事を指摘している[51]。また，平面形や構築方法においては地域性に基づくと考えられる差違が存在する。富士山南麓地域に築造された横沢古墳，実円寺西古墳の横穴式石室は，開口部に段を有する竪穴系横口式石室を採用している。当該地域において，このような竪穴系横口式石室は6世紀中葉の中原4号墳に先行して採用され，7世紀後半の片倉1号墳などにも継続して採用されている。愛鷹山南麓地域に築造された船津寺ノ上古墳や大坂上古墳は開口部の段構造を持たない長狭な平面形態を呈する横穴式石室を採用している。この平面形態は，船津古墳群で継続的に採用されている。黄瀬川流域に築造された原分古墳，下土狩西1号墳は家形石棺を伴う点で共通している。各地域での首長墓の継続的な築造は必ずしも明確ではない。しかし，特定の埋葬施設に関わる意匠や技術あるいは習俗が一定の期間にわたって群集墳から首長墓へ，そしてまた首長墓から群集墳へと地域内部で伝達されている状況が認められる。

なお当該地域の無袖形石室には，おこり塚古墳のように胴張平面形態のものがあり，一部の要素で三河系石室の影響が認められる。

(5) 東海地方東部の古墳時代後期首長墓が採用する埋葬施設の特質

東海地方東部における古墳時代後期の埋葬施設研究に関しては，これまで個別地域を枠組みとして進められてきた[52]。この中で，地域ごとにそれぞれ異なる埋葬施設を最上位とするヒエラルキーが復元され，大きな成果をあげてきた[53]。

一方で本報告では，これまでの研究で捨象されてきた首長墓が採用している埋葬施設類型の年代的変化と，同一類型の埋葬施設が地域を越えて広がる事象に着目して分析と検討を行なった。この結果，当該地域では，歴代の首長が同一類型の埋葬施設を採用し続ける継承型モデルがみられるのは，矢作川流域地域や豊川流域地域などの西部に限られる点を指摘できた。一方で，天竜川東岸地域，東遠江地域，志太地域，静清平野地域では時期の推移とともに，首長墓が採用する埋葬施設を変化させていく状況が見られた。この場合，同一類型の埋葬施設が同時期に地域を超えて複数の首長墓に広がっている状況が付随していた。なお，渥美半島，静清平野地域，東駿河地域では地域内部に築造された首長墓が採用する埋葬施設の多くに共通性が見られたものの，これらがほぼ同世代のものと見られるため，継承型モデルに該当するというよりも，再構築型に伴う同一類型の埋葬施設が同時期に複数の首長墓で共有されている事象が狭い範囲で起きている事例であると判断した。

埋葬施設の意匠や構築技術を伝える上では，伝播の媒体となる人と人とのつながりが予め形成されている事が必要不可欠である。このような事から，東海地方東部には，特定形態の埋葬施設を伝播せしめた様々なネットワークが地域をこえてはりめぐらされていた事が推論できる。このようなネットワークとして，三河系石室を共有したネットワーク，静清平野系畿内系石室を共有するネットワーク，渥美半島系畿内系石室を共有するネットワーク，横穴墓を共有するネットワーク，横穴式木室を共有するネットワーク，東駿河系無袖形石室を共有するネットワークが存在し，また異な

る埋葬施設を採用する古墳被葬者の間にも例えば家形石棺を共有したネットワークが重なり合っていたと考えられる。以下に各ネットワークの特徴を述べる。

①三河系石室を共有したネットワーク　当該石室類型は、矢作川流域地域で成立発展したものであるが、これがTK43型式期に豊川流域地域へ伝わり、馬越長火塚古墳に採用された段階で、矢作川流域地域から静清平野地域に至る広範な地域の首長墓をはじめ群集墳中の石室にも影響が及ぶ事となった。これは、馬越長火塚古墳の被葬者を中核とするネットワークがこの時期に形成された事を示す。しかし、一定の範型を守った三河系石室はTK217型式期になると築造されなくなる事から、その後は急速に解体に向かったと考える。

②渥美半島系畿内系石室を共有したネットワーク　当該石室類型は、鏡石や腰石を備える点で畿内型石室からは地域的変容が進んでおり、畿内地域からの直接的伝播を想定しにくい。東海地方西部を介して伝播したものと考えられる[54]。TK43型式期からTK209型式期にかけて渥美半島から浜名湖沿岸地域の首長墓に直接的な影響が及んでおり、東遠江地域の群集墳中の石室にまで連鎖型の伝播による影響が及んでいる。階層的な中心は、その発信源となった渥美半島にあると見られる。当該ネットワークはTK217型式期になると急速に解体に向かったと考える。

③横穴式木室を共有したネットワーク　当該類型は、畿内地域や東海地方西部にも分布がみられ[55]、伝播の発信源や地域間の関係については判明していない点が多い。ただし、東海地方東部の場合は天竜川西岸地域が出現時期、採用している古墳の階層の点で伝播元となっていた可能性が高い。TK10型式期からTK209型式期にかけて、天竜川西岸地域から東遠江地域にまで広がるが、当該ネットワークは、TK217型式期になると急速に解体に向かったと考える。

④横穴墓を共有したネットワーク　当該類型は、九州地方から伝播してきた埋葬施設である。東海地方東部では東遠江地域で初めに出現しており、TK43型式期になると山麓山横穴や宇洞ヶ谷横穴で首長墓にも採用される。この事から当該地域を中心として静清平野地域などへも伝播したと考えられる。しかし、7世紀になると横穴墓は継続して認められるものの高い階層性を示すものは顕著でなくなる。ネットワークの在り方にも変化が起きているといえる。

⑤静清平野系畿内系石室を共有したネットワーク　最も畿内型石室に近い形状を呈している事例は、静清平野地域にあり、直径32mの円墳で金銅装馬具や装飾付大刀を保有する賤機山古墳である。当該古墳では、奥壁を平積、玄室側壁を谷積によって構築しており、玄門部の立石が直接天井石を支え、羨道側壁基底石の大型化も認められ、7群の畿内型石室に極めて近い形状をしており畿内地域から直接的に伝播してきたものと考えられる。とくに、奥壁に鏡石を用いず、平積している点は、渥美半島系畿内系石室の状況とは異なっている。この特徴は、静清平野地域で築造された駿河丸山古墳や西に隣接する志太地域の駒形2号墳や東遠江地域の首長墓である愛宕塚古墳でも認められ、賤機山古墳を経由した連鎖型の伝播ルートが渥美半島系畿内系石室とは別に存在していた事が推論できる。TK209型式期からTK217型式期の前半に形成され、その後は急速に解体したと考えられる。

⑥東駿河系無袖形石室を共有したネットワーク　無袖形石室自体は、今回、分析の対象としたすべての地域に存在している。ただし、西三河地域を中心に分布する開口部に段を有し5世紀に出現するもの。東遠江地域を中心にみられ6世紀後半に定型化する土抗状の掘形を有し、この掘形へ墓道が接続するもの。東駿河地域においてみられる6世紀後半に定型化し、石室開口部に段を有するもの、東駿河地域に分布する長大なものなど、分布している場所による形態の違いが見られる。

このような状況ではあるものの、東駿河地域を中心とした無袖形石室を採用したネットワークも存在していたと考える。これは、TK209型式に形成されたようである。

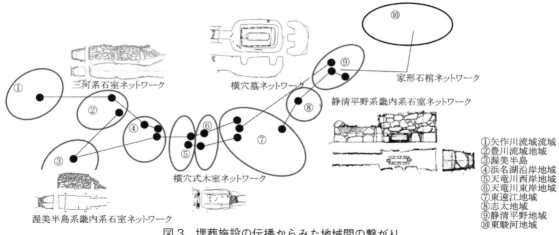

図3 埋葬施設の伝播からみた地域間の繋がり

各ネットワークは，それぞれ異なる発信源や空間的，階層的中心を持つものの，排他的に分布しているわけではなく，三河系石室と渥美半島系畿内系石室でとくに顕著なように，相互に大きく重なり合って存在している。

4 考察 —広域ネットワークを基盤とする首長の検討—

古墳時代では，地域集団を統括し，領域を支配した首長によって大規模な古墳が築造されたとされ，このような古墳が地域首長墓と呼ばれてきた[56]。また，先代の首長から地位を継承した歴代の首長は相互に近接した場所に墳墓を造営し，そうして首長墓系譜とよばれるものが形成されたと理解されてきた。この理解の構図は，古墳時代においては地域に根差し，安定して存続する集団の存在を前提としたものであった。一方で，古墳時代における集団の流動性が，集落の消長[57]や集団墓地である群集墳の消長[58]，あるいは地域首長墓の消長[59]から徐々に明らかにされつつある。また，古代史の分野でも古代における集団の流動性が繰り返し指摘されてきた[60]。

本稿では，これまで想定されてきたように首長膝下の地域集団を支持基盤とするのではなく，広域にはりめぐらされたネットワークを支持基盤とする首長が存在した可能性について，埋葬施設の分析によって提示してきた。前章で提示した各ネットワークは，地域をこえて広がる一方で，一つの地域内では複数のネットワークが重複していた。古墳時代後期における東海地方東部の首長とは空間的に限定された地域を基盤とするのではなく，こうして広域にはりめぐらされた人の繋がりを基盤としていたと考える。つまり，東海地方東部で最大規模の墳丘を持つ後期の前方後円墳である馬越長火塚古墳の被葬者は豊川流域地域のみの首長ではなく，矢作川流域地域から志太地域にかけて広がる三河型（系）石室を採用する古墳被葬者をも支持基盤とする首長であったと考える[61]。また，直径32ｍの大円墳に豊富な飾り大刀や装飾馬具が副葬されている事で知られている賤機山古墳とは安倍郡域や静清平野地域の首長ではなく，東遠江から静清平野地域にかけて広がる静清平野系畿内系石室を採用する古墳被葬者を支持基盤としていた事を想定する。また，このように地域ではなくネットワークの枠組みで首長の支持基盤を想定した場合，生産域が狭小な渥美半島にあって，その生産力に不釣り合いな比較的大型の墳丘を有する古墳が集中する事なども理解が容易になる。ただし，異なる石室類型を採用する古墳被葬者間にはいかなる場合も関係がない事を主張しているわけではない。矢作川流域地域や豊川流域地域では，上位層が三河型石室を下位の階層が無袖形石室を採用している。この場合，同時期の近接する地域に無袖形石室を採用する首長墓が存在しない一方で，三河型石室から無袖形石室への影響がみられる[62]。このような場合は，両者に関

係がなかったのではなく，階層によって採用する石室類型が異なっていたものと考える。

以上のように考えた場合，一つの地域は，地域を総括する大首長のもとに中小首長が組織されていたのではなく，それぞれよって立つネットワークが異なる大小の首長が並び立っていた事になる。なお，このような地域ではなく，人の繋がりを基盤とする為政者の存在について，バリ島におけるモノグラフで確認されている。このモノグラフでは，王国の領主と平民が，それぞれ居住する場所ではなく，むしろ個人的な主従関係によって結びついていた事が紹介されている[63]。

このようなネットワークは，恒久的なものとは限らず，むしろ出現と消滅を繰り返す場合が多かったと考える。これは，恒久的な地域社会や出自集団を基盤とする首長以外に，文献史学で指摘されている[64]ような個人を中心とした双方的なつながりによって組織されたネットワークを基盤とした首長が存在していた事を提示した事になる。このようなネットワークのいくつかはやがて固定化され，同族という形で伝承化されていったと推察する。当該地域における国造とは，このようなネットワークの中心にいた人物であったと考える。ただし西日本における継承型モデルの存在からは地域に根差し，より安定した集団が早々に創出された場合もあったと考える。古墳時代後期とは，このような2つの種類の首長が並立していた時代であった。

継承型モデルがもっとも早く出現するのは大王墓においてであったと考えられる。大王墓では中期あるいは前期の後半において長持形石棺を竪穴式石槨で覆う埋葬施設が確立し，代々，継承されていたと見られ，継承型モデルがはやくにも成立していた。一方で，同時期の地域首長墓群では首長墓ごとに異なる埋葬施設を築く場合が多く再構築型モデルをとっていたようである。この状況に変化がみられるようになるのは古墳時代後期に入ってからである。古墳時代後期には横穴式石室地域類型とよばれる地域固有の形態を持った横穴式石室が西日本を中心に形成されるようになる。

このような事から，継承型モデルは上位階層から徐々に下位の階層へ，西日本では早く，東日本ではやや遅れて浸透していった事がうかがえる。日本列島の東西の中間をなす東海地方では，この2つのモデルが共存して見られるのである。

5 まとめ

本稿では，首長墓に採用された埋葬施設が，地域内の後続する首長墓に大きな影響を与える場合である継承型モデル，後続する首長墓へ顕著な影響を持たない再構築型モデルを提示した。この上で，継承型モデルとは，古墳時代後期の西日本で多くみられるものであり，再構築型モデルは関東地方から東海地方にかけてみられるモデルである点を指摘し，継承型モデルとは，再構築型モデルに対して新しく成立したモデルである事を述べた。また，再構築型モデルに伴って複数の地域を横断した同世代の首長墓が同一意匠の埋葬施設を採用する事象が見られる事も指摘を行なった。これらの事象から，東海地方東部では地域をこえた人の繋がりが存在しており，東海地方東部の首長とはこのようなネットワークにおいて要をなした人物である事を指摘した。この上で，地域を基盤とするのではなく，このようなネットワークを基盤とした首長が存在した可能性を指摘した。

註
1) 中根千枝『家族の構造』東京大学出版会，1970年
2) 大石愼三郎『近世村落の構造と家制度』御茶の水書房，1968年
3) このような様相を見せる墓域として近世大名墓がある。
4) この問題は，前稿（太田2018）にて詳細に論じている。太田宏明「集団組織原理と地位継承原理の変遷から見た古墳時代の首長墓系譜について」『古代学研究』216，古代学研究会，2018年
5) 明石一紀『古代・中世のイエと女性―家族の理論』校倉書房，2006年。飯沼賢司「「職」とイエの成立」『歴史学研究』534号，歴史学研究会，1984年。高橋秀樹『日本中世の家と親族』吉川弘文館，1996年
6) 西谷正浩・高島正憲「中世後期における山城国上久世荘の家族と人口」『福岡大学人文論叢』

47―1，福岡大学，2016年。服藤早苗『家成立史の研究』校倉書房，1991年前掲註5明石，高橋文献に同じ

7) 明石一紀『日本古代の親族構造』吉川弘文館，1990年。関口裕子『日本古代家族史の研究』上・下，塙書房，2004年。前掲註5飯沼文献に同じ

8) 成清弘和『日本古代の家族・親族：中国との比較を中心として』岩田書院，2001年。前掲註5高橋文献，註7明石文献に同じ

9) 西村汎子「古代の家族と婚姻」『古代・中世の家族と女性』吉川弘文館，2002年。前掲註6服藤文献に同じ

10) 前掲註5高橋文献，註6服藤文献に同じ

11) 大会とは「日本考古学協会2018年度 静岡大会」を指す。

12) 大谷晃二「出雲東部の大首長の性格と権力」『東海の後期古墳を考える』2001年。角田徳幸「山陰における九州系横穴式石室の様相」『九州系横穴式石室の伝播と拡散』北九州中国書店，2009年など

13) 太田宏明「横穴式石室地域類型としての岩橋型石室」『紀伊考古学研究』21，紀伊考古学研究会，2018年。中村貞史「岩橋千塚古墳群の形成」『紀伊の国がひかり輝いた時代』和歌山県文化財センター，1997年。広瀬和雄「紀伊岩橋千塚古墳群の諸問題」『地域と古代文化』2004年。藤井保夫「古墳時代の紀伊」『古代を考える』33，古代を考える会，1983年など

14) 太田宏明『畿内政権と横穴式石室』学生社，2011年など

15) 太田宏明『横穴式石室と古墳時代社会』雄山閣，2016年

16) 小森哲也「横穴式石室から読み解く地域間交流」『横穴式石室と用石技法』山梨県考古学協会，2019年

17) 髙木恭二「菊池川流域の古墳」『マロ塚古墳出土品を中心にした古墳時代中期武器武具の研究』2012年

18) 重藤輝行「埋葬施設」『九州島における中期古墳の再検討』九州前方後円墳研究会，2007年

19) 太田宏明「陵山古墳における横穴式石室導入の背景について」『陵山古墳の研究』橋本市教育委員会，2019年

20) 田中晋作「和泉地域に投影された政権中枢勢力の動静」『塚口義信博士古稀記念日本古代学論叢』塚口義信博士古稀記念会，2016年

21) 前掲註15に同じ

22) 静岡県考古学会『静岡県の横穴式石室』2003年

23) 各地域を隔てる具体的な自然障壁や，各地域と令制郡の関係は前稿（太田2018）で詳述している。太田宏明「大型横穴式石室と家形石棺からみた東海地方東部」『境界の考古学』日本考古学協会 2018年度 静岡大会 研究発表資料集，2018年

24) 加納俊介「石室の形状」『西三河の横穴式石室』愛知大学日本史専攻会考古学部会，1988年

25) 土生田純之『日本横穴式石室の系譜』学生社，1991年

26) 岩原 剛「三河の横穴式石室」『吾々の考古学』和田晴吾先生還暦記念論集刊行会，2008年

27) 鈴木敏則「遠江の横穴式石室」『転機』2，1988年

28) 鈴木一有「遠江における横穴式石室の系譜」『浜松市博物館報』13，浜松市博物館，2000年。同「東海地方における後期古墳の特質」『東海の後期古墳を考える』2001年。同「東海東部の横穴式石室にみる地域圏の形成」『静岡県の横穴式石室』静岡県考古学会，2003年。同「駿河東部における無袖石室の史的意義」『東日本の無袖横穴式石室』雄山閣，2010年。同「東海地方における横穴系埋葬施設の多様性」『一般社団法人日本考古学協会 2017年度 宮崎大会 研究発表資料集』2017年

29) 大谷宏治「大井川西岸における横穴式石室の様相」『静岡県の横穴式石室』静岡県考古学会，2003年

30) 田村隆太郎「中遠地域における横穴系埋葬施設の展開」『静岡県の横穴式石室』静岡県考古学会，2003年。同「遠江」『東日本の無袖横穴式石室』雄山閣，2010年

31) 菊池吉修「志太地域の両袖式・片袖式石室」『研究紀要』9，静岡県埋蔵文化財調査研究所，2002年。同「静清地域の横穴式石室の形態」『静岡県の横穴式石室』静岡県考古学会，2003年。同「駿河」『東日本の無袖横穴式石室』雄山閣，2010年

32) 井鍋誉之「東駿河の横穴式石室」『静岡県の横穴式石室』静岡県考古学会，2003年

33) 藏冨士寛「九州地域の横穴式石室」『九州系横穴式石室の伝播と拡散』北九州中国書店，2009年

34) 横穴式石室の伝播の在り方については前稿（前掲註15）で類型化を行なっている。なお，東海地方東部での連鎖型の伝播の在り方は前稿（前掲

註23 太田2018）で詳述している。
35) 前掲註26に同じ
36) 前掲註28鈴木2000・2001・2003に同じ
37) 前掲註26に同じ
38) 前掲註19に同じ
39) 太田宏明「西日本の無袖石室（1）」『東日本の無袖横穴式石室』雄山閣，2010年
40) 前掲註28鈴木2010に同じ
41) 磯辺王塚古墳，牟呂王塚古墳ともに横穴式石室を採用するものの，破壊が著しくその系統を明らかにする事はできない。
42) 前稿（前掲註14太田2011）では畿内型石室を1群から9群に分類し，その変遷過程を明らかにしている。
43) 前掲註42に同じ
44) 前掲註25に同じ
45) ただし，愛宕平古墳のまぐさ石など，矢作川流域地域からの直接的な影響が認められる要素も存在する。
46) 註42に同じ
47) 横穴式木室について，東海地方全体では，本稿で分析する地域以外にも中・南勢の安濃川北岸，五十鈴川流域に分布する事が知られている。田村隆太郎はそれぞれの地域において創出された可能性を指摘している。田村隆太郎「東海の横穴式木室と葬送」『東海の古墳風景』雄山閣，2008年
48) 天竜川西岸の方がより古い時期のものが見られ，また墳丘規模も大きなものが多い点から，当該地域が伝播元と考える。しかし，天竜川の東西で地域色もみられる（前掲註47田村2008）事から，伝播の後は定着が行なわれたものと考える。
49) 当該地域は，複数の丘陵や中規模河川が存在し，太田川流域，原野谷川・逆川流域，菊川流域，萩間川・勝間田川流域，大井川西岸流域に細分される（前掲註22）。これらの地域ごとに見た場合，首長墓が採用している埋葬施設類型にやや偏りがある。太田川流域には，無袖形石室と三河系石室，原野谷川・逆川流域には，横穴墓とも横穴式木室を採用する首長墓が比較的近接して分布し，これらから離れて，三河系石室，畿内系石室を採用する首長墓が存在している。
50) 大谷宏治「遠江の横穴墓からみた家族・社会の変化」『東海の古墳風景』雄山閣，2008年
51) 藤村 翔「富士山・愛鷹山南麓の古墳群の形成と地域社会の展開」『境界の考古学』日本考古学協会2018年度，静岡大会，研究発表資料集，2018年
52) 前掲註22ほか
53) 前掲註28鈴木2003・2007ほか
54) この伝播ルートの解明はまだ十分に進んでいないが，伊勢地域のユガミ谷1号墳などは，渥美半島の畿内系石室に近い構造がみられる。
55) 前掲註47田村2008文献に同じ
56) 都出比呂志「古墳時代首長系譜の継続と断絶」『待兼山論叢』史学編，第22号，大阪大学大学院文学研究科，1988年
57) 古代学研究会『集落動態からみた弥生時代から古墳時代への社会変化』2016年
58) 太田宏明「古墳時代における親族的紐帯関係と集団組織原理」『日本考古学』第39号，日本考古学協会，2015年
59) 下垣仁志『古墳時代の国家形成』吉川弘文館2018年。前掲註4太田2018文献に同じ
60) 吉田 孝『律令国家と古代の社会』岩波書店，1983年。前掲註7明石文献に同じ
61) ただし，石室の形態が首長間の連携のシンボルとして機能していた事は想定していないし，特定類型の共有体が首長墓支持基盤そのものであったとも考えていない。むしろ首長の支持基盤が形成され，石室構築技術もそのような支持基盤のネットワークにそって伝播する場合が多かったと考えている。
62) 前掲註26に同じ
63) H・ギアツ，C・ギアツ『バリの親族体系』みすず書房，1989年
64) 前掲註7明石文献に同じ

引用・参考文献
鈴木一有「東海の横穴式石室における分布と伝播」『近畿の横穴式石室』横穴式石室研究会，2007年
太田宏明「九州系石室の伝播・拡散の過程」『九州系横穴式石室の伝播と拡散』北九州中国書店，2009年
太田宏明「考古資料にみられる分布境界領域の様相」『考古学研究』57—4，考古学研究会，2011a年
小林孝秀『横穴式石室と東国社会の原像』雄山閣，2014年
坂田 聡『日本中世の氏・家・村』校倉書房，1997年
都出比呂志「農業共同体と首長権」『講座日本史』1，東京大学出版会，1970年
右島和夫『東国古墳時代の研究』学生社，1994年

大刀・甲冑・馬具からみた関東と東海東部の首長墓

とちぎ未来づくり財団
埋蔵文化財センター
内山敏行
Toshiyuki Uchiyama

1 概要：関東と東海東部の共通性と境界

本論では、賤機山古墳を代表とする東海東部（静岡）と関東における古墳後期後半の首長墓の共通性を明らかにする。甲冑や装飾武器・馬具の副葬状況に、関東と東海東部の質的な差は少ない。量的な境界は、信濃坂（神坂峠）・碓氷坂（入山峠）・走水海（浦賀水道）にある。朝鮮半島系縦長板冑（図2）と棘葉形装飾馬具（図3）は、倭で定型的な身分標識にならない非主流の奢侈品で、おもに地方首長墓が副葬する。縦長板冑は福島・北関東・静岡・滋賀、舶載と倭製の棘葉形装飾馬具は北関東・静岡・愛知・北部九州に目立つ。装飾大刀が最も集中する北・東関東では、大形墳には差異的な袋頭大刀を、中形墳には均質な外来系環頭大刀を副葬する規則があり、走水海より西方の神奈川・静岡・東三河まで同じく適用される。

2 北・東関東と南関東・東海東部（図1）

北・東関東の群馬・埼玉・栃木・茨城・千葉地域は、1）古墳後期に墳長60m以上の大形墳や埴輪が盛行し、2）倭の甲冑副葬後期古墳約220基のうち4割が集中し、3）全種類の装飾大刀を錯綜して数多く副葬する。西毛（群馬西部・高崎周辺）と上総（千葉中部の富津・木更津・市原・山武）で、1）〜3）の状況が最も顕著である。関東地方でも神奈川・東京地域は1）〜3）の条件からはずれる。一方、下伊那地域の長野県飯田市周辺には、西毛・上総とよく似た状況がある。

西毛と上総と下伊那は、旧開地である近畿地方から、広大な新開地である北関東（毛野）・東関東（総）・中部高地（科野）への遠距離地域間を結合するゲートウェイ[1]として、近畿中央政権からとりわけ重視された[2]。単なる交通の要衝や地域社会の中心地ではない[3]。gatewayは、政治領域などの障壁（バリアー barrier）に付随して成立する[4]。古代の東海道で「坂東」は足柄坂以東であるが、古墳時代には、東京湾の浦賀水道のほうが境界・障壁になる（図1-■部分）。

古墳時代後期の東海東部・静岡地域には、中部や関東と同レベルのgatewayがなく、中心地（central place）が一定の間隔をあけて連鎖する地域構造に見える。西日本と同様に埴輪や前方後円墳が減少する点を重視すると、後期の東海東部はすでに新開地ではなく、旧開地的な性格も持つ。古墳時代の東海東部にgatewayがあるとすれば、前期・中期の静岡県磐田地域にその可能性がある[5]。

3 甲冑（図2）

古墳後期後半の甲冑は、倭系の縅孔2列小札甲＋衝角付冑と、外来系の藤ノ木型・飛鳥寺型縅孔1列小札甲があり、後者はしばしば朝鮮半島系縦長板冑を伴う。静岡で甲冑を副葬する後期古墳は、遠江に2基・駿河に2基がある（表3-a）。駿河にある有力首長墳2基の甲冑は、静岡市賤機山古墳が倭系小札甲、静岡市清水区神明山4号墳が外来系小札甲・冑で、東関東・北関東の事例と共通する。賤機山・神明山両古墳の被葬者は、静清平野の東西で、活動した時期が重なっていたと考えられる。賤機山古墳の甲は、倭系の「金鈴塚型」小札甲（清水和明の分類）[6]の関連型式で、縅孔2列の胴部小札の中位に第三縅孔を1個持つ。千葉県金鈴塚古墳、茨城県日天月天塚古墳のように東関東の最有力首長墳に見られる。各段縅b類で胴部を容易に連結するために第三縅孔を2孔（小針鎧

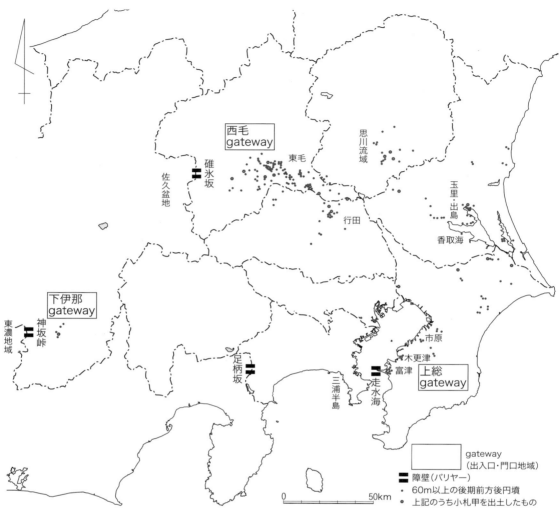

走水海・神坂峠・碓氷坂の東側にある上総・下伊那・西毛地域に後期の大形前方後円墳が集中する。西側の三浦半島・東濃地域・佐久盆地も「交通の要衝」・「地域の中心」である。しかし、渡海点や峠の東側のほうが、後期古墳の規模や副葬品の質・量が、西側よりも明らかに卓越している、地域の内生的な力の他に、外生的な要因が働いていることがわかる。

広大な「新開地」である東関東・中部高地・北関東の縁辺で、「旧開地」である近畿中央に近い側の上総・下伊那・西毛に、新開地と旧開地の遠距離地域間結合を生じさせるgateway機能がある。装飾大刀・甲冑が多いことからみて、開発の重点の一つが軍事動員体制の育成にある。群馬・長野・静岡では馬の供給も加わる。下伊那以外の長野・静岡県域は後期前方後円墳が少なくて規模も小さいが、馬具副葬古墳が多数分布している。海に面する上総 gateway は馬の移動に難点がある。東関東では馬具出土古墳数が長野や群馬より3分の1から5分の1まで少なくなる。

図1　関東周辺の後期大形前方後円墳（墳長60m以上）註2掲載図の一部を追加・改変

表1　中心地（Central place）とgatewayとの相違点（Bird, J. 1983 tab.1 および p.196 から抄出）

	[中心地]	[gateway]
[活動空間]	中心地は地域内で閉鎖	gatewayは外地域へ開放
[成立契機]	中心地と隣接小地域の交通	外部出入物をgatewayで積み替え 政治領域などの障壁に付随して成立
[発生型式]	内生 (endogenesis)	外生 (exogenesis)
[説明有効地域]	内生的に発展した旧社会	外生的に発展した新社会

塚型）から1孔（金鈴塚型）に減らしている。古墳後期後半に最も普遍的な小針鎧塚型に比べると，少数派の型式である。上総金鈴塚および関連する國學院大學蔵伝茨城出土例は，類似点の多い竪剝広板鋲留衝角付冑と組成する。賤機山と茨城県日天月天塚・赤羽B-1号横穴墓例は金鈴塚例よりも腰札の繊孔が1個多く，鉄製冑がない。神明山4号墳では，繊孔1列の藤ノ木型小札甲と朝鮮半島系縦長板鋲留冑を持つ（図2-c）。神明山4号墳の冑は，倭の衝角付冑が持つ腰巻板がなく，地板下位に綴付孔列，地板下縁には覆輪孔列を持ち，群馬県綿貫観音山古墳出土例（図2-d）のような外来系冑と共通する。繊孔1列の小札甲が古墳時代には衝角付冑とセットにならない規則性[7]からみても，神明山4号墳の冑は朝鮮半島系冑である可能性が高い。ただし，綿貫観音山古墳例のような突起付冑であったかどうかは不明である。

朝鮮半島系冑は，北関東と福島南部で後期後半の群馬県綿貫観音山・栃木県出流原5号・福島県渕の上1号・埼玉県埼玉将軍山古墳にある。遠江で後期前半の磐田市甑塚古墳に縦長板革綴冑があるので（図2-d），東海東部の後期古墳出土冑は2例とも朝鮮半島系である。加耶—倭の交流・交渉に関わる性格を推論できるが，最終的な所有者にとっては遠来の珍しい品にすぎなかった可能性もある。綿貫観音山古墳の2領の小札甲は倭系（小針鎧塚型）と外来系（藤ノ木型）がある。埼玉将軍山古墳では倭系小札甲2領（小針鎧塚型）+倭製衝角付冑と，舶載品の朝鮮半島系方形板革綴冑+馬冑がある。外部交渉と内政に関わる場面で倭系と外来系の装備をそれぞれ使い分けたか，あるいは複数の被葬者で役割を分担した可能性を示す。賤機山古墳の倭系甲と神明山4号墳の外来系甲冑にも似た関係がある。

4 馬具

古墳後期前半以前 鈴杏葉を伴う馬具が北関東に多いことは東海と共通する。駿河では静岡市旧大谷村，遠江で磐田市二子塚（墳長55m）・甑塚（径26m）と森町逆井京塚（径20m）・崇信寺10号墳（径22m）があり，愛知・岐阜県域まで分布が続く。20m〜50mクラスの中規模墳に副葬する点も共通する[8]。

古墳後期後半 舶載品の馬具・冑・装飾大刀など外来系身分標識がまとまる副葬品組成は，地域首長の対外的な性格を示す。しかし東海では舶載品の馬具（賤機山・掛川市宇洞ヶ谷横穴・名古屋市熱田神宮付近）や縦長板冑（図2-c・dの神明山4号墳・甑塚古墳）が，ほかの外来品と組成する状況が不明確である（神明山4号墳の小札甲・冑・馬鈴にその可能性がある）。倭製化した棘葉形装飾馬具（図3）は，個性が強くて見栄えがするが定型的な身分標識にならない非主流の奢侈品で，地方首長がおもに使用する[9]。一点完結と差別化を追求したカスタムメイドと評価できる[10]。倭製の棘葉形装飾馬具は，九州以外では北関東周辺の群馬・栃木・茨城・福島南部と，静岡県鍋坂3号墳・仁田山ノ崎古墳，愛知県馬越長火塚古墳にあり（図3-▽◆），後期4段階〜終末期1段階には近畿西縁部の福知山・淡路から西側の中国地方に点在する（図3-◆◇）。近畿中央では奈良県藤ノ木古墳と条池南古墳の舶載品だけがある。大阪府シシヨツカ古墳にも棘葉形杏葉の可能性のある破片があるが，確実ではない。後期第2〜3段階の新羅系舶載馬具（図3-▲▼：埼玉将軍山・賤機山・熱田神宮と北部九州）にみられる地域首長の対外的性格を近畿中央政権が認識したうえで，後期第3〜4段階の倭製品を北関東と東海地域に中央政権が供給したのだろう（図3-▽◆）。同じく新羅系の舶載品（埼玉将軍山・賤機山の棘葉形杏葉，東遠江の掛川市堀ノ内13号墳の心葉形杏葉）を祖型とする中空縁金の杏葉も，上で述べた地域と同じ範囲に倭製品が分布している[11]。この分布状況からみて，中央政権が関知しないところで北関東と東海の地域首長が独自に舶載品を入手・使用したのではないことがわかる。

花形鏡板・杏葉の分布は，棘葉形装飾馬具よりも広い（図4）。愛知県豊橋市馬越長火塚古墳群の首長墳で，長火塚古墳の棘葉形装飾馬具（図3-b-9）→大塚南古墳の花形装飾馬具（図4下）

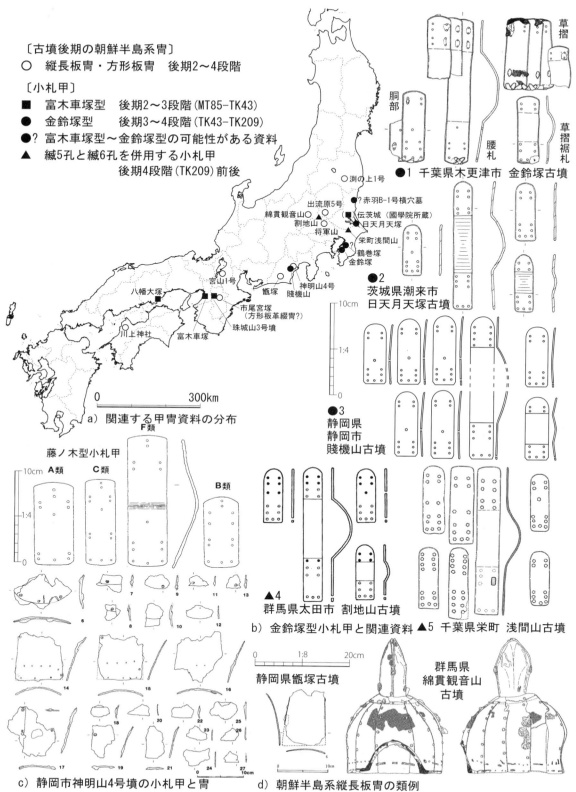

図2 静岡市賤機山古墳・神明山4号墳の甲冑と類例 （小札 S=1/4 冑 S=1/8）

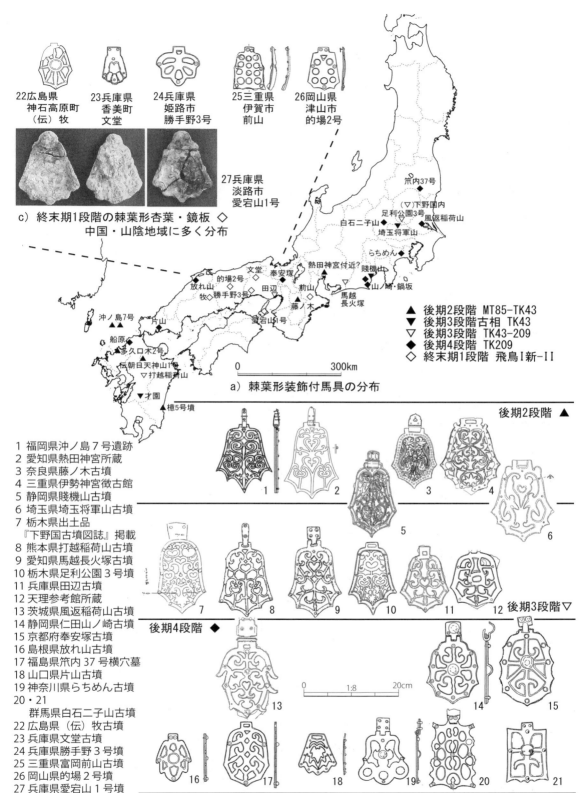

図3 棘葉形装飾付馬具とその分布 (S=1/8 写真27は縮尺不同)

大刀・甲冑・馬具からみた関東と東海東部の首長墓 69

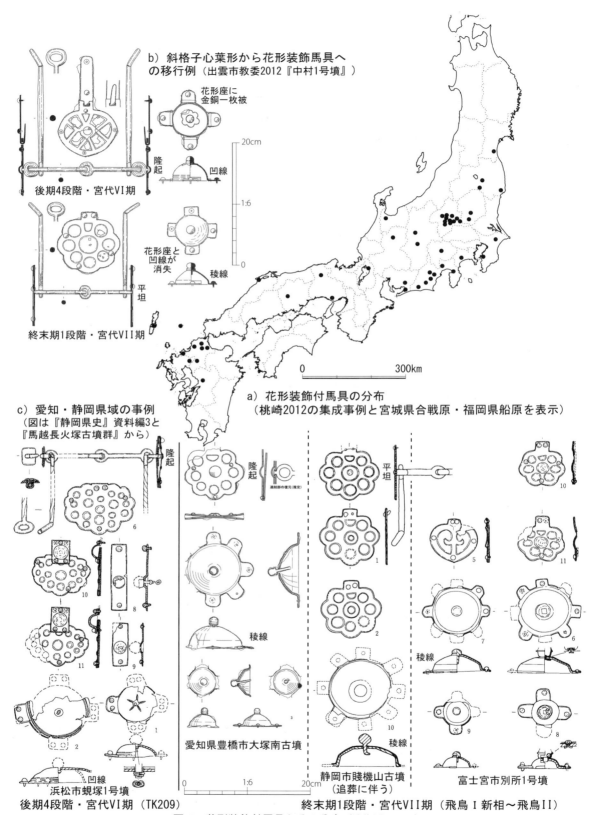

図4 花形装飾付馬具とその分布（遺物図 S=1/6）

へ移行する状況は，静岡賤機山古墳の棘葉形杏葉（図3-b-5）→花形装飾馬具（図4下）へ移行する状況と類似する。終末期1段階にそれぞれ花形装飾馬具へ移行する状況をみることができる。繋（ベルト）幅や鋲が同一の辻金具・雲珠から型式学的位置を検証できる。花形装飾馬具は集団的規制の中で用いられた規格品とみる意見があって[12]，使用者の役割と関わる意味を予想できる。花形装飾馬具が壬生部の馬具であるという桃﨑祐輔の仮説は検証が困難だが，装飾馬具を副葬する被葬者層の性格と，その変化・移行について様々な可能性を考えるための提案・ヒントの一つとして受け取ることはできる。

5 装飾大刀

賤機山古墳の飾大刀 賤機山古墳では，羨道にまとめて置かれた金銅装の倭装大刀4本が目立つ[13]。ほかに鉄製の円頭・方頭柄頭が複数と，金銀装の柄部片が2点ある[14]。いま現物を確認できる金銀装の柄部は1点あり，刻みを持つ断面低三角形の有稜銀線を巻く（図6左下）[15]。この銀線は圭頭大刀・鶏冠頭大刀・双龍環頭大刀に事例がある[16]。小形倒卵形の金銅製鐔は圭頭大刀や倭風円頭大刀と共通する。外来系円頭・環頭大刀の小型楕円形喰出鐔や，頭椎大刀の大形倒卵形鐔とは異なる。鞘口金具の上板は金銅板に唐草文の透彫を持つ。柄木は溝に茎を落とし込み，棟側の溝を木片で埋める。以上の特徴からみて，金銀装圭頭大刀の可能性が高い。

賤機山古墳には鳳凰文銀象嵌円頭柄頭（図6）や，複数ある鉄製円頭柄頭とともに，複数の袋頭大刀を副葬している。頭椎大刀と環頭大刀は認められない。鈴木一有は，古墳後期の東海全域で最高位階層の刀は振環頭・象嵌・三輪玉付などの系譜を持つ倭装大刀であることを指摘し，賤機山古墳は有力階層の古墳に環頭大刀や頭椎・圭頭大刀を含まない事例と考えた[17]。ただし，上で推定した金銀装圭頭大刀が，石室中央の家形石棺に伴うと考えられる[18]。そして，賤機山古墳の倭装大刀4本は羨道にまとめ置かれる特殊な扱いを受けている。

関東の装飾大刀副葬 東北・関東前方後円墳研究会（2016）の討論を受けて，地域における装飾大刀の副葬状況を検討した[19]。非対称柄部（倭系）と外来系，袋頭大刀[20]と環頭大刀の区別に注目する。墳長60m級以上の大形墳は，圭頭・頭椎・円頭の袋頭大刀を副葬する（表2）。その事例として，後期に大形墳を築造する北関東・東関東の各地域において，最大規模墳の装飾大刀を図5に示した。すべて袋頭大刀で，環頭大刀を含まない。

大形墳に環頭大刀を副葬する場合もあるが，袋頭大刀または倭装大刀に伴う"2本目"や"3本目"の刀として存在する。千葉県金鈴塚古墳（墳長90m）の推定4名前後の被葬者は，いずれも袋頭大刀か倭装大刀に加えて環頭大刀を副葬している。このような事例を除くと，環頭大刀は原則として墳長60m級以下の古墳に副葬する。大形墳と中形墳を長60mで区分する基準は，碓氷坂と走水海よりも東，つまり北関東と東関東に適用できる（図1）。古式の装飾大刀は大形墳に副葬し（首長墓型）[21]，新式は径10mクラスの小古墳まで波及する（群集墳型）[22]。上総と下総は特異で，各種類の装飾大刀が大形・中形墳にとどまり，小形墳まで届かない。千葉県域で大形・中形墳に偏る状況は，表2に明瞭に現れている。上総ゲートウェイを経由する装飾大刀の拡散過程に上位層が深く関与したことを示している[23]。

東海の装飾大刀副葬 走水海よりも西方の神奈川・静岡県地域も，北関東・東関東と同様の状況がある。相模から遠江まで長60m以上の後期古墳がないので（図1），規模ではなく刳抜石棺・鏡・小札甲で最有力首長墳を認定する（表3-a）。神奈川県域でも，後期前方後円墳や鏡副葬古墳は袋頭大刀を副葬する（図6下段）。秦野二子塚の銀装圭頭小刀，伊勢原市登尾山・らちめん古墳の圭頭大刀が該当する。単鳳環頭大刀を副葬する藤沢市新林右2号横穴墓は，副葬品の量や規模からみて最有力首長墳とは言えない（図6右下）。静岡県域でも，最有力首長墳は袋頭大刀を副葬する（表3のa）。最有力首長墳の環頭大刀は，袋頭大刀に伴う"2本目"の刀である（図6右上）。表3以外

表2 装飾大刀を出土した北関東・東関東の後期古墳の墳形と規模（上段：環頭大刀　下段：袋頭大刀）

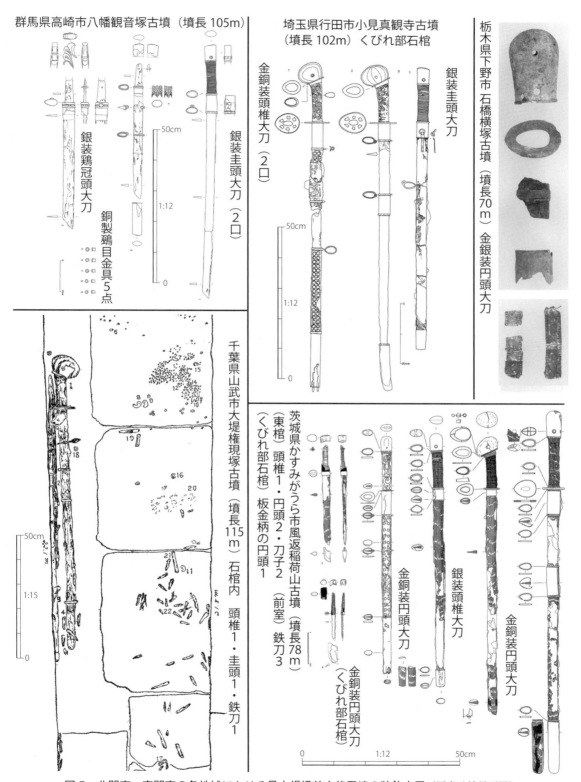

図5　北関東・東関東の各地域における最大規模前方後円墳の装飾大刀（写真は縮尺不同）

表3 刳抜石棺・鏡・小札甲・金銅装轡・杏葉・銅鋺を出土した東海の後期古墳の装飾大刀

a) 刳抜石棺・鏡・甲冑（＝伝統的品目）を持つ最有力古墳の装飾大刀　静岡県　　　　　　　　　　　●前方後円墳○円墳　□方墳　数字は墳丘規模

刳抜石棺	鏡	甲冑	金銅装轡	杏葉	銅鋺	環頭大刀	袋頭大刀	倭装大刀
駿河								
○			○	○			長泉町原分○16〔圭頭・象嵌円頭〕	
○							長泉町下土狩西1号○20+〔頭椎・方〕	
	○					静岡市神明山4号○18〔双龍〕	静岡市神明山4号○18〔象嵌／金銅圭頭〕	
○	○	○	○	○	○		静岡市賤機山○32〔金銀圭頭？・銀線巻柄・象嵌／鉄円頭・鉄方頭〕	静岡市賤機山○32〔金銅倭装4〕
○							静岡市駿河丸山□21〔鉄円頭2〕	
	○						静岡市佐渡山2号□32〔鳩目金具〕	
遠江								
	○		○				島田市高根森2号○18〔頭椎〕	
△	○		○			掛川市宇洞ヶ谷横穴〔単龍〕	掛川市宇洞ヶ谷横穴〔円頭〕	
		○						袋井市団子塚9号○17〔捩環頭倭装〕
	○		○					袋井市大門大塚○30〔鹿角倭装〕
	○							磐田市甑塚○26〔三輪玉倭装〕
○	○	?					磐田市新平山A4号○20〔頭椎〕	

＊最有力古墳の刀は袋頭（後期前半は倭装）。環頭を持つ場合は，袋頭大刀に伴う2本目の刀。

b) 刳抜石棺・鏡・甲冑がなく，金銅装轡・杏葉・銅鋺（＝後期的品目）を持つ準有力古墳の装飾大刀　静岡県

刳抜石棺	鏡	甲冑	金銅装轡	杏葉	銅鋺	環頭大刀	袋頭大刀	倭装大刀
駿河								
			○				富士宮市別所1号○？〔頭椎〕	
			△				富士市東平1号○13.5〔鉄円頭〕	
			○	○		静岡市室ヶ谷1号○14〔鉄単龍〕	静岡市室ヶ谷1号○14〔頭椎2〕	
				○		静岡市梅ヶ谷中山○-〔双龍〕		
				○		(伝)静岡市清水公園○-〔単龍〕	静岡市清水公園○-〔非対称銀線柄〕	
			○			静岡市宗小路19号□18〔獅噛〕		
			○					藤枝市翁山6号○15〔三輪玉倭装〕
遠江								
			○	○		牧之原市仁田山ノ崎○-〔双龍2〕		
			○	○		牧之原市大ヶ谷I-1号横穴〔三累〕		
			○	○				掛川市堀ノ内D1号横穴〔金銅倭装〕
			○			袋井市春岡2号○17〔単龍〕		
					○		磐田市新平山A2号○〔象嵌頭椎〕	
					○	森町観音堂本堂1号横穴〔双龍〕	森町観音堂本堂1号横穴〔頭椎〕	

＊準有力古墳は，袋頭や倭装大刀を伴わないで環頭大刀を持つ場合も5例ある。

c) 愛知・岐阜・三重県域の状況　　　　　　　　　　●前方後円墳　○円墳　○○双円墳　数字は墳丘の長・径

刳抜石棺	鏡	甲冑	金銅装轡	杏葉	銅鋺	環頭大刀	袋頭大刀	倭装大刀
三河								
				○			豊橋市牟呂王塚●27.5〔主頭〕	
			○				豊橋市弁天塚●43.5〔方頭〕	
				○		豊橋市段塚○21〔双龍〕	豊橋市段塚○21〔頭椎〕	
尾張・美濃・伊勢・志摩								
	○		○	○				名古屋市白鳥●70〔魚佩〕
			○					多治見市虎渓山1号○12.5〔捩環頭〕
								松阪市山添2号○18〔捩環頭〕
	○							亀山市井田川茶臼山○20〔捩環象嵌〕
	○		○	○		鈴鹿市保子里車塚○○46〔単龍〕		鈴鹿市保子里車塚○○46〔捩環頭〕
				○		南伊勢町宮山○11〔双龍〕		

＊有力古墳に袋頭大刀を副葬する状況は東三河（豊橋）地域まで。それより西は，おもに後期前半の倭装大刀。

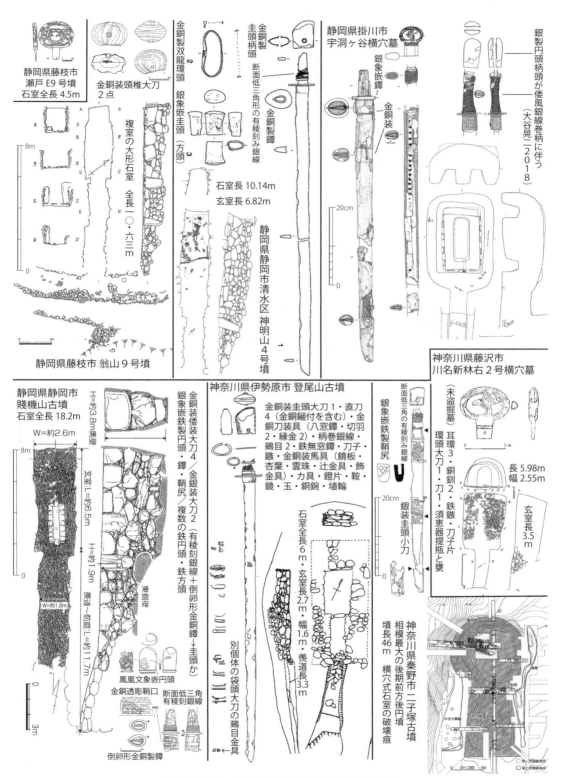

図6　静岡・神奈川県域の装飾大刀と出土古墳

大刀・甲冑・馬具からみた関東と東海東部の首長墓

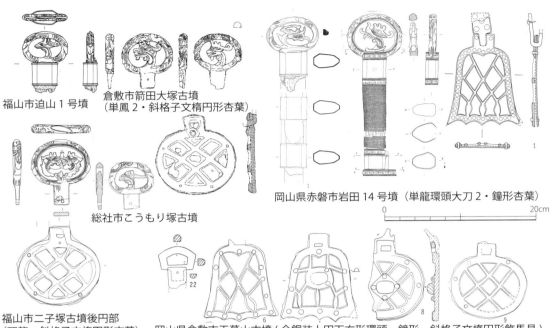

図7　山陽地域の最有力首長墳の装飾付馬具・大刀（S=1/5）　環頭大刀・鐘形・斜格子文楕円形飾馬具

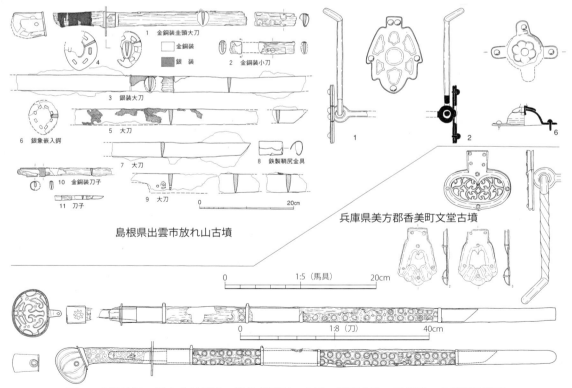

図8　山陰地域の最有力首長墳の装飾付馬具・大刀　袋頭大刀・棘葉形・心葉形飾馬具

でも，伊豆最大規模の石室を構築する井田松江18号墳が金銅装圭頭大刀・象嵌装円頭大刀・象嵌板鐔を副葬する[24]。環頭大刀を准有力墳以下に副葬すること（表3-b）や，新式の刀が小古墳へ波及することも，関東と共通する。最有力墳は袋頭大刀を副葬し，外来系環頭大刀を副葬する場合は"2本目"であるという東日本の規則は，東三河の豊橋地域まで連続する（表3-c）。東海西部，西三河以西の愛知・岐阜・三重県域における有力首長墳の大刀は，東日本のように後期後半の袋頭大刀ではなくて，後期前半を中心とする倭装大刀が主体になる。

6　東日本の特徴

大刀の仕様・材質による階層差を持つ頭椎大刀が軍事活動，階層差の希薄な環頭大刀が渡来系文物・技術を掌握する職掌を反映するという橋本英将[25]の意見が参考になる。軍事・外政・技術と奢侈品に関わる多系列の制度や役割に，東日本の首長層が重複して関与した。最有力首長層の役割は軍事が主で，外政や技術は副次的な役割か，追葬者や中下位者の役割になる。軍事が上位層の重要な役割とされた範囲が袋頭大刀の集中域＝東日本である。山陰地域で，棘葉形飾馬具と袋頭大刀を持つ但馬文堂古墳や出雲放れ山古墳は東日本と類似し，文堂の"3本目"は環頭である（図8）。花形轡・杏葉，頭椎大刀・獅噛環頭大刀などの三河・遠江より東に多い「東方偏重遺物群」が，西日本では北部九州・福岡や山陰・島根に分布することが指摘されている[26]。一方，吉備地域では最有力首長墳が1～2口の龍鳳環頭大刀を持つ（図7岩田14号墳・こうもり塚・箭田大塚・迫山1号墳・駅家二子塚…「瀬戸内ブロック」[27]）。西日本で地域差として現れる制度や役割が，東日本では階層差と関わり広域・多系列で適用されたことがわかる。

静岡市（教育委員会・埋蔵文化財センター・文化財資料館），賤機山古墳研究会，明治大学横断研究会参加者の皆様からご協力をいただきました。装飾大刀について大谷晃二氏・齊藤大輔氏から有益なご意見・ご教示をいただきました。

註

1) 寺谷亮司「北海道における都市の発達過程」『人文地理』41-1, 6-22頁：8頁, 1989年

2) 内山敏行（予定）「武器の副葬と軍事編制」上野祥史編『金鈴塚古墳と古墳時代社会の終焉』六一書房，東京

3) gatewayは都市地理学の概念で（寺谷2002, 16-18頁），gateway city=「関門都市」のように用いる。古墳時代は首長居館が長期継続しないため都市が発達せず，門口地域・玄関・出入口などの日本語に該当する。古典的な都市の三分類に，中心地central places・輸送都市transport cities・特定機能都市specialized-function citiesがある。特定機能都市は，大規模経済と，当該都市勢力圏外まで結ぶ長距離輸送に支えられて発展するので，港町などの輸送都市とともにgateway機能の一部を構成する（Bird 1980, 363頁）。古墳時代の東日本にも，軍事力や馬を遠隔地まで供給する特定機能が発展する地域がある。

4) Bird,J. 1983 Gateways: slow recognition but irresistible rise. *Tijdschrift voor economische en sociale geografie* 74 (3), Koninklijk Nederlands Aardrijkskundig Genootschap (the Royal Dutch Geographical Society), Amsterdam, p.196

5) 愛知県東三河・渥美地域（豊橋市南部），三重県伊賀・名張地域が小規模なgatewayである可能性を，岩原剛氏から御教示いただいた。美濃に対する岐阜県大垣周辺のように，広域の入口にあたる地域の性格が各地で検討されることを期待する。

6) 清水和明「挂甲―製作技法の変遷からみた挂甲の生産―」『甲冑出土古墳にみる武器・武具の変遷』第33回埋蔵文化財研究集会，1993年，13-27頁

7) 内山敏行「衝角付冑と2列小札甲」『和の考古学』藤田和尊さん追悼論文集，ナベの会，御所，2019年，175-184頁

8) 内山敏行「栃木県域の馬具と副葬古墳」『馬具副葬古墳の諸問題』第22回東北・関東前方後円墳研究会，2017年，61-74頁

9) 内山敏行「装飾付武器・馬具の受容と展開」『馬越長火塚古墳群』豊橋市教育委員会，2012年，313-324頁

10) 岩原　剛「第11章 総括 2.出土遺物から見た馬越長火塚古墳群」『馬越長火塚古墳群』豊橋市教育

委員会，2012年，354-359頁。桃﨑祐輔「棘葉形杏葉・鏡板の変遷とその意義」『筑波大学先史学・考古学研究』第12号，つくば，2001年，1-36頁

11) 東方仁史「文堂古墳出土馬具の検討」『兵庫県香美町村岡 文堂古墳』大手前大学史学研究所・香美町教育委員会，2014年，185-194頁。前掲註10岩原文献に同じ

12) 桃﨑祐輔「大塚南古墳出土花形鏡板の年代とその歴史的意義」『馬越長火塚古墳群』豊橋市教育委員会，2012年，281-297頁

13) 伊藤勇夫『国指定史跡 賤機山古墳 発掘調査報告書』静岡市教育委員会，1997年

14) 後藤守一・斎藤 忠『静岡賤機山古墳』静岡市教育委員会，1953年

15) 川江秀孝「飾大刀」・「馬具」『静岡県史』資料編3 考古三，静岡県編集発行，1992年，570-657頁

16) 大谷晃二「金鈴塚古墳の金銀装大刀はどこで作られたか？」『金鈴塚古墳展』木更津市郷土博物館金のすず，木更津，2012年，18-23頁

17) 鈴木一有「東海の馬具と飾大刀にみる地域性と首長権」『東海の馬具と飾大刀』東海古墳文化研究会編集・発行，2006年，239-240頁

18) 前掲註14，41頁

19) 内山敏行「武器の副葬と軍事編制」『金鈴塚古墳のかがやき』第103回歴博フォーラム，国立歴史民俗博物館，2016年，27-33頁。前掲註2に同じ

20) 瀧瀬芳之「円頭大刀・圭頭大刀の編年と佩用者の性格」『考古学ジャーナル』266 ニュー・サイエンス社，1986年，9-15頁

21) 新納 泉「装飾付大刀と古墳時代後期の兵制」『考古学研究』30(3)，考古学研究会，1983年，50-70頁

22) 前掲註21に同じ

23) 前掲註2および註19に同じ

24) 西澤正晴「井田松江18号墳出土の金銅装圭頭大刀について」『静岡県指定史跡 井田松江古墳群—調査整備事業報告書—』戸田村文化財調査報告書第5集，戸田村教育委員会（静岡県田方郡），2000年，77-88頁：84-85頁，

25) 橋本英将「金銅装頭椎大刀の佩用者と被葬者像」『兵庫県香美町村岡 文堂古墳』大手前大学史学研究所・香美町教育委員会，2014年，163-176頁

26) 前掲註17，239-240頁

27) 新納 泉「古墳時代の社会統合」『日本の時代史』2倭国と東アジア，吉川弘文館，2002年，136-167頁

引用・参考文献

内山敏行「武器・武具・馬具からみた関東と東海東部の首長墓」『境界の考古学 日本考古学協会2018年度静岡大会 研究発表資料集』2018年，295-308頁

大谷晃二「古天神古墳出土大刀の時期と系譜」『古天神古墳の研究』島根大学考古学研究室，2018年，91-102頁

大谷宏治・鈴木一有・富永里菜・井口智博・岩原 剛・田村隆太郎・菅原雄一・菊池吉修・井鍋誉之『東海の馬具と飾大刀』東海古墳文化研究会，2006年

寺谷亮司「第1章 都市システム研究の視点」『都市の形成と階層分化』古今書院，2002年，9-18頁

東北・関東前方後円墳研究会「第21回 東北・関東前方後円墳研究会 討論の記録 群集墳展開の共通性と地域性」『東北・関東前方後円墳研究会連絡誌』41，2016年，1-11頁

橋本英将「装飾大刀」『古墳時代の考古学』4，同成社，2013年，95-110頁

宮代栄一「中央部に鉢を持つ雲珠・辻金具について」『埼玉考古』30，埼玉考古学会，253-290頁，1993年

宮代栄一「愛知県豊橋市馬越長火塚古墳の馬装—多数の馬具を伴うアセンブリッジに関する一考察—」『三河考古』26，2016年，33-50頁

桃﨑祐輔「笊内37号横穴墓出土馬具から復原される馬装について」『研究紀要』2001，福島県文化財センター白河館，2002年，36-74頁

Bird, J. 1980 Seaports as a subset of gateways for regions: a research survey, *Progress in Human Geography* 4 (3), London, pp.360-370

Bird, J. 1983 Gateways: slow recognition but irresistible rise. *Tijdschrift voor economische en sociale geografie* 74 (3), Koninklijk Nederlands Aardrijkskundig Genootschap (the Royal Dutch Geographical Society), Amsterdam, pp.196-202

図・写真の出典

内山2018に掲載した。補足訂正事項を下に記す。

図3-16：図8と同じ 22：展示を見学し作成した模式図（原品は広島県立府中高等学校所蔵 写真：広島県立歴史博物館『広島県立歴史博物館展示案内』1989年） 27：津名郡町村会編『五色町遺跡分布図』五色町埋蔵文化財調査報告書第2集，1994年，15頁

図5 写真：東京国立博物館所蔵，Image:TNM Image Archives

図6 迫山1号墳：神辺町教育委員会「迫山第1号古墳発掘調査概報」『神辺町埋蔵文化財調査報告』Ⅲ，1984年，16頁 岩田14号墳：大谷晃二「丘の上の遺跡群〜山陽団地の発掘から〜第3回岩田14号墳と環頭大刀」赤磐市歴史まなび講座，岡山県赤磐市教育委員会，2018年

第3章 地域首長と社会の特質

東海地方における古墳時代後期の地域社会

浜松市市民部文化財課
鈴木一有
Kazunao Suzuki

1 はじめに

本稿は，古墳のあり方をもとに，東海地方における6世紀から7世紀前半にかけての地域社会の変質過程をあとづけることを目的とする。対象とする東海地方とは，現在の行政区分でいう三重県，岐阜県，愛知県，静岡県の4県をさす。古代の区分としては，伊賀，伊勢，志摩，飛騨，美濃，尾張，三河，遠江，駿河，伊豆の10国に相当する。東西250km，南北180km以上にわたるこの地域では，伊勢湾と三河湾，さらには遠州灘から駿河湾と続く太平洋沿岸の諸地域と，内陸部を繋ぐ諸地域が連なり，多様な地域社会が林立している（図1）。

倭王権中枢と東国世界を繋ぐ中間域としての地理的条件に目を移せば，海沿いの「原東海道」地域と内陸の「原東山道」地域という，情報伝達や交易の経路が読み取れ，相互に関連がある歴史的経緯をたどることもできる。東西を繋ぐ「原東海道」，「原東山道」といった動脈地域と，その狭間にあたる三河との違いは，古墳副葬品の分布の差や横穴式石室の型式差として表れている。倭王権との結びつきの違いと，採用される横穴式石室の形態差が関連している可能性が，威信財の分布からも指摘できる[1]。また，後期・終末期の古墳埋葬施設についても，各地域の様相が詳細に把握されるようになり，単純な伝播論では語ることができない地域ごとの特性が明らかにされつつある[2]。

本稿では，東海地域の首長墓や群集墳の推移から地域社会が変質する画期を見出す。その具体的な方法としては古墳の築造動向を探ることを根幹にするが，考古学的な事象と，文献史との接点をさぐることも積極的に視野に入れる。その具体的な様相を知る地域として駿河に注目し，画期をなす歴史的経緯を示す一つのモデルを提示したい。

2 研究史

後期古墳の築造動向から地域社会の変質過程をうかがう研究は，今までも数多くの試みがなされてきた。東海地方における考古学研究と古代史研究との関連をさぐる企画としては，角川書店『古代の日本』旧版・新版[3]，名著出版『古代王権と交流』[4]，同成社『東海の古代』[5]といった書籍があり，書中の諸論考を通して検討が重ねられている。ただし，これらの書籍中の論考は，論者が進

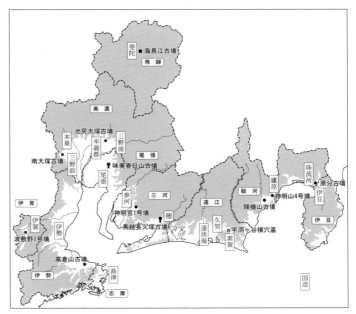

図1 東海地方の主要後期・終末期古墳と国造の配置

める各々の研究の延長上にあり，考古学と古代史を総合化することは稀であった。

いっぽう，東海地方全域を視野に入れ，後期・終末期の古墳や横穴を総合的に検討する考古学の研究会も頻繁に開催されている。2001（平成13）年には東海考古学フォーラム「東海の後期古墳を考える」[6]が，2006年には「東海の横穴墓」[7]が開催され，東海地方各地の様相が議論された。とくに前者では，「後期古墳の諸問題」とする章を設け，大型首長墓の動向，横穴式石室の推移，副葬品の変質過程，後期・終末期の階層構造などに注意が払われた。また，筆者らは季刊考古学別冊『東海の古墳風景』において東海地方の古墳時代研究を総合的に取り上げ[8]，後期・終末期古墳にかかわる諸論考をおさめた。

古墳時代後期の広範囲にみられる横穴式石室については，東海地方においても研究が盛んである。東海地方各地の横穴式石室については，1980年代から2000年代にかけて資料集成がなされ，研究資料が充実した[9]。東海地方各地における詳細研究[10]をもとに，東海地方全域にかかわる系譜関係にも触れられるようになっている（図2）[11]。

馬具や大刀といった後期・終末期の主要な副葬品についても，東海地方全域にかかわる集成，検討が進められている[12]。金銅装の馬具や大刀などは，いわゆる威信財としての評価とともに，倭王権を構成する有力氏族との結びつきや，特定の身分や職掌を象徴する物品としての位置づけが試みられている。装飾大刀については，ふるく後藤守一が遠江や駿河に頭椎大刀が顕著なことを指摘

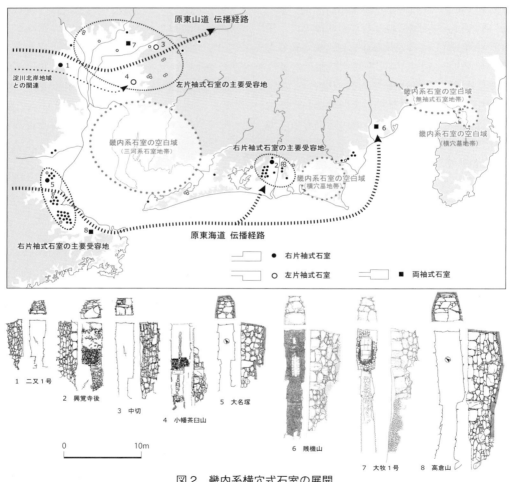

図2　畿内系横穴式石室の展開

し，物部氏との関係を示唆した[13]。また，新納泉は，倭王権を構成する氏族が日本列島内の各地域へ勢力基盤を広げる中で，特定の装飾大刀が濃厚に分布すると捉えた。具体的には瀬戸内地域の単龍鳳大刀と大伴氏，日本海・東海地域の双龍環頭大刀と蘇我氏，関東地域の頭椎大刀と物部氏といった氏族との関連を示している[14]。しかしながら，装飾大刀と特定氏族との関係は，近年の資料の増加と編年的研究の進展によって議論が複雑化しており，定説化をみているといいがたい。東海地方においても分布の様相は複雑であり，まずは考古資料の詳細な分析から事実関係を明確にしておく必要があるだろう。

前方後円墳の消長や大型の円墳・方墳などの築造動向をまとめた首長系譜論は，古墳時代の地域史を語る上で欠かせない。首長系譜論における比較研究の有効性が示された段階においては，都出比呂志がとりあげた京都府桂川流域の事例研究のように[15]，古墳時代の首長系譜の延長上に古代寺院をあてはめる視点が含意されていた。都出の研究に触発された地域検討の中には，同様の視点が示されることもあったが[16]，その後の古墳時代研究においては，首長系譜論と古代寺院を結びつける観点は希薄になりつつある。こうした問題意識の延長上から，筆者は首長系譜と古代寺院，さらには国，評・郡，五十戸・里といった古代地方行政区分との関係の整理を通じて，6世紀から7世紀に及ぶ地域拠点の推移を概観した[17]。

6世紀の広域行政組織である国造制と地域の首長系譜を関連づける研究は，おもに古代史側からの検討によって進められてきた[18]。東海地方においても，新野直吉[19]，原秀三郎[20]，早川万年[21]などによって，東海地方各地の国造とその系譜が触れられている。近年，考古学的な調査成果と国造制との関連について積極的に触れる研究視点[22]もあらわれており，愛知県馬越長火塚古墳の報告書の中ではその被葬者を穂国造と捉える考えが大きく取り上げられている[23]。

6世紀の地方制度を考える上では，屯倉制についても触れておく必要があるだろう。屯倉は，大化前代の倭王権による直轄地として理解される。その実態は，舘野和己が示すような政治的軍事的拠点とみる考えがあるが[24]，考古学的な事象との関連を重視するなら，田地，舘舎（倉庫を含む），耕作民が一体となった地域の経済体とみる鎌田元一が示す理解[25]が受け入れやすい。東海地方におけるミヤケ（以下，本稿では「倉」の字義にとらわれないミヤケの表記を採用する）の設置記事は，安閑・宣化期に集中するが，古代史においてはその具体的な位置を推定する試みがなされている[26]。いっぽう，東海地方の考古学的情報とミヤケとの関連については，早野浩二が積極的に議論を進めている。早野は，伊勢湾沿岸地域の海浜集落や古墳の分析を通じ，5世紀中葉から6世紀前半にかけて地域首長によって開発された土地がミヤケに発展的に継承され，倭王権の経済的基盤に移行することを示した[27]。集落遺跡の動向から，倭王権の地域への関与を示す早野の理解は，考古資料と古代史研究における構図の一致をみる試論といえるが，近年の考古学の進展を積極的に評価する視点は注目に値する。

本稿で事例研究を進める駿河においては，後期・終末期古墳の調査事例が充実している。駿河中央部（安倍郡域）の最高首長墓としては，賤機山古墳が知られている。この古墳では，横穴式石室や石棺の発掘調査が行なわれ[28]，その詳細が明確にされている。また，有度（うど）郡域では，終末期の方墳の調査事例も多く，隣接する廬原郡域では神明山4号墳[29]といった有力首長墓にかかわる副葬品の詳細が知られている。

さらに，近年，東駿河では重要な後期・終末期古墳の発掘調査や報告書の刊行が相次いでいる。原分古墳[30]，中原4号墳[31]，東平1号墳[32]などがあげられ，古墳の立地，埋葬施設や副葬品の実態から，それぞれの被葬者像に迫る考究がなされている。駿河東部の有力墳の内容が具体化したことにより，駿河中部域との関係や，古代史における研究成果[33]をどのように理解するか，精度高く検討することが可能になったといえるだろう。

3 首長墓の変質と群集墳の隆盛

当該期の東海地方における首長墓の推移を，前方後円墳築造の動向，大型円墳・方墳・横穴墓の築造，群集墳の造営状況に注目し，画期を見出しておきたい。

(1) 前方後円墳築造の動向

東海地方における前方後円墳の終焉を瞥見してみよう（図3・4）。すでに多くの論者によって明らかにされていることであるが，東海地方においては6世紀の中頃（TK10型式新相期）をもって，基本的に前方後円墳の築造が終了しているとみてよい。北・中伊勢をはじめ，西美濃や尾張，西・中駿河などがその代表的地域といえる。中には西三河や東遠江，東駿河のように，6世紀前半の比較的早い段階（MT15型式期～TK10型式古相期）において，前方後円墳の築造が終わる地域もある。6世紀に爆発的な数の前方後円墳が築造される関東地域と比べると，東海地方の多くでは早い段階で前方後円墳の築造が終了しているといえるだろう。

いっぽう，東海地方においても，6世紀後半（TK43型式～TK209型式期）まで比較的規模の大きい前方後円墳が構築される地域もある。東美濃の木曽川北岸地域（各務原市域）と東三河の豊川東岸地域（豊橋市域）が典型例であり，岐阜県大牧古墳群[34]や愛知県馬越長火塚古墳[35]といった個性的な前方後円墳が築造されている。これらの前方後円墳は独自性が強い墳形を採用し，葺石の技法や横穴式石室の形態にも強い地域性が看取できる。いずれも埴輪の樹立はみられない。葺石や横穴式石室の特徴は，前方後円墳築造停止後の大型円墳や方墳にも引き継がれており，墳形の変化を超えた共通性が各地で貫かれている。東海地方ではこうした個性的な前方後円墳が最終末段階に構築されるが，後期後半（TK209型式期）をもってその築造が完全に停止する。

こうした首長墓としての前方後円墳のあり方に注目すると，6世紀後葉（TK10型式新相期からTK43型式の間）と7世紀初頭（TK209型式新相期と飛鳥Ⅰ期後半期の間）が大きな画期として認識しうる。6世紀前半までは各地に比較的多くの前方後円墳の造営が認められることに対し，それ以後は限定的な地域を除き，前方後円墳の築造は基本的に衰退する。6世紀後半に残存する前方後円墳は個性が強く，諸特徴を共有することに意義が見出せるそれ以前の首長墓の姿とは一線を画している。埴輪をもたないことも共通し，首長墓としての性格が変質した段階の築造であることが知られる。

(2) 大型円墳・方墳・横穴墓の築造

東海地方において前方後円墳の造営がいち早く終焉を迎える地域では，直径20～30m規模の円墳がそれにかわる首長墓として築かれ，それぞれ大型の横穴式石室を構築している。6世紀後半の大型円墳としては，三重県高倉山古墳や賤機山古墳がその典型例としてあげられる。この2基の古墳は墳丘規模（直径32m）も近似しており，地域の最高位の被葬者を想定しうる。また，それぞれの横穴式石室は畿内的な要素が強く，賤機山古墳には刳抜式家形石棺を内包するなど近畿地方中枢部との密接な関係がうかがえる。

東海地方では，前方後円墳の築造が終了した7世紀前半以降，有力古墳が方墳に変わる地域が知られる。7世紀の大型方墳が顕著に認められる地域として，飛騨の荒城郡域，美濃の武儀郡・賀茂郡域，駿河の有度郡域などがあげられる（図5）。これらの地域では一辺が20mを超える大型方墳が数多くみられ，それぞれ地域性が顕著な大型横穴式石室が構築されている。また，尾張や東西三河，東駿河など，方墳の構築が少ない地域があり，7世紀における方墳化，およびその墳丘の大型化は，地域的偏りが明確である。

横穴は一般的に横穴式石室よりも下位の階層が築造した埋葬施設と捉えられるが，東海地方では，静岡県山麓山横穴墓，宇洞ヶ谷横穴墓，大師山横穴墓群，岐阜県羽崎中洞1号墓など，墓室が極めて大きく，石棺を埋葬施設にもつなど，地域において最上位に位置づけうる有力な横穴墓が知られている。首長墓級の大型横穴墓が構築される東遠江，中美濃，北伊豆の各地域は，横穴式石室の構築が低調であるか，横穴式石室が構築され

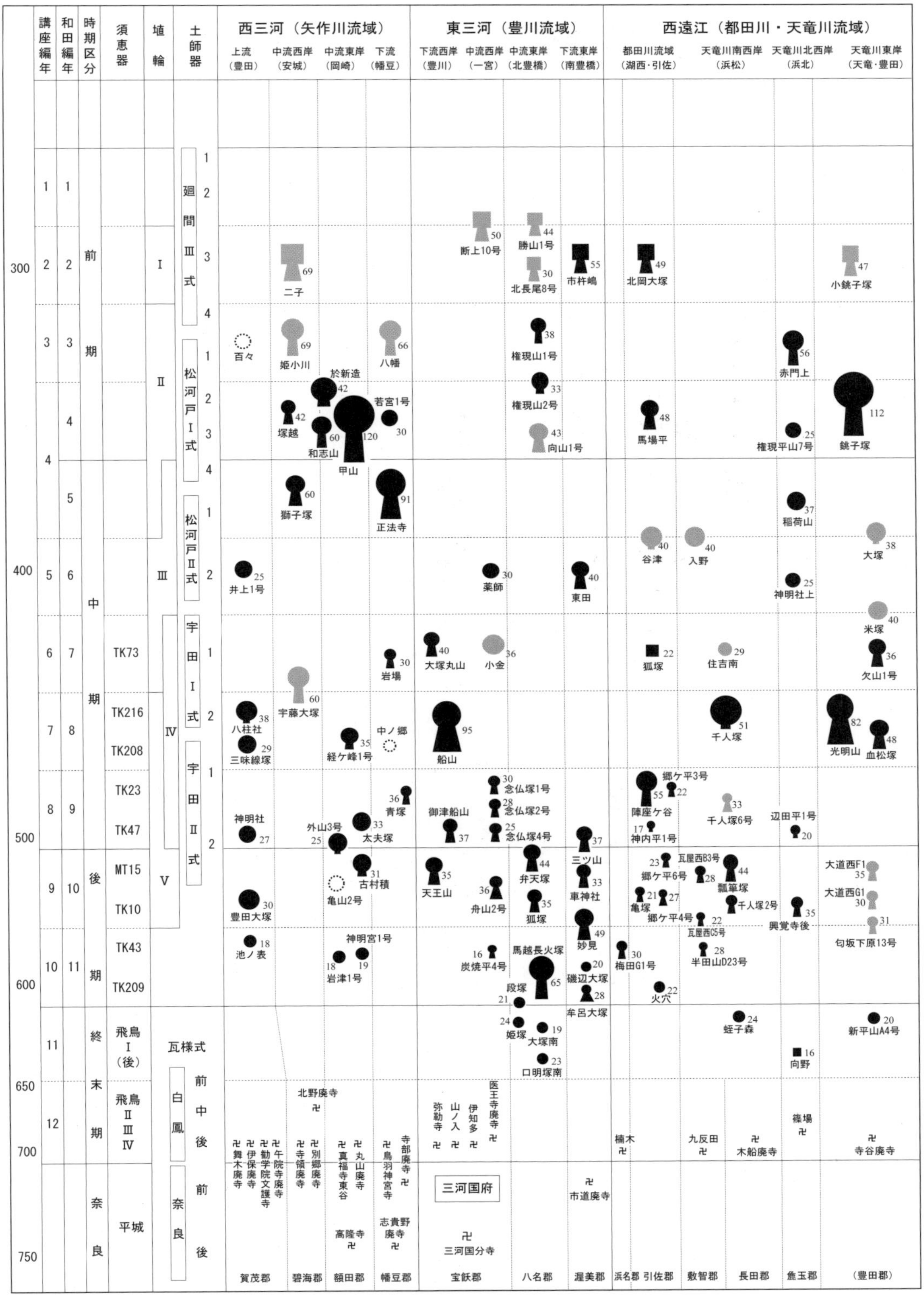

図３　三河・西遠江における古墳の変遷と古代寺院

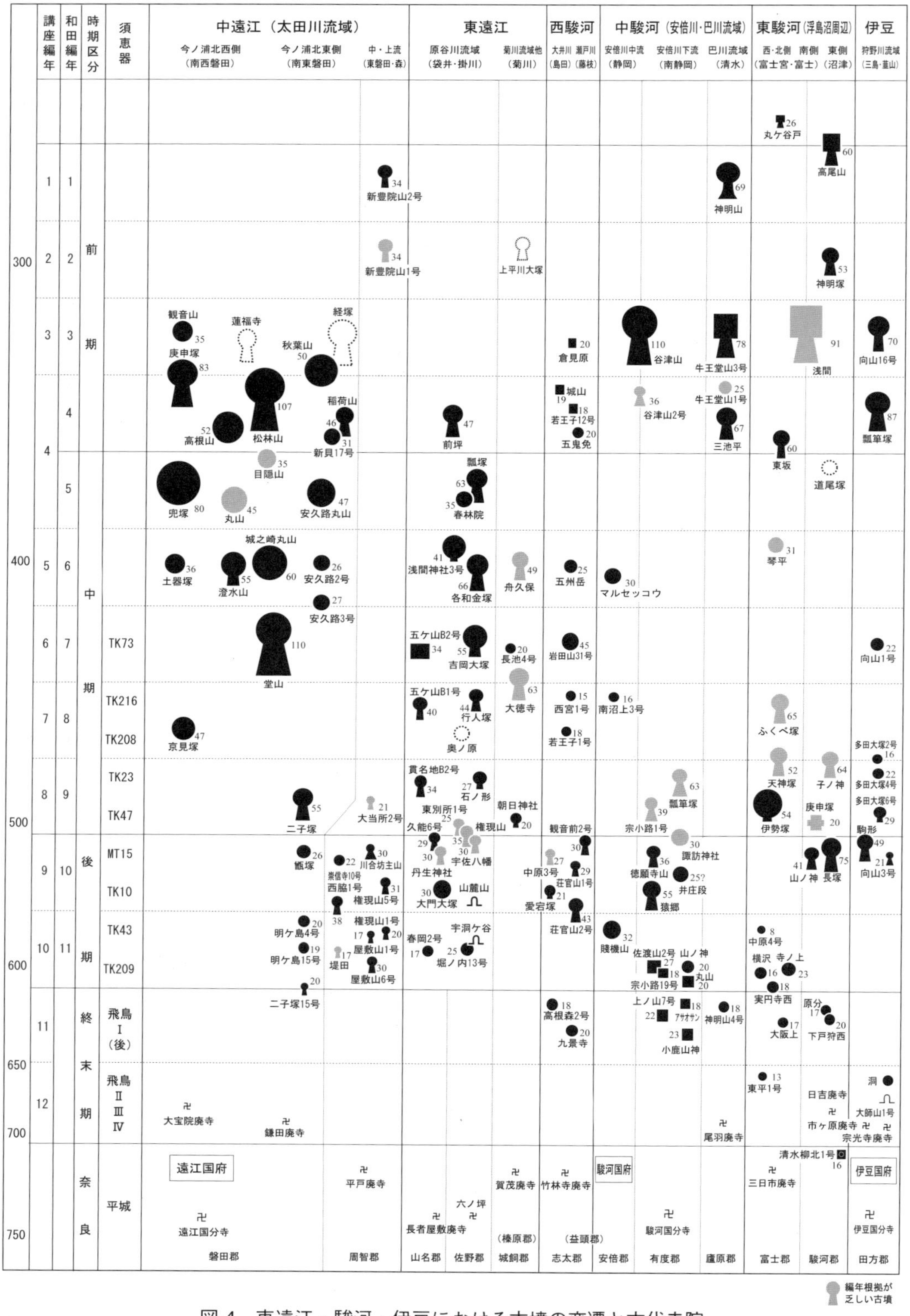

図４　東遠江・駿河・伊豆における古墳の変遷と古代寺院

たとしても畿内系石室の影響がみられないといった地域性がある。横穴の密集地帯である東遠江や北伊豆では，古墳を築く階層の多くが横穴を構築し，最上位階層も横穴墓に埋葬される独特の階層秩序があったと評価できる。

(3) 群集墳の造営状況と段階区分

横穴式石室を埋葬施設にもつ群集墳は，東海地方各地で6世紀後葉（TK43型式期）を画期として築造が始まり，その後7世紀前半にかけて爆発的な数が築かれる[36]。

東海地方における群集墳の造営地には粗密が認められ，その造営主体は一様ではない。小規模古墳の造営数は美濃をはじめ，東三河から遠江・駿河にかけてとくに多く，尾張や西三河では小型墳が密集するような大規模群集墳はみられない。群集墳の造営の背景に，政治的な位相が反映されているとみてよいだろう。群集墳の副葬品には，馬具や鉄刀・鉄鏃が多いことを考慮すると，小規模古墳の造営には軍事的な序列が関係していると考えられるが，その造営単位は一律ではない。

6世紀中ごろに進んだ地域社会の再編は，首長墓の変質とともに，古墳築造階層が拡大し，群集墳の爆発的な造営に至ったと考えられる。また，7世紀初頭における前方後円墳造営の完全終焉と大型方墳築造の隆盛化，7世紀中頃の古墳造営の縮小化は東海地方全域で連動性が認められ，政治史的な変動を反映しているとみられる。

以上，古墳造営のあり方から，当該期の地域社会の推移を整理すると，①6世紀前半（MT15型式期〜TK10型式期）を中心とする後期前半，②6世紀後葉から7世紀初頭（TK43型式期〜TK209型式期）の後期後半，③7世紀初頭から7世紀中葉まで（飛鳥Ⅰ期後半）の終末期前半といった3段階に分けて整理することが妥当であるといえるだろう。

4 国造制とミヤケ

6世紀から7世紀前半に至る古墳築造の動向と古代史における地域秩序の推移について触れておく。ここでは国造制とミヤケの設置にかかわる論点に限って検討しておこう。

国造制については，信頼に足る網羅的な記録を見出すことが難しいが，大化前代の地域制度としてその存在を否定することはできない。『先代旧事本紀』巻第十「国造本紀」をはじめ，『古事記』，『日本書紀』などの記述から，東海地方には次のような国造が置かれたことが知られる[37]。伊賀：伊賀国造，伊勢：伊勢国造，志摩：島津国造，飛騨：斐陀国造，美濃：三野前国造，本巣国造，三野後国造，牟義都国造，尾張：尾張国造，三河：参河国造，穂国造，遠江：遠淡海国造，久努国造，素賀国造，駿河：珠流河国造，盧原国造，伊豆：伊豆国造。これらの国造の勢力圏は，河川流域ごとに抽出できる小さな首長系譜とは異なり，令制下の「国」一つもしくは「国」を2〜3分する程度の広範囲に対応する。

東海地方における国造の中心領域と古墳の築造動向は，必ずしもすべてが一致しないが，参考にすべき地域もある。以下，地域研究の進展が進んでいる静岡県宇洞ヶ谷古墳群，愛知県馬越長火塚古墳群，岐阜県弥勒寺遺跡群について触れておきたい。

宇洞ヶ谷古墳群（図6）は，静岡県掛川市にある横穴や古墳で構成される古墳群で，東西100m，南北300mほどの谷筋を中心に展開している。この谷筋と周辺の丘陵上には，先述の山麓山横穴，宇洞ヶ谷横穴といった首長墓としての横穴や，堀ノ内13号墳といった横穴式木室を埋葬施設にもつ有力墳が築かれている[38]。素賀国造の本拠地に築かれた地域の最有力階層の墓域とみられ，横穴や横穴式木室といった首長墓としては特異な埋葬施設を採用していることが注目できる。この古墳群の造営主体と関連があるとみられる素賀国造は，掛川市を貫く逆川の南にあたる旧曽我村（掛川市領家，高御所，岡津）を中心とした勢力とされる。墳墓中，最有力とみられる山麓山横穴と宇洞ヶ谷横穴の築造時期はそれぞれ，6世紀中頃（TK10型式新相期）及び6世紀後葉（TK43型式期）にあたる。各横穴の被葬者が国造そのものにあたるか，その祖先や後継者，近縁者などにあたるかは必ずしも明確ではないが，墳墓遺跡からみる素賀国造関連勢力の台頭は6世紀中葉を画期

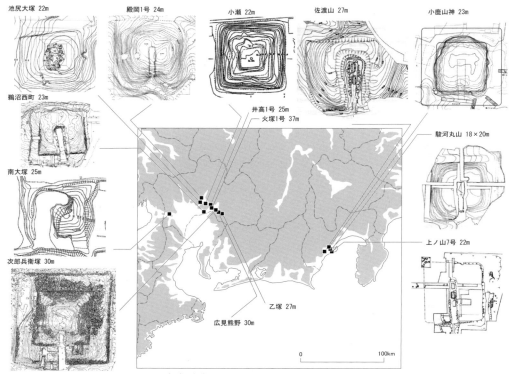

図5 東海地方における後期・終末期の大型方墳

としていることが知られる。

馬越長火塚古墳群は、愛知県豊橋市に築かれた後期から終末期にかけての古墳群で、地域の中での突出したあり方から、この地域に勢力基盤が求められる穂国造と関連するとみられている[39]。6世紀後葉（TK43型式期〜TK209型式期）に築かれた前方後円墳、馬越長火塚古墳（全長70m）の近接地には、大塚南古墳、口明塚南古墳といった円墳が築かれている。これら円墳は、前方後円墳である馬越長火塚古墳と関連性が高い立地環境にあること、築造時期が7世紀に降ること、葺石構築技法が馬越長火塚古墳と共通することなどから、前方後円墳を構築した有力階層の末裔の墳墓とみてよい。大塚南古墳の直径19m、口明塚南古墳の直径23mという墳丘規模は、東海地方における7世紀前半代の首長墓として標準的な大きさを示していると評価できる。

弥勒寺遺跡群は、岐阜県関市に所在する7世紀から9世紀を中心とする遺跡群である。終末期方墳である池尻大塚古墳（一辺22m）、武義郡家を構成する諸施設と前身遺構群、さらには郡家隣接寺院である弥勒寺跡などによって構成される[40]。牟義都国造の中心領域であり、官衙遺構や寺院は後の郡司層が関わった遺跡群と捉えられるだろう。弥勒寺遺跡群中の首長墓は池尻大塚古墳のみであるが、その周辺には、小瀬古墳や殿岡古墳など、終末期方墳が集中する地域として知られている。この地域では、先行する有力古墳の造営が知られておらず、7世紀初頭頃を中心に台頭した地域勢力がその造営主体であったことが分かる。造墓活動からうかがえる国造勢力の動向としては比較的新しい時期に位置づけうる事例といえるだろう。

以上の事例を参考にすると、各地における国造の勢力基盤に築かれた有力古墳の築造時期は、比較的時期幅があることが分かる。また、国造勢力との関係が不明瞭な地域もあることを考えると、墳墓の構築状況から国造の動向を統一的基準でさぐることはむしろ困難といわざるをえない。

すでに別稿[41]で指摘したとおり、国造制からうかがえる地域のまとまりは、6世紀から7世紀

前半の有力古墳の分布よりも，各地における7世紀後半に構築された中核的寺院の造営地の方が調和的である。国造制の廃止が天武12年～14年（683～685）に実施された国境策定事業の時期と重なる可能性が高いことを考慮すると，東海地方における国造の勢力圏は，7世紀中葉～後葉頃（白鳳様式前期から中期まで）に造営された中核的古代寺院の分布状況によって，最も明確に認識できる可能性があることも頷けよう。

東海地方におけるミヤケがかかわる問題についても触れておきたい。『日本書紀』に記述がみられる東海地方のミヤケは，その設置時期が安閑・宣化期に集中する。実年代にかかわる若干の前後は想定できるが，東海地方においては6世紀中ごろにミヤケ制にかかわる地域秩序に転換が始まったとみてよいだろう[42]。倭王権が直接的な地域把握に乗り出したことと，古墳の築造動向との関連も考究すべき課題である。先に見た広域での前方後円墳築造停止や群集墳築造の開始などが，こうした変動と関連している可能性がある。

『日本書紀』が伝える東海地方に設置されたミヤケは以下のとおりである。伊賀：伊賀国屯倉，伊勢：新家屯倉，尾張：間敷屯倉，入鹿屯倉，尾張国屯倉，駿河：稚贄屯倉。これらのミヤケの中枢地は古代史や歴史地理学から比定地が示されている。本稿で詳細検討を進める駿河においては稚贄屯倉が知られている。稚贄屯倉の所在地は富士市吉原の生贄川（現和田川）周辺に想定する考えが有力であり[43]，港湾施設を含む経済拠点であったと捉えられる。後述するように，東駿河の地は渡来系技術者集団の集住が考古学的な情報から想定できる地域であり，ミヤケの想定地を考える上でも整合的である。今後，5世紀後半から6世紀にかけての新興集落の情報を丹念に拾い上げていく必要があるだろう。

ミヤケが設置される前史として，東海地方各地の後期前半に認められる小型前方後円墳の築造の隆盛は注目しうる。小型前方後円墳の築造は，この時期に顕著になった新興小首長層の台頭を示しており，倭王権の直接的な地域把握が古墳の造営

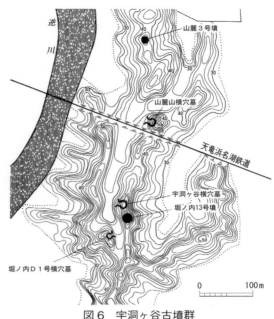

図6　宇洞ヶ谷古墳群

承認を通じて進められたとみられる。人格的な関係を通じた地域への関与は6世紀中葉以降のミヤケの設置を経て制度的なかかわりに変質し，前方後円墳築造の衰退に至ると捉えられるだろう。

5　駿河における古墳築造動向と地域社会

後期後半における地域社会のあり様を探る地域として駿河を取り上げ，古墳の築造動向に注目してみたい。駿河の一部では後期前半に小型前方後円墳の構築がみられるが，後期後半には前方後円墳の築造そのものが停止する。また，この時期には賤機山古墳という最有力首長墓が駿河中央の安倍川左岸に出現している。

この古墳は直径32mの円墳であり，畿内系横穴式石室が構築され，同じく畿内系の家形石棺を内包する。在来の横穴式石室が多く構築される中で極めて畿内的要素が濃厚な古墳といえる。副葬品には，複数の装飾大刀や金銅装馬具，銅鋺をはじめとした瀟洒な品目があげられ，同時代の東海地方でも抜きん出た存在として知られている。賤機山古墳の情報は多岐にわたるが，中でも，装飾大刀，金銅装馬具，須恵器，家形石棺に注目したい。

装飾大刀は羨道から出土した4点の倭装大刀が

東海地方における古墳時代後期の地域社会　87

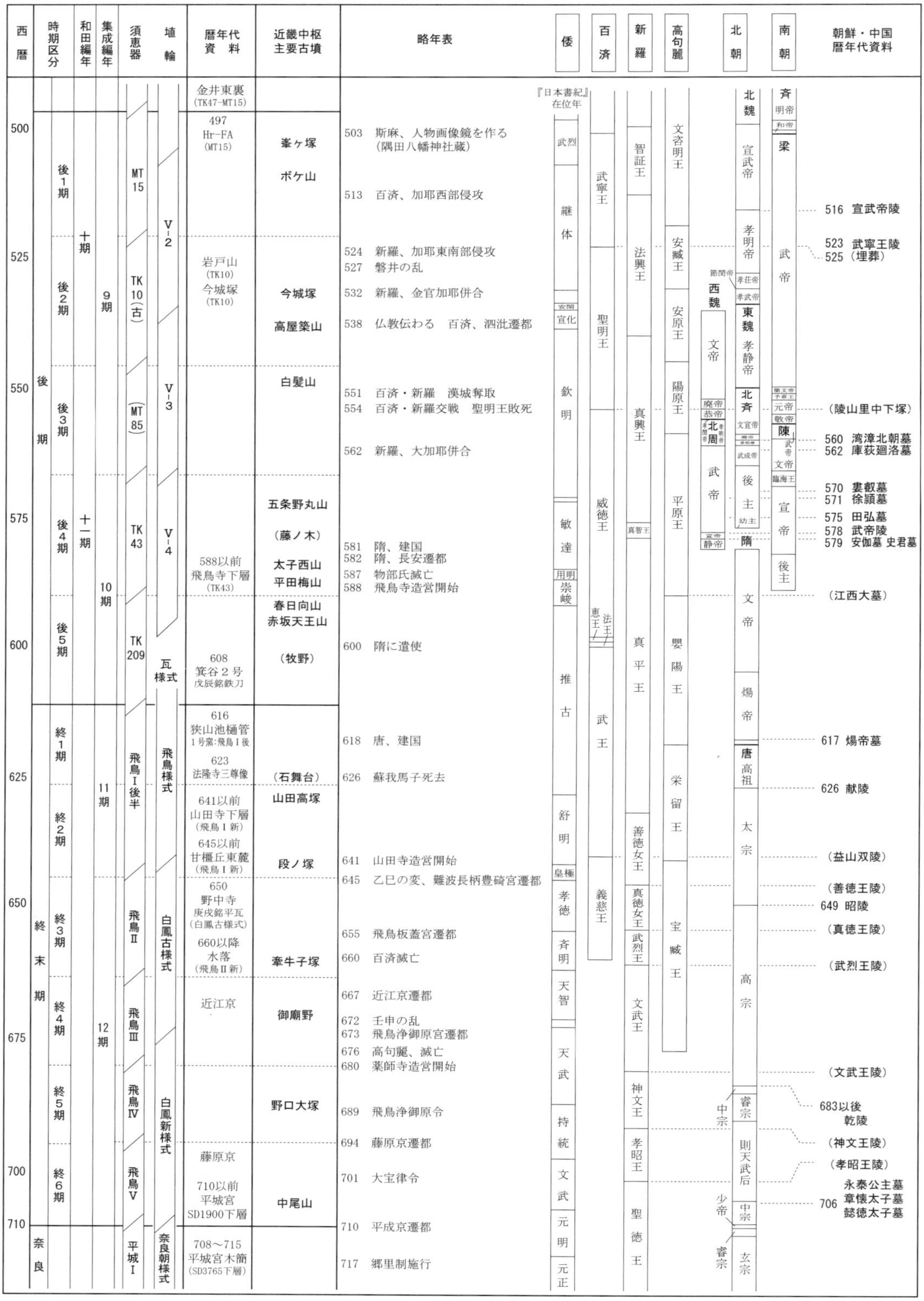

図7 古墳時代後期・終末期の年代観

目を引く。これらの大刀は，木箱に入れられた状態での副葬が想定でき，それぞれ金銅板で装飾された鞘が伴う。柄頭は木装のため詳細が明らかではないが，鹿角をもちいた装具を装着する個体を含む。金属装飾を備えた倭装大刀の大量副葬は，後期後半の事例としては類例が極めて限られる。この古墳から出土したほかの大刀としては，円頭大刀と方頭大刀があるが，環頭大刀を含まないことも留意したい。近畿地方の最有力古墳と共通する組成といえるだろう。

賤機山古墳から出土した金銅装馬具には，舶載品の可能性が指摘される棘葉形杏葉や，心葉形十字文透彫鏡板轡，歩揺付飾金具，金銅装飾金具付壺鐙からなる組合せのほか，金銅装飾金具付三角錐形壺鐙を含む複数の組合せが確認できる。こうした豪華な馬装も国内では事例が限られるものであり，さきに大刀でみた内容と整合的な評価が導き出せる。

この古墳に副葬された須恵器は，地域内の複数の生産地において焼成されたものが集積されており[44)]，この古墳被葬者が広域にわたる地域の代表者であったことを物語る。古墳の築造時期は，駿河における須恵器生産の開始期にあたることから，賤機山古墳の被葬者は窯業生産の導入に指導的な役割を担っていた可能性が高い。

また，賤機山古墳に収められた家形石棺は伊豆石とよばれる凝灰岩を原材料にしたもので，古墳造営地から50kmほど離れた狩野川下流域に産地が求められる。賤機山古墳の造営後，駿河や伊豆（伊豆は680年に駿河から分置したとされる）では，地域の有力古墳を中心に伊豆石製の石棺が用いられるが，この古墳の造営は，地域における凝灰岩利用の嚆矢としても特筆できる（図8）[45)]。

以上，賤機山古墳は地域の有力首長墓として，突出した存在であることを紹介した。この古墳の被葬者には，単なる地域有力首長を想定するよりも倭王権を構成する有力氏族に連なる人物や，彼らと強い血縁関係をもつような人物をあてるのがふさわしい。その具体例として，駿河中央部とのかかわりが深い名門氏族，阿倍氏をあてることも

荒唐無稽なこととはいえないだろう。

賤機山古墳が構築された安倍郡域は伝統的に前方後円墳の築造が低調な地域である。有度山西麓から安倍川最下流部の西岸を含む有度郡域では，徳願寺山古墳や猿郷1号墳[46)]など，6世紀前半の埴輪を樹立する前方後円墳が築かれる。いっぽうで，有度郡よりも上流を占める安倍郡域にはこの時期の前方後円墳はみられない。そもそも，安倍郡域では，古墳時代全時期を通じて円筒埴輪を樹立した古墳が認められず，安定した首長系譜をたどることができない。静岡・清水平野は一体的な歴史をたどる地域というより，安倍郡，有度郡，廬原郡の3地域に分離して各々の時代を評価することが望ましいといえるだろう（図9）。

こうした首長墓の様相に加え，賤機山古墳が築かれた賤機山丘陵とその周辺の歴的環境は注目に値する。賤機山古墳の下層には6点の板状銅釧や水晶玉を副葬する弥生時代後期の有力墳墓があり，古墳時代以前においても重要な土地であったことが知られる。古墳の南側，丘陵直下には地域の産土神で穀物守護神である大歳御祖神社が鎮座している。賤機山丘陵山麓の地は湧水が顕著な地であり，駿河総社である神部神社と駿河国一宮を遷座した府中浅間社（富士新宮）なども密集している（なお，この3社は13世紀に合祀されたとされる）[47)]。賤機山古墳の南東800mの位置に所在する駿府城の下層には，駿河国府や中世の守護所である今川氏館が想定されており，時代を超えて政治的な拠点が置かれた地域の中枢地であった。賤機山古墳の立地は，地域社会の精神的支柱ともいえる「聖地」に築かれた始祖墓としての性格も見出すことができるだろう（図10）。

倭王権とのかかわりが極めて強い最高首長を想定しうる駿河中央部の在り方と対照的な地域として，東駿河（富士郡・駿河郡）の地も注目できる。東駿河では渡来系と評価しうる無袖石室が限定的に構築されている。また，この地域は，東海地方の中でも7世紀前半の金銅装馬具や装飾大刀が集中する。渡来系技術者集団の統括者や王権中枢に出仕した舎人層を被葬者に想定できるような古

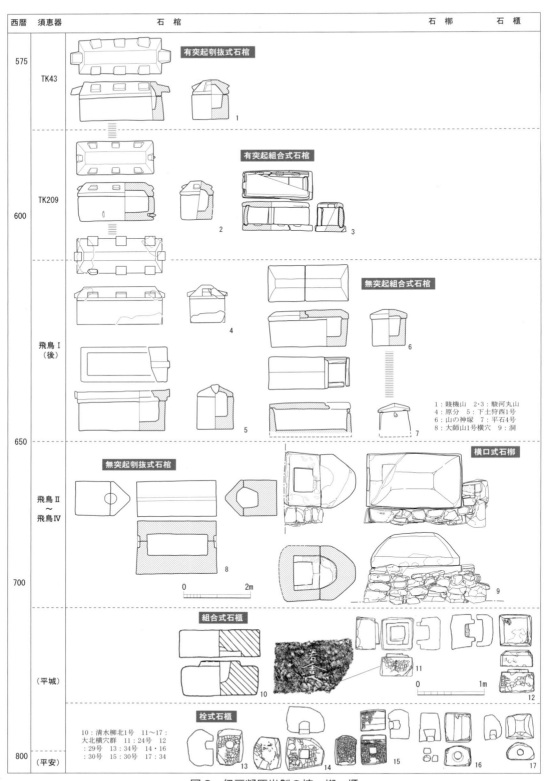

図8　伊豆凝灰岩製の棺・榔・櫃

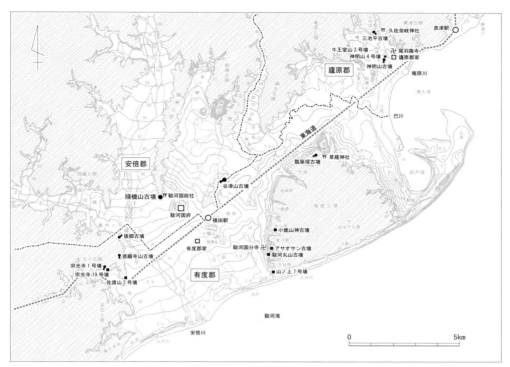

図9 静清平野の古代景観

墳も知られている[48]。

　駿河における古墳時代後期の古墳築造動向と国造制との関係を考えるにあたっては，先述の通り，その領域の理解に検討すべき課題がある。「国造本紀」よると，駿河には廬原国造と珠流河国造が知られている。それぞれ，後の廬原郡と駿河郡がその拠点とみられるが，賤機山古墳が築かれ，後に国府が置かれる安倍郡域を拠点とする国造は知られていない。安倍郡に隣接する有度郡域の中規模古墳には賤機山古墳との関連がうかがえる横穴式石室や家形石棺を収めた古墳が知られ，後期後半から終末期にかけての方墳も顕著に認められる。いっぽう，隣接する廬原郡域には神明4号墳といった有力古墳が認められるが，その横穴式石室は在来的様相が顕著なものであり，副葬品からうかがえる被葬者の性格についても，賤機山古墳と異なり地域有力者の域にとどまるものといってよい。

　こうした駿河中央部の古墳の様相を勘案すると，6世紀後半から7世紀前半にかけて，地域社会のすべてにおいて網羅的に国造の影響が及んで

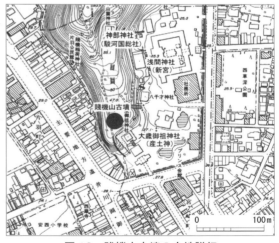

図10 賤機山古墳の立地詳細

いたか否かという問題が提起されるだろう。この疑念は，古墳築造動向から把握できる地域社会のまとまりと国造の拠点が一致しない伊勢や遠江にもあてはまる。大化前代の地域社会は，倭王権側からの一元的な制度下で把握されていたのではなく，中央の有力氏族を含む倭王権との多様な結びつきのもとに成り立っていたとみるのが妥当と結

論づけられる。

6 結語

東海地方における古墳築造の動向を通じて，6世紀から7世紀前半に至る地域社会の推移を示した。古墳研究は古墳時代の中で議論が終始する傾向が強いが，評制や国郡里制への移行を視野に入れた長期的な歴史のうねりを，古墳や集落の分析から解きほぐす必要がある。中でも駿河の地はこうした地域社会の実態を探る資料に恵まれており，考古資料の分析を中心として，今後の総合的な地域研究にかける期待は極めて大きいといえるだろう。

静岡清水地区の詳細や，地域の古墳や遺跡については，河合修氏，菊池吉修氏，小泉祐紀氏，佐藤祐樹氏，田村隆太郎氏に多々，教示を得た。その名を記し，深く感謝の気持ちを表したい。

註

1) 鈴木一有「東海の横穴式石室における分布と伝播」『近畿の横穴式石室』横穴式石室研究会，2007年
2) 鈴木一有「東海地方における横穴系埋葬施設の多様性」『日本考古学協会2017年度宮崎大会資料集』日本考古学協会2017年度宮崎大会実行委員会，2017年
3) 大場磐雄・下出積與編『古代の日本第6巻 中部』角川書店，1970年。小林達雄・原秀三郎編『新版古代の日本第7巻 中部』角川書店，1993年
4) 梅村喬編『古代王権と交流4 伊勢湾と古代の東海』名著出版，1996年
5) 八賀晋編『東海の古代① 美濃・飛騨の古墳とその社会』同成社，2001年。同『東海の古代② 伊勢・志摩の古墳と古代社会』同成社，2010年。赤塚次郎編『東海の古代③ 尾張・三河の古墳と古代社会』同成社，2012年
6) 東海考古学フォーラム『東海の後期古墳を考える』2001年
7) 静岡県考古学会『東海の横穴墓』2006年
8) 中井正幸・鈴木一有編『東海の古墳風景』雄山閣，2008年
9) 愛知大学日本史専攻会考古部会『西三河の横穴式石室』資料編，1988年。中井正幸「資料編 岐阜県の横穴式石室」『花岡山古墳群』大垣市教育委員会，1992年。三河考古談話会『東三河の横穴式石室』資料編（三河考古第6号），1994年。竹内英昭「三重県の横穴式石室研究」『研究紀要』4，三重県埋蔵文化財センター，1995年。静岡県考古学会『静岡県の横穴式石室』2003年。勢濃尾研究会『横穴式石室からみた濃尾の地域社会』2005年
10) 成瀬正勝「横穴式石室の型式と変遷について―特に美濃地域の場合―」『岐阜史学』79，1985年。須川勝以「東三河の横穴式石室について」『三河考古』創刊号，1988年。鈴木一有「遠江における横穴式石室の系譜」『浜松市博物館報』13，2000年。菊池吉修「伊豆半島の横穴式石室」『井田松江古墳群』戸田村教育委員会，2000年。菊池吉修・田村隆太郎「駿河・伊豆の後期古墳」『東海の後期古墳を考える』東海考古学フォーラム，2001年。岩原剛「三河の横穴式石室と地域間交流」『古墳時代における地域と集団Ⅱ―横穴式石室からみた伊勢と三河の交流―』第7回考古学研究会東海例会，2006年。森島一貴「美濃地域における横穴式石室の受容と展開」『横穴式石室からみた濃尾の地域社会』勢濃尾研究会，2005年。竹内英昭「伊勢地域の横穴式石室の構造と展開」『東海の古墳風景』雄山閣，2008年。土生田純之編『東日本の無袖横穴式石室』雄山閣，2010年など
11) 前掲註1・2に同じ
12) 岩原剛「東海の飾大刀」『立命館大学考古学論集Ⅱ』立命館大学考古学論集刊行会，2001年。同「東海地方の装飾付大刀と後期古墳」『装飾付大刀と後期古墳』島根県庁古代文化センター，2005年。大谷宏治「馬具の分布からみた東海古墳時代社会」『東海の馬具と飾大刀』東海古墳研究会，2006年。鈴木一有「東海の馬具出土古墳にみる地域社会」『古代武器研究』7，2007年
13) 後藤守一「頭椎の大刀について」『考古学雑誌』26―8，12号，1936年
14) 新納泉「空間分析からみた古墳時代社会の地域構造」『考古学研究』48―3，2001年
15) 都出比呂志「古墳時代首長系譜の継続と断絶」『待兼山論叢』22，大阪大学文学会，1988年
16) 中井正幸ほか『美濃の後期古墳』美濃古墳文化研究会，1993年，44-45頁
17) 鈴木一有「7世紀における地域拠点の成立過程」『国立歴史民俗博物館研究報告』179，国立歴史民俗博物館，2013年

18) 篠川　賢『日本古代国造の研究』吉川弘文館，1996年。篠川　賢・大川原竜一・鈴木正信編『国造制の研究―史料編・論考編―』八木書店，2013年
19) 新野直吉「国造の世界」『古代の日本第6巻 中部』角川書店，1970年
20) 原　秀三郎「大和王権と遠江・駿河・伊豆の古代氏族」「遠江・駿河・伊豆三国の成立」『静岡県史 通史編1 原始・古代』静岡県，1994年
21) 早川万年「美濃と飛騨の国造」『東海の古代①美濃・飛騨の古墳とその社会』同成社，2001年
22) 岩原　剛編『馬越長火塚古墳群』豊橋市教育委員会，2012年
23) 荒木敏夫「三河の国造制―穂国造と東三河―」『馬越長火塚古墳群』豊橋市教育委員会，2010年
24) 舘野和己「屯倉制の成立―その本質と時期―」『日本史研究』190，日本史研究会，1978年
25) 鎌田元一『律令公民制の研究』塙書房，2001年
26) 重松明久「尾張氏と間敷屯倉」『日本歴史』184，吉川弘文館，1963年
27) 早野浩二「ミヤケの地域的展開と渡来人―東海地方における朝鮮半島系土器の考察から―」『考古学フォーラム』17，考古学フォーラム，2005年など
28) 後藤守一・斉藤　忠 1953『静岡賤機山古墳』静岡県教育委員会
29) 杉山　満編『神明山4号墳』清水市教育委員会，2002年
30) 井鍋誉之編『原分古墳』静岡県埋蔵文化財調査研究所，2008年
31) 佐藤祐樹編『伝法 中原古墳群』富士市教育委員会，2016年
32) 佐藤祐樹編『伝法 東平第1号墳』富士市教育委員会，2018年
33) 仁藤敦史「スルガ国造とスルガ国」『裾野市史研究』4，1992年。前掲註20など
34) 渡辺博人『ふな塚古墳発掘調査報告書』各務原市埋蔵文化センター，2000年
渡辺博人『大牧1号墳発掘調査報告書』各務原市埋蔵文化財センタ，2003年
35) 前掲註22に同じ
36) 鈴木一有「東海地方における後期古墳の特質」『東海の後期古墳を考える』東海考古学フォーラム，2001年
37) 前掲註18 篠川 1996に同じ

38) 向坂鋼二「和田岡古墳群と素賀国」『掛川市史』上巻，掛川市，1997年
39) 前掲註22に同じ
40) 田中弘志編『国指定史跡 弥勒寺官衙遺跡群』関市教育委員会，2007年
41) 前掲註17に同じ
42) 前掲註27 早野 2005に同じ
43) 前掲註20に同じ
44) 後藤健一「古墳出土須恵器にみる地域流通の解体と一元化」『日本考古学』9，日本考古学協会，2000年
45) 前掲註17に同じ
46) 岡村　渉『猿郷1号墳』静岡市教育委員会，1992年
47) 若林淳之『浅間神社の歴史と文化』静岡商工会議所，1974年
48) 鈴木一有「原分古墳出土馬具の時期と系譜」『原分古墳』静岡県埋蔵文化財調査研究所，2008年。鈴木一有「中原4号墳から出土した生産用具が提起する問題」『伝法 中原古墳群』富士市教育委員会，2016年

参考文献

赤塚次郎・早川万年「古代史の舞台 東海・東山」『列島の古代史1 古代史の舞台』岩波書店，2006年
鈴木一有「東海東部の横穴式石室にみる地域圏の形成」『静岡県の横穴式石室』静岡県考古学，2003年
鈴木一有「東海の馬具と飾大刀にみる地域性と首長権」『東海の馬具と飾大刀』東海古墳研究会，2006年
田村隆太郎「東海の横穴式木室と葬送」『東海の古墳風景』雄山閣，2008年
田村隆太郎「静岡県の後期古墳研究にみる「東西のはざま」の評価」『境界の考古学』静岡県考古学会，2017年
東海古墳研究会『東海の馬具と飾大刀』東海古墳研究会，2006年
中井正幸ほか『美濃の後期古墳』美濃古墳文化研究会，1993年
西島定生「古墳と大和政権」『岡山史学』第10号　岡山史学会，1961年
藤村　翔「富士郡家関連遺跡群の成立と展開」『静岡県考古学研究』45，2014年
松井一明「横穴墓の開始と終末」『東海の横穴墓』静岡県考古学会，2001年
渡辺博人『ふな塚古墳発掘調査報告書』各務原市埋蔵文化センター，2000年
渡辺博人『大牧1号墳発掘調査報告書』各務原市埋蔵文化財センター，2003年

東国における後期古墳の特質
―前方後円墳の終焉と関係して―

明治大学准教授
若狭　徹
Toru Wakasa

　古代における「東国」の範囲は，王権側からの認識によって変化していったが，防人の徴発範囲である東山道の信濃国，東海道の遠江国以東を東国とするカテゴリーも存在した。ここでは，その中でも碓日坂・足柄坂以東の「坂東」（現在の関東地方）エリアを中心に扱いつつ，本特集と関わる静岡県地域の状況にも注目し，前方後円墳終焉期の諸問題を検討していきたい。

1　前方後円墳システムの設計変更

　当該地域における古墳時代後期後半の考古学的現象のなかで，最も注目されるのは，『前方後円墳集成』[1]編年10期（須恵器TK43〜209型式期）の前方後円墳の存在形態である（図1）。
　東国の中でも遠江・駿河・伊豆・甲斐の4国では，9期まで40〜60m超の前方後円墳が築造されていたが10期にはほぼ消滅している（遠江中部のみ20mほどの前方後円形の小墳が残存する）。
　信濃では，伊那谷を中心として9期に60m級前方後円墳が10基以上築かれていたが，10期には1基と激減する。伊那谷では，馬埋葬土坑の検出によって中期から馬匹生産が開始されたことがわかっており，前方後円墳の盛衰は，馬匹生産にかかわる倭王権からの業務委任に伴う権威の付与，並びにその後の展開が強く関係していると考えられる。
　一方，坂東においては，10期になってから前方後円墳が多出する現象が生じることが広く知られている[2]。『前方後円墳集成』を基本として，墳長60m以上を確認すると，常陸6基，下野8基，上野23基，武蔵11基，下総9基，上総16基，相模0基（ただし40m級が1基存在する）を数えることができる。このうち，墳長100mを超えるものは，常陸1基，下野2基，上野4基，武蔵5基，下総1基，上総3基となり，同時期の倭国のどこよりも大型墳が築造されている。
　ただし，10期には畿内や西日本で前方後円墳が減少するが，決して消滅するわけではないことに注意が必要である。
　大和では奈良盆地南部の飛鳥の地に，五条野丸山古墳（320m）や平田梅山古墳（140m）が成立した。五条野丸山古墳は，欽明天皇の墓に比定する意見が大勢であり，平田梅山古墳は敏達天皇の未完成墓とする意見[3]が有力視されるところである。
　奈良盆地東部の天理市域，同南西部の巨勢谷，同西部の平群地域にも中型〜大型級前方後円墳が築かれる。こちらは，それぞれのエリアに基盤を

エリア	国名	60m〜	80〜	100〜	200〜	特記
東北	陸奥	1				
関東	常陸	2	3	1		
	下野	4	2	2		
	上野	9	10	4		
	武蔵	6		5		
	下総	7	1			
	上総	8	5	3		
中部	信濃	1				
東海	三河	1				
	尾張	4				
	美濃	3				
近畿	山城	2	1			
	大和	2		2	1	
山陰	伯耆	1				
	出雲	1	2			前方後方墳含む
山陽	備前	1				
	備中			1		
	備後	1				
九州北	筑前	1				
	筑後	2				
	肥前		1			
	肥後			1		
九州南	日向					

＊『前方後円墳集成』を元に作成し，最近の動向を踏まえて補正したが，9期との関係が未確定なものを多く含む

図1　10期大型前方後円墳の動向

おいた物部氏、平群氏、巨勢氏の族長墓に比定される。一方で、斑鳩町藤ノ木古墳や広陵町牧野古墳のような王族の墓に比定される有力墳が大型円墳に転換すると共に、明日香村都塚古墳をはじめとする方墳の登場が知られている。

畿内では、確かに10期の前方後円墳は減少する。しかし巨大前方後円墳が存続し、大型前方後円墳もおおむね大王墓に限定される点で、その象徴性を失っていないと考えられる。むしろ、9期まで前方後円墳を築造してきたクラスが円墳や方墳に転じた点で、10期の前方後円墳の象徴性はより際立っていたと言うべきかもしれない。

西日本における大型の前方後円墳（80〜100m）をみると、備中にこうもり塚古墳、出雲に大念寺古墳、肥後に大野窟古墳、肥前に双六古墳などがあり、それらの地域ではほかに60〜40m級前方後円墳が階層的に築造されている場合が多い。

土生田純之はこの時期の前方後円墳のうち、こうもり塚古墳・大野窟古墳・双六古墳・馬越長火塚古墳（70m、10期に三河最大）などの墳丘設計に、五条野丸山古墳と同じ規格（図2、前方部が長く発達し、その高さが低平なタイプ）を見出し、欽明期の朝鮮半島との外交に関与した有力国造の墓であったとしている[4]。

前方後円墳の墳丘規格の承認は、古墳時代前期から続く豪族連合の確認のための原理であり、それが10期までみられる点で、前方後円墳システムの有効性が継続したことが分かるのである。

2　10期における前方後円墳システムの枠組み

以上のように、10期における前方後円墳の増減の動向をみると、大王を頂点とした広範な豪族連合の序列を可視化する装置であった前方後円墳システムの本質は継続しつつも、その承認範囲が制限されたり、あるいは局所的に多出したりという多様性が看取される。これを整理すると、次のような複数の原理が登場したことが推定される（図3）。

第1類型　大王墓としての前方後円墳の象徴性（五条野丸山古墳を頂点とする）を高めるとともに、大王に従属性が高い王族や氏族の墓を前方後円墳システムから控除し、方墳・円墳とする新しい枠組み。

第2類型　大王と連合する独立的な有力氏族や、政策的に重視する地域に対して大型前方後円

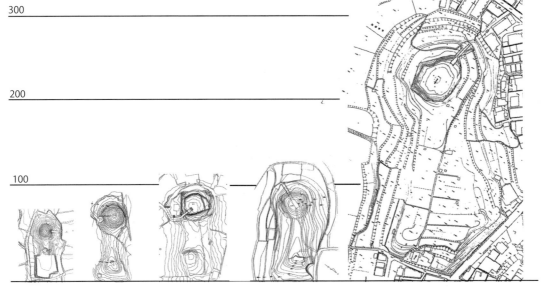

図2　五条野丸山古墳と後期後半の大型前方後円墳（註4をもとに筆者作成）

墳の築造をみとめる枠組み。従来型。

第3類型 従来以上に前方後円墳を築造できる階層の広がりを認める，または黙認する枠組み。

基本的に，第1類型は畿内ならびに四国・北陸・東海東部・相模にみられる。第2類型は出雲西部・吉備・北部九州，東海西部，陸奥の太平洋側に認められる現象である。そして，第3類型は坂東（相模を除く）に適応されたと考えられる[5]。

ただし，これはひじょうに大雑把な括りであり，旧国内の小地域ごとに第1・2類型が併存するような動態がみられる。

例えば三河では，大型前方後円墳（馬越長火塚古墳）の存在する東三河と，円墳に転ずる西三河があり，中央政権への従属性の強弱を反映しているとみられる。馬越長火塚古墳の横穴式石室は，複室構造を特徴とした「三河型」として広く東海地方に影響を与え，この首長の相対的な自立性の強さを示している。

また，出雲西部の大念寺古墳も大型の横穴式石室のなかに横口を設けた家形石棺を内蔵する型式として山陰に影響を及ぼした[6]。こうした，東海西部以西のアイデンティティが強固な地域首長に，前方後円墳が承認されたのが第2類型の典型である。また，この時期に出雲東部に前方後方墳が復活するのも，自立性という点で看過できない現象と言える。

ところで，第2類型の中でも注意されるのは，陸奥の会津盆地を除いた太平洋側（中通り，浜通り）の状況である。陸奥は，坂東に連接する地域として第3類型の枠組みで考えられがちである。

しかし，宮城県名取平野以北と福島県会津盆地では9期以降の前方後円墳はほぼ消滅しており，後期には福島県と宮城県南端部の太平洋側である中通りと浜通りにしか前方後円墳は築造されない。しかも中通り・浜通りにあっても9期よりも10期のほうが前方後円墳の築造が活発であり，8期に途絶えた造墓が復活したり，前方後円墳が新出する現象が顕著である。

この後期前方後円墳の築造された地域と，国造が成立した地域が整合することが指摘されてお

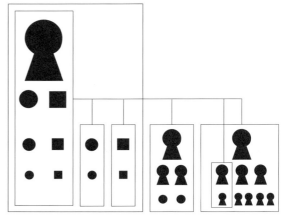

図3 後期後半の前方後円墳システムモデル

り[7]，飛鳥時代以降にはそれより北の地域に城柵が築かれ，対蝦夷政策が展開していくことになる。

すなわち対蝦夷政策の最前線のエリアに10期前方後円墳が存在または復活するのは，中央政権の戦略の反映と考えられるのであり，舒明期に陸奥に接した上野を本貫地にもつ大仁上毛野君形名が蝦夷征討の最初の将軍に任じられていること（『日本書紀』舒明9（637）年），越の蝦夷数千人が帰順し，蘇我蝦夷がそれを自邸で饗応したこと（皇極元（641）年）など，蘇我氏の政権下で北日本の経営が動き始め，律令期の重要政策として継承されることのプロローグとして位置づけられよう。

以上のように，これまで前方後円墳が終焉にむかうと考えられてきた10期においても，前方後円墳の象徴性は，「多面的」に機能していた（そのように設計変更された）といえる。

このように，300年もの長きにわたって機能してきた前方後円墳システムの設計変更を，豪族側に受け入れさせる制度上の背景としては，国造制の導入が挙げられている[8]ところだが，基本的には支持される見解である。

3　第1類型としての東海東部

今回の検討の対象となる東海東部は，第1類型に該当する。9期の猿郷古墳などを最後に前方後円墳は終焉し，10期には賤機山古墳（径32m）に代表される円墳，さらには駿河丸山古墳のよう

な方墳に変わる。

　賤機山古墳は画期的存在であり，東海東部ではじめて畿内系両袖型石室を構築するとともに，伊豆産白色凝灰岩製の家形石棺を採用した（ただし，玄室奥壁と石棺の間に空間があるため，初葬者は木棺を用い，追葬者が家形石棺を用いたと考えられる）。また副葬品に新羅系馬具や銅鋺を含むなど東海地方では突出した内容をもつ後期古墳である。

　なお，賤機山古墳の石棺は，短辺に1，長辺に3の突起を造出する1・3型式の特異な石棺である（最もスタンダードで，石棺秩序を成している上位の石棺は1・2型式である[9]）が，これをモデルとして，以後駿河〜伊豆に伊豆白色凝灰岩製家形石棺の流行を惹起させた[10]。伊豆では7世紀には横穴墓が主体となるが，大師山1号横穴墓のように，横穴内に家形石棺を設置している事例もある。

　このことから，賤機山古墳の被葬者は駿豆地域の声望を集め，後に伝説的な人格が付与された人物であったと推定される。

　駿河では古墳前期から畿内的な属性をもった主要古墳が築造されてきた[11]。例えば，静岡市神明山1号墳（70m）は前方部が撥形にひらく箸墓タイプのプランを持つ前方後円墳，同市谷津山1号墳（110m）は山稜部に築造された前方後円墳で，板石積の竪穴式石室を有し，多数の鏡の出土が伝承される。同市三池平古墳（70m）は，清水港を眼下に望む海浜型前方後円墳で，讃岐系割竹形石棺を竪穴式石室に納め，方格規矩四神鏡・筒形銅器・石製腕飾などを保有するなど，大和の佐紀古墳群との関係が濃厚である。

　このように，駿河には畿内的色彩が強い前方後円墳が連綿と築造されており，古墳時代を通じて海上交通の結節地としてきわめて重要な役割を果たしたと考えられる。また，『日本書紀』安閑紀に掲載された屯倉の集中的な設置記事のなかに，駿河の稚贄屯倉が見えており，王権が重視する経済的・軍事的要地であったことが明らかであろう。天智朝に下るが，駿河の廬原君臣が白村江の戦いの折に水軍1万を率い，倭と百済復興軍に強力な援軍として期待されたことも，駿河の位置づけを踏まえて理解できる。

　こうした地域性の延長上に賤機山古墳は存在する。その副葬品の組成は，上野の綿貫観音山古墳，武蔵の埼玉将軍山古墳，上総の金鈴塚古墳と対照されるところであり，これらの坂東の首長が王権の一員として対外活動を担ったという指摘[12]を踏まえれば，賤機山古墳被葬者が管轄したであろう駿河の津の役割を重視しなくてはならない。

　ところで，東国における家形石棺の採用は，陸奥の5世紀代の事例（宮城県念南寺古墳など）を除けば10期からであり，駿河と上野に限られる。中期の長持形石棺の承認と同様な中央政権との密着性を見出すことができる。しかし，上野の石棺は1・2型式を採用して，王権の石棺秩序[13]に位置づくが，賤機山古墳の1・3型式はそうした秩序とは異なる枠組みに位置づいている。

　1・3型式は，奈良県御所市の條ウル神古墳（前方後円墳）の二上山白色凝灰岩製の家形石棺に見出すことができるが，この勢力は巨勢氏に比定され，二上山白色凝灰岩製石棺の製作を主導したとされている[14]。條ウル神石棺と同型式の賤機山石棺が，白色の色調で同調する伊豆産凝灰岩を採用したことも等閑視できず，駿河の最初の家形石棺製作にあたって，二上山系の石棺技術者の関与が推定されるところである。また，條ウル神古墳をはじめとした巨勢谷の横穴式石室は，巨大でありながらも玄室幅が狭く，狭長な形状である点も賤機山古墳石室と類似し，玄室の長さは賤機山が30cm短いものの，奥壁幅と高さは條ウル神古墳と同一であることにも注意したい（図4）。

　このように東国への海上交通の拠点を押さえ，常に最新文物を受容して，中央政権との深い関係を保持したのが駿河地域の特質である。

　賤機山古墳の被葬者が前方後円墳システムから離脱して第1類型下の円墳に位置づいたことは，これまで以上に王権に密着した官僚的な立場に就任したことを想定させる。また，本古墳に導入された家形石棺が駿豆地域の上位層の葬送モデルとなったことは，この被葬者に対して伝説的な人格

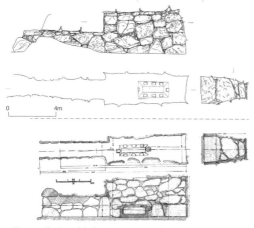

図4 條ウル神古墳（上）と賤機山古墳（下）の横穴式石室
（後藤守一・斎藤 忠『静岡県賤機山古墳』静岡県教育委員会，1953年，註14）

が付与されたことを想定させる。この2つを併せて考えると，その淵源は，被葬者が東海東部地域で初めての国造に就任したためであると推定するのが妥当ではないか。

4 坂東の10期前方後円墳の多様性

東国のなかでも，前方後円墳が多出するのは坂東地域の特性であり，第3類型に該当する。

ただし，実態的には前方後円墳の属性には地域差が顕著である。前方後円墳の規模をみると，常陸・下野・下総では大・中型墳以外にも40m未満の小型墳が多く築造されており，さらに小さな前方後円形小墳が，群集墳のなかに取り込まれている[15]。一方，上野・武蔵・上総では40m未満の前方後円墳は顕著ではない。

また，下野では埋葬施設を後円部に置く大原則が廃され，前方部に石室を設ける規範が広がった。前方後円形小墳においても，後円部中心に埋葬施設を置かず，くびれ部に埋葬施設を設ける。

埋葬施設の構造の多様性も特徴的であり，下野における切石加工の石棺式石室，常陸南部・下総における筑波山系片岩の板石造の複室横穴式石室，上総における貝化石を含む凝灰岩の切石積横穴式石室，武蔵の切石積み複室の胴張型横穴式石室など，旧国ごとに型式が異なる（図5）。坂東全

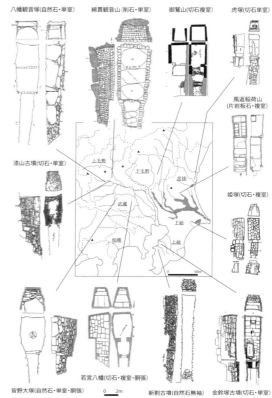

図5 後期後半の横穴式石室の地域性（註16）

域において，石室型式が地域首長のアイデンティティを体現していることが明らかである。

さらに旧国内で型式分布圏が分れる場合もある。上野西部では，榛名山から噴出した角閃石安山岩を人頭大に削って積み上げた削石積み横穴式石室（ア），凝灰岩切石積み横穴式石室（イ），自然石の巨石乱石積み横穴式石室（ウ）が小地域ごとに首長墓として併存する。アは後の群馬郡，イは佐野屯倉・緑野屯倉，ウは片岡郡・碓氷郡にあたる。上野では，これらの上位石室の下位に自然石乱石積や，模様積（自然石の大石と棒状礫を組み合わせたもの）の横穴式石室が併存しており，多様な出自の集団で地域経営が行なわれていることが示唆される[16]。こうした埋葬施設の重層構造は，駿河・遠江でも指摘されるところである[17]。

なお，上記の坂東における横穴式石室の分布域と重なる形で，埴輪の様式圏もそれぞれに展開している[18]。

5 東国前方後円墳の多出の意義

そうした多様性は内包するが，10期における前方後円墳の多出と埴輪の大量樹立，形象埴輪様式の発達というあり方は坂東の共有現象で，外から見ればひとつのモードに見える。しかし，それは坂東の豪族が連合してひとつの文化様式を構築していたのではなく，外から被せられた枠組みであったと思われる。つまり，前方後円墳の象徴性が敢えて温存された「特区」のような位置づけが看取されるのである[19]。

文献史学では，東国に伴造的国造が多いことから，王家や中央氏族がそれぞれに東国の氏族と結んでこの地に経済的・軍事的基盤（屯倉・名代・部民）を形成したことが指摘されてきた[20]。

そうしたあり方は「畿内王権の伸張」と表現されがちだが，前方後円墳の築造の枠組みを幅広く許容している点や，旺盛な造墓活動の実態からみれば，決して中央の強権・覇権の産物ではなく，中央と在地豪族側との互恵的な側面が強かったことが窺える。

中央は実をとり，坂東は実と名の双方を取ったというべきであろうか。名代・屯倉・部民を管理することで，中央から新しい技術や渡来人を誘導して地域経営を活性化させる一方で，さかんに前方後円墳を築造して中央とのつながりを可視化し，盤踞する同族内での位置づけを上昇させるための「内なる論理」として第3類型は機能したのである。

このことは，政治的な存在である古代碑の銘文からも推測できる。例えば，上野の山上碑（681年）においては，立碑者がこの地に置かれた佐野屯倉の管掌者の末裔であることを明記し，屯倉が停止されたあともそれを在地の氏族ブランドとして主張していたことがわかる。鏑を削る地域集団に対して，中央とのつながりを可視化することが建碑の最大の目的であったと考えられる（おそらく那須国造碑〔700年〕なども同様の在地の論理を内在させていると思われる）。

孝徳朝の東国国司の派遣（645年）の際に，国司の重要な任務のひとつとして，各地の評造の候補者を選任して都まで同道することが課されていたが，このとき名誉や地位を求めて経歴を偽り，「わが先祖の時から，この官家を預かり，この郡県を治めてきた」と自称する者たちをしっかり査定することが求められている。すなわち，こうした中央とのつながりを夫々に主張する在地勢力が盤踞していたのが600年前後の東国の実態なのであり，それが10期の前方後円墳の多出に反映しているのである[21]。

裏を返せば，そうした中央とのつながりを可視化する前方後円墳という手形を乱発したのが，6世紀後半の政策であり，中央側は前方後円墳システムというツールを最大限に利用し，旺盛に活動する東国の各種資源を吸収しようとしたのである。そして坂東の勢力も，それを在地でのせめぎ合いに利用したのである。

6 東国前方後円墳の終焉と国造制

坂東では，多出・並列した10期前方後円墳の終焉のあとに，首長墓系列が整理される。上野では方墳3基が継続して営まれる総社古墳群へと収斂され，下野では円墳化を経て，石橋・薬師寺地区の方墳系列（多功古墳群）へと集約される。上総では養老川流域の姉崎古墳群，小櫃川流域の祇園・長須賀古墳群，小糸川流域の内裏塚古墳群のそれぞれで前方後円墳から方墳へと変化する。下総でも印旛沼沿岸の龍角寺古墳群，木戸川・作田川沿岸の板附古墳群などで同様の動きがある。この前方後円墳と終焉と在地首長系列の整理が達成された墓制上の大画期こそ，東国に国造制が施行された反映と評価されているところである。

このとき，上野・下野のように，複数系列の前方後円墳が1系列の方墳に統合されるのは大国造の選任，旧国内の小地域ごとに変化するのが小国造の選任にあたると考えれば整合性が高い。

ただし，前方後円墳終焉後の最初の方（円）墳を初代国造とみる意見[22]と，最後の前方後円墳被葬者を初代国造とする意見[23]がある。後者は初代国造を選任した時には，すでにその人物は寿

1. 白河地域の古墳時代後期〜奈良時代の遺跡群

墓として前方後円墳の築造を進めていたとの理解である。筆者は、第2類型・第3類型に限っては、次のように後者の想定を肯定できるケースがあると考える。

例えば、下総の龍角寺古墳群では、前方後円墳の浅間山古墳（78m）→方墳の岩屋古墳→みそ岩屋古墳と首長墓が続くが、浅間山古墳の真北ライン上に初期寺院の龍角寺が位置し、同古墳を強く意識した設計理念が看取される（図6-3）。

また下野では、石橋・薬師寺地区に下野薬師寺（日本三戒壇の一つ）が建立されるが、寺の主軸線の北方に隣接して10期前方後円墳の御鷲山古墳（85m）が鎮座しており、まるで寺域を守護するかのような景観を醸し出している（図6-2）。

加えて、陸奥の白河地域の事例となるが、10期における陸奥最大の前方後円墳である下総塚古墳（72m）に、借宿廃寺が南隣することも同様の事例であるといえる。下総塚古墳に後続する首長墓である野地久保古墳・谷地久保古墳（横口式石槨を有する畿内色が強い古墳）は、寺院から離れた阿武隈川の北岸に位置し、白河郡家に比定される関和久官衙遺跡も

2. 下野薬師寺地域と前方後円墳
（下野市教委『下野薬師寺跡発掘調査報告書—第38・39次発掘調査』2013年）

3. 浅間山古墳と龍角寺
（城倉正祥ほか2017「下総龍角寺の発掘（Ⅱ期3次）調査—遺構編」『早稲田大学総合研究機構誌プロジェクト研究』12, 2017年）

図6　最後の前方後円墳と古代寺院の位置

北岸に営まれた。しかし，借宿廃寺は，白河郡の中枢域ではなく，下総塚古墳を意識した選地であることが明らかである（図6-1）。

いずれも，7世紀後半に企図された新たな象徴施設（氏寺）が，その時の為政者の墓域ではなく，祖先墓である最後の前方後円墳を起点に設計されているのである。これは，その前方後円墳被葬者が「氏」の起点として位置づけられていたからにほかならないだろう。

先述の群馬県山上碑には建碑者の系譜の冒頭に「佐野三家を定め賜いし，健守命」と刻まれているが，各地の最後の前方後円墳被葬者は，各氏にとって同様に格別の位置づけを有していたことだろう（ちなみに，同碑が建つ佐野屯倉比定地には，10期の60〜70m級前方後円墳が2基あり，上野では屯倉の管掌者がこの規模の前方後円墳を築造した可能性が高い）。

東海地方の古代寺院の分布は，古墳の分布よりも国造の領域に合致する傾向が高いことが指摘されている[24]が，その寺院に近接する後期・終末期の大型墳は，より国造墓の可能性が高いということになろう。また既述のとおり，陸奥の中通り・浜通り地域では，10期に前方後円墳が復活するエリアが小国造の領域と合致するとされる。このようにみると，例示したような最後の大型前方後円墳被葬者は，のちに各氏族の始祖的存在として顕彰される初代国造を含む可能性が高いと考えられるのである。

註

1) 近藤義郎編『前方後円墳集成』全五巻，山川出版社，1992・1994年
2) 白石太一郎「関東の後期大型前方後円墳」『国立歴史民俗博物館研究報告』44，1992年
3) 高橋照彦「畿内最後の大型前方後円墳に関する一考察―見瀬丸山古墳と欽明陵古墳の被葬者」『西日本における前方後円墳消滅過程の比較研究』大阪大学大学院文学研究科，2004年
4) 土生田純之「墳丘の特徴と評価」『馬越長火塚古墳群』豊橋市教育委員会，2012年
5) 第1類型は和田晴吾氏のC型，第2類型は同B型，第3類型は同X型に相当する概念である。和田晴吾「古墳時代は国家段階か」『古代史の論点4 権力と国家と戦争』小学館，1998年
6) 石橋宏『古墳時代石棺秩序の復元的研究』六一書房，2013年
7) 藤沢敦「東北」『前方後円墳の終焉』雄山閣，2010年
8) 白石太一郎「駄ノ塚古墳の提起する問題」『国立歴史民俗博物館研究報告』65，1996年
9) 前掲註6に同じ
10) 鈴木一有「7世紀における地域拠点の形成過程」『国立歴史民俗博物館研究報告』179，2013年
11) 静岡県考古学会『駿河における前期古墳の再検討』2013年
12) 内山敏行「将軍山古墳の武器・武具」『古代の豪族―将軍山古墳とその時代』埼玉県立さきたま史跡の博物館，2013年
13) 前掲註6に同じ
14) 藤田和尊「葛城縣における蘇我氏と巨勢氏の考古学的動向予察」『塚口義信博士古稀記念日本古代学論叢』和泉書院，2016年
15) 岩崎卓也「関東地方東部の前方後円形小墳」『国立歴史民俗博物館研究報告』44，1994年
16) 若狭徹『前方後円墳と東国社会』吉川弘文館，2017年
17) 鈴木一有「東海地方における横穴系埋葬施設の多様性」『日本考古学協会2017年度宮崎大会研究発表資料集』2017年
18) 城倉正祥「埴輪」『古墳の見方』ニューサイエンス社，2014年
19) 前掲註16に同じ
20) 井上光貞「国造制の成立」『井上光貞著作集4』1951年（岩波書店1985に収録）
21) 前掲註196に同じ
22) 前掲註8に同じ
23) 土生田純之『古墳時代の実像』吉川弘文館，2008年
24) 前掲註10に同じ

考古学からみた6,7世紀の王権と地域社会

京都府立大学教授
菱田哲郎
Tetsuo Hishida

1 はじめに

6世紀から7世紀前半の地域社会は，国造制や屯倉制の展開が文献史学から説かれている。ただし，文字資料の出土が稀であるため，7世紀後半の評制以降の社会とは異なり，出土資料によって国造や屯倉の実態を解明することに困難がともなう。いきおい，古墳の展開，集落遺跡や生産遺跡の動向を探ることから，この時代の様相を明らかにしていくこととなるが，国造制や屯倉制との接続が十分にはかられているわけではない。ここでは，考古学の資料から読み取れる情報をもとに，交通や軍事とかかわる地域の有力者層，そして開発の進展とその拠点について考えてみることとしたい。

2 大型横穴式石室と交通・軍事

横穴式石室を内包する各地の古墳について，その規模や副葬品から階層性の研究が進んできた。その結果，地域ごとに最上位の古墳が析出され，一定の階層秩序が想定されてきている。また横穴式石室が家族墓であることから，それぞれのウジごとのランクを示す氏姓制度との関係が指摘されてきた。おおざっぱに言うと，臣連のほか，地方豪族の頂点となる君（公）や直を大型横穴式石室の被葬者とみなすこととなる。それら大型横穴式石室墳の分布状況から，地域社会の構成のみならず，王権の戦略を読み取ることが行なわれている。

西日本において傑出した規模をほこる吉備のコウモリ塚古墳が山陽道に接し，出雲の上塩冶築山古墳が山陰道に面するなど[1]，大型横穴式石室墳の立地が交通路と深い関係があることが知られている。南海道沿道では，香川県観音寺市の大野原古墳群や愛媛県四国中央市の宇摩向山古墳など，四国屈指の古墳が築かれている。山陽道では，安芸の本郷地域の古墳や佐波川河口域の古墳が山陽道と密接な関係があり，ともに水陸の要衝であるという特徴を持っている。古代の官道敷設の際に古墳をランドマークとしたという考えも成り立ちうるが，6世紀後半の大型横穴式石室墳がそろってこのような立地を採っていることには偶然ではない意味があると考えられる。基幹となる交通路の整備が6世紀に遡ることを暗示していよう。

この交通の問題を考えるうえで，重要な位置を占めているのが，先に挙げた南海道に面する大野

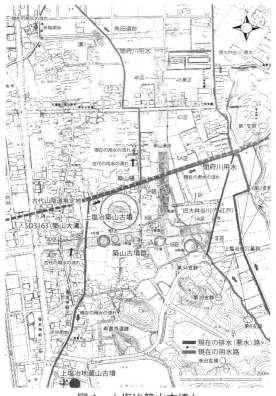

図1 上塩冶築山古墳と
用水路・古代山陰道（註1による）

原古墳群である。ここでは，6世紀後葉の椀貸塚古墳から7世紀中葉の角塚古墳まで3代ないし4代にわたる首長墳が築かれ，四国屈指の横穴式石室が継続的に築造されている[2]。この古墳群の被葬者層として，刈田郡紀伊郷の存在から紀氏を想定する意見が有力である。紀氏の分布は大和，紀伊，和泉を起点に，瀬戸内海の主要な港湾をつなぎ，軍事的な要路を押さえていたと古くに岸俊男が指摘した[3]。朝鮮半島の緊張を受けて，瀬戸内海が兵站線としての重要性が高まることと，要路

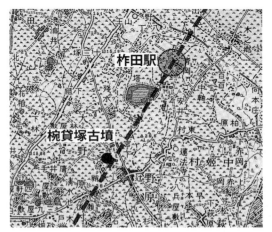

図2　椀貸塚古墳の位置と南海道

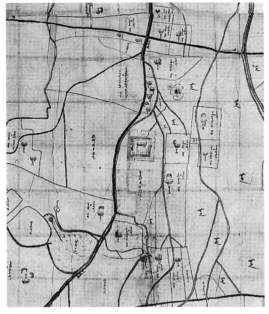

図3　大野原開墾古図の椀貸塚古墳と用水路

沿いに大型横穴式石室の出現，その背景となる氏族の連関が看取でき，王権の戦略の一端が現れていると評価できる。広瀬和雄は，壱岐島の後期古墳から，軍事的な編成を大型横穴式石室が示すという見方を提示し[4]，軍事とかかわる交通路の整備を主張したが[5]，交通路に面する大型横穴式石室の分布は，その考えを支持することになる。

東方に向かうルートについても，瀬戸内海沿岸の状況から類推することが可能ではないかと考える。これまでの検討から，駿遠の大型横穴式石室は，西から浜松市・興覚寺後古墳，磐田市・甑塚古墳，島田市・愛宕山古墳，静岡市・賤機山古墳と分布し，畿内系石室の分布モデルとされてきた[6]。甑塚古墳や愛宕山古墳は，まさしく古代東海道に面する位置にあり，賤機山古墳についても，駿河国府のために古い官道の位置が不明ではあるが，官道を見下ろす位置にあることはまちがいない。興覚寺後古墳が東海道から離れていることになるが，浜名湖の北をまわるルートの延長にあたり，逆に古い交通路を考える材料になる可能性もあろう。そして，甑塚古墳と遠江国府，賤機山古墳と駿河国府というように，地域の編成の核になる位置が，おのずから抽出され，交通の要衝として把握が進められている結果とみなすことができよう。

3　群集墳と開発

5世紀以降，渡来人の持つ技術が活用され，池溝開発が活発となるが，6世紀から7世紀にかけても地域の開発の進展が集落遺跡の動態から推測されている。文献に現れる屯倉の性格の一つにこのような開発の拠点がある。筆者がかつて行なった播磨国多可郡では，6世紀末から妙見山麓で大規模な造墓活動が行なわるとともに，平野部での集落展開がみられ，さらに郡名寺院の多哥寺が造営され，郡家の思い出遺跡が形成される状況が看取できたが，平城京木簡の記載「播磨国多可郡那珂郷三宅里」から，ミヤケ地名が古代に存在したことがうかがえた（史料2）。集落遺跡の消長からは，6世紀末から人口が爆発的に増加することが

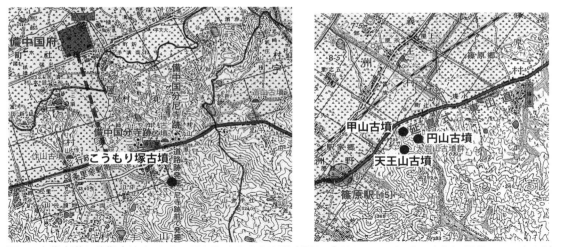

図4 古代官道と後期古墳（こうもり塚古墳・大岩山古墳群）（背景は『地図でみる西日本の古代』平凡社，2009年より）

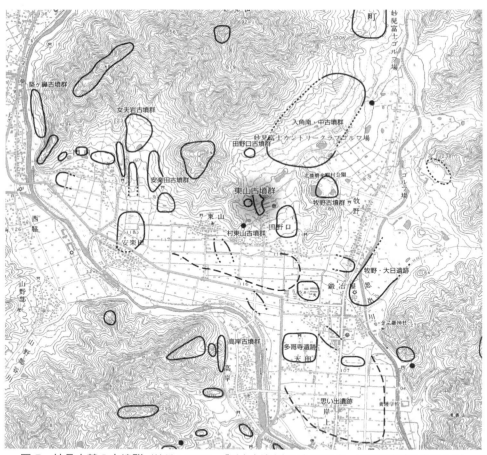

図5 妙見山麓の古墳群（縮尺1/30000，『巨大古墳を掘る』2000年，中町教育委員会による）

表1 多可郡中心部の集落消長
(中町教育委員会『中町の遺跡Ⅱ』2004, 同教育委員会による)

平野部	遺跡名	7世紀前葉	7世紀中葉	7世紀後葉	8世紀前半	8世紀後半	9世紀前半	9世紀後半	10世紀前半
北部	貝野前								
	田野口・北								
	牧野・町西								
	牧野・大日								
	鍛冶屋・下川								
	多哥寺								
	鍛冶屋								
	思い出								
安田	円満寺・東の谷								
	西安田								
	円満寺								
中部	奥中・桜木								
	奥中・前田								
	安坂・北山田								
	安坂・城の堀								
	安坂・前田								
	森本・上島原								
	糀屋・土井の後								
	坂本・土井の畑								
	坂本・丁田								
	曽我井・野入								

■…遺構検出若しくは20点以上の土器出土
▨…20点未満の土器出土

史料1 『播磨国風土記』託賀郡条

賀眉里<small>大海山荒田村</small> 土下上 右 由レ居二川上一為レ名 所以号二大海一者 昔 明石郡大海里人 到来居二於此山底一 故曰二大海山一 生レ松

史料2 平城京左京二条二坊五坪二条大路濠状遺構(北)出土木簡

播磨国多可郡中郷三宅里・日下部漢目庸米六斗

想定できるが,それが集落から離れた「山の墓地」を形成した背景と考えられる。屯倉を核にした開発と巨大な群集墳の形成が対応することがわかり,それがのちの評・郡の中心域に継承されると評価できる[7]。人口増の背景には,当然,人の移住が導き出されるが,多可郡の場合は『播磨国風土記』が明石郡大海里からの移住を記録しており(史料1),文献からも支持される事例となる。また,正倉院文書から推測できる宗我部の存在も,地域内の曽我井・沢田遺跡から出土した墨書土器の「宗我」「宗我西」などから判明しており,屯倉の経営にかかわる部民についても情報があり,屯倉を核とする開発が鮮明である。屯倉を設置し開発を行なう場合,移住者のための新たな墓域が計画的に準備される状況があったと考えられ,それが大規模な群集墳の形成につながっていると考えたい。

屯倉を核とした開発と群集墳との関係は古くから議論されてきた問題であるが,丹後地域の後期古墳もこの問題にとっての良好な材料となる。後期古墳の中でも,横穴式石室を内包する古墳が集中する群集墳は,各郡に1ヶ所程度あり,竹野郡には大成古墳群・高山古墳群やミヤケ地名があり,加佐郡の大波・奥原古墳群は式内社の三宅神社の旧地が近くに存在するなど,丹後にみられる数少ないミヤケ地名と群集墳の分布が対応している。文献に現れない屯倉が数多く存在したことが推測されており,その析出にとっても群集墳の動向は重要な意味をもつと考えられる。丹後地域では,大型の横穴式石室は,上記の集中地域にも存在するが,それ以外に点在して分布しており,陸上,水上の交通路を意識した分布をとっている。地域の古墳を分析するうえで,大型横穴式石室のレイヤーと群集墳のレイヤーとに分解して検討することが有効であると考える。

東海地方では,岐阜県本巣市の船来山古墳が最も典型的な群集墳となる。300基を越す古墳が築かれ,前期から後期にわたる造墓がなされているが,96%が後期の横穴式石室を内包する円墳である[8]。この地は式内社である春稲神社の存在から屯倉が推測されており,物部氏や穂積氏と春米部の関与が想定されている[9]。また,用水の起点にもなるなど,開発の拠点としての位置づけが可能である。このようにし,ミヤケの地

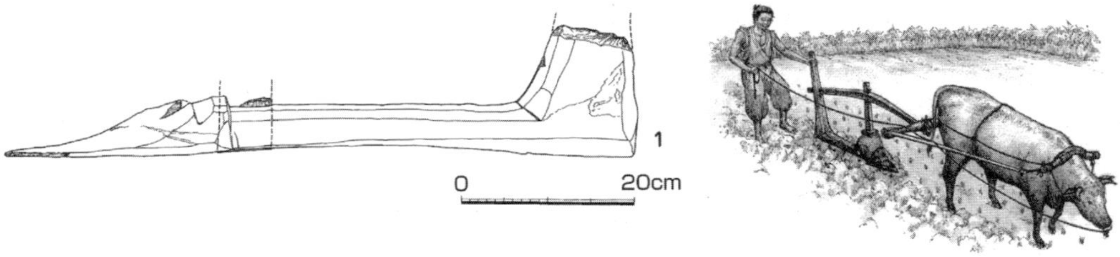

図6　安坂城の堀遺跡の犂と復原図（中町教育委員会『中町の遺跡Ⅱ』同教育委員会，2004年による）

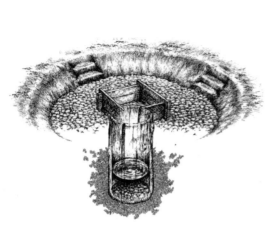

図7　思い出遺跡の井戸復原図
（中町教育委員会『思い出遺跡群Ⅱ』同教育委員会，
2000年による）

図8　曽我井・沢田遺跡出土の墨書土器
（兵庫県立考古博物館『曽我井・同ノ元遺跡　曽我井・野入遺跡
曽我井・沢田遺跡』兵庫県教育委員会，2012年による）

図9　丹後の横穴式石室をもつ古墳群とミヤケ地名

史料3　正倉院文書「知識優婆塞等貢進文」

山直国足年一七
播磨国多可郡賀美郷戸主山直枝戸口
天平一七年九月廿一日
宗我部小敷年一九
播磨国多可郡奈河郷戸主宗我部老人戸口

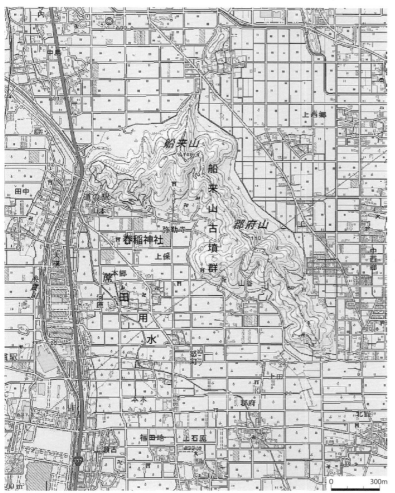

図10 船来山古墳と春稲神社と蓆田用水

名が残らない場合でも，その背後関係を追うことから群集墳の背景に屯倉を想定することが可能となる。元来，文献記録に記される屯倉は氷山の一角であると考えられ，大化2年（646）に中大兄皇子が献上した屯倉だけでも181ヶ所を数えたことから，少なくとも1ヶ郡に1ヶ所程度はあったと見るべきである。そのような逸名の屯倉を探索する一助に横穴式石室墳からなる群集墳がなると考える。

静岡県内では，安閑紀に登場する稚贄屯倉と富士市域の集落との対応が想定されている[10]。この地域では中期末の伊勢塚古墳が起点となっており，集落も営まれ始めるが，古墳が爆発的に増えるのは後期後半である。伝法沢川流域を中心に多くの後期古墳が営まれており，伝法古墳群と総称されている[11]。中には中原4号墳のように，豊富な副葬品をもつものが知られていて，開発の中心的な人物が被葬者像として想定されている[12]。富士郡の郡家に比定される東平遺跡も古墳群の眼下に存在しており，先に触れた播磨国多可郡域の様相とよく似ている。東接する駿河郡域が継続的に首長墳があり，伝統的な地域と目されるのに対し，富士郡域は伝法古墳群に見られるように新開の地であり，屯倉を核にする開発が想定しやすい。その場合，地域を流れる潤井川からの灌漑が重要な役割を果たしたと考えられ，船来山古墳群の事例とも共通性を見いだすことができる。

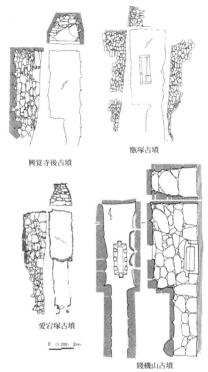

図 11　駿遠の大型式石室の位置（註6による）

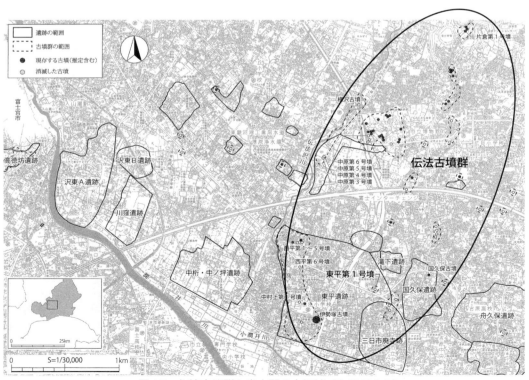

図 12　伝法古墳群と富士郡の中枢域（註11による）

4　地域社会の形成

　以上見てきたように，考古学的な観察にもとづいて屯倉を核とする開発を析出することは，十分可能な状況にあると言える。そして，この6世紀後半から7世紀前半という屯倉が展開した時代は，律令制下の地域社会の母体が成立した時期であるとみなしうる。丹後の事例で述べたように，屯倉が郡と対応する場合も想定され，また船来山古墳群と美濃国席田郡，伝法古墳群と駿河国富士郡のように，新たな地域の形成過程を追うことが可能な場合も存在する。

　屯倉を核とする開発には，吉備の屯倉で想定されているように，手工業も含まれ[13]，6世紀末から7世紀初めに成立する須恵器窯跡群が多いのも，屯倉との関係を暗示している。塩生産や鉄・鉄器生産も同様であろう。ただし，屯倉そのものの施設については，九州の事例[14]を除くとほとんどわかっていないのが問題であるが，一般の集落とは見分けがつきにくいことがその原因であろう。したがって，古墳の展開を軸に，集落遺跡や手工業遺跡を地域の中に配置する作業から，屯倉の析出を進める必要がある。

　須恵器生産の消長研究からは，5世紀には各地で断続的で小規模な生産がみられるのに対し，6世紀後半以降に継続的な生産が開始し，飛鳥・奈良時代へと展開する事例が多く存在する[15]。集落遺跡においても，評制の施行が画期となるわけではなく，それ以前に古代集落の起点があり，とりわけ6世紀後半から7世紀前半は，長期にわたる集落が開始する時期として重視されている。新たな技術の渡来を承けた開発はすでに5世紀に活発にみとめられたが，それとこの6世紀後半から7世紀前半の開発との違いは，その継続性にあると言える。もちろん，5世紀に開始する集落がそのまま律令期に至る例もあるけれども，古墳の展開や窯業生産の消長から見られたように，6世紀中頃を画期として，地域の形成が進むことは大勢となってきた。このように古代の地域社会の始動する時期において，横穴式石室墳などの古墳がもつ情報はきわめて大きいと考えられる。

註

1) 島根県立古代出雲歴史博物館『古墳は語る 古代出雲誕生』2018年
2) 観音寺市教育委員会『大野原古墳群Ⅰ（椀貸塚古墳・平塚古墳・角塚古墳）』同委員会，2014年
3) 岸　俊男「紀氏に関する一試考」『日本古代政治史研究』塙書房，1966年
4) 広瀬和雄「壱岐島の後・終末期古墳の歴史的意義」『国立歴史民俗博物館研究報告』158，2010年
5) 広瀬和雄「終末期古墳の歴史的意義」『国立歴史民俗博物館研究報告』179，2013年
6) 鈴木一有「東海東部の横穴式石室にみる地域圏の形成」『静岡県の横穴式石室』，静岡県考古学会，2003年
7) 菱田哲郎「7世紀における地域社会の変動—古墳研究と集落研究の接続をめざして—」『国立歴史民俗博物館研究報告』178，2013年
8) 本巣市教育委員会『本巣市船来山古墳群総括報告書 本文編』同委員会，2017年
9) 田島　公「古代美濃国本巣・席田両郡の景観復原の一齣」『景観史と歴史地理学』吉川弘文館，2018年
10) 佐藤祐樹「中原第4号墳の調査成果と古墳時代の富士」『中原第4号墳の被葬者に迫る』富士市・富士市教育委員会，2018年
11) 佐藤祐樹編『伝法東平1号墳』富士市教育委員会，2018年
12) 佐藤祐樹編『伝法中原古墳群』富士市教育委員会，2016年
13) 田中史生「渡来人と王権・地域」『倭国と東アジア』吉川弘文館，2002年
14) 桃崎祐輔「九州の屯倉研究入門」『還暦，還暦？還暦！—武末純一先生還暦記念献呈論文集・研究集—』武末純一先生還暦記念事業会，2010年
15) 菱田哲郎『古代日本 国家形成の考古学』京都大学学術出版会，2007年

第4章 文献史学における議論と考古学との接点

賤機山古墳の被葬者像と
駿河の地域支配

大阪大学教授
高橋照彦
Teruhiko Takahashi

1 はじめに

　静岡市の賤機山古墳は,古墳時代後期後半の東海地域において有数の豊富な副葬品を誇り,当該期の古墳時代地域社会を考える上で注目すべき存在である。以下では,この賤機山古墳やそれを取り巻く古墳の動向に歴史的な位置づけを与えるために,考古資料の多面的な要素を考慮しつつも,とりわけ文献史料との接点を求めた検討を試みたい。文献史料の扱いには慎重さが必要であるが,問題提起を目指すことにする。

2 賤機山古墳をめぐる古墳築造動向

　駿河(以下,令制下の国郡郷名を便宜的に用いる)における古墳の築造状況をみてみると,5世紀代には全般的に前方後円墳の築造が低調である一方で,6世紀前半には各所で前方後円墳が造られている。ところが,6世紀後葉には円墳ながらも有力墳として,後の安倍郡に賤機山古墳が築かれ,大型の前方後円墳の築造は衰退する(図1)[1]。

　関東地方を大雑把に捉えれば,日本列島ではむしろ特異な現象ながら,6世紀後半の各地で大型前方後円墳が築かれている。それに対して,畿内地域では,6世紀後半に大王墳などで巨大前方後円墳が造営され,そのほかにも前方後円墳が残るが,全般にはその築造数が少なくなっている。例えば,奈良県斑鳩町の藤ノ木古墳は,当該期の最高級の副葬品を持ち,大型の横穴式石室や家形石棺を納めるが,前方後円墳ではなく円墳を採用していることもよく知られている。ほかにも,河内で最大級の横穴式石室を有する大阪府八尾市の愛宕塚古墳も円墳である。

　これらからみて,駿河において前方後円墳が急速に減少し,賤機山古墳が円墳を採用していることは,大局的には畿内的な様相と捉えることができよう。あるいは,前方後円墳を抑制する畿内の方向性がやや先行的に進んだ状況と言ってもよいかもしれない。

　この点は,墳形以外の要素とも連関する。駿河の有力墳では6世紀前半代に関東系の埴輪が樹立されるのに対して,6世紀後半以降ではそのような埴輪が確認できなくなる(図1・4)[2]。その一方で,関東では6世紀後半にも埴輪の生産は盛んである。それらに対して,畿内でも6世紀前半までは埴輪が樹立されているが,後半には急速に衰退化傾向をたどる。このような埴輪の動向からも畿内的な流れを読み取るのが良いだろう。

　一方,賤機山古墳では,横穴式石室や家形石棺において畿内的な構造や形態を採用しており(図2・9),豊富な副葬品も畿内系の文物が多いため,畿内とのつながりが濃厚である。もちろん賤機山古墳以前にも畿内との関係は存在するが,後期後半に古墳の内部構造や副葬品など全般において畿内との緊密さを示す古墳が登場する点には時代を画する意義があろう。

　単純化はできないが,6世紀前半に駿河以東には関東的な様相が強かったのに対して,6世紀後半以降,賤機山古墳に典型的なように畿内的なありかたが大きく及んできたことを指摘できる。

　ここで注意したいのは,賤機山古墳と駿河各地の関係である。賤機山古墳では当該地の家形石棺の嚆矢として伊豆の石材を用いている。この石材は,現在の沼津市の海岸沿いで産出される江ノ浦白色凝灰岩と推測され,駿河の東端と石材供給関係が結ばれていた。また,賤機山古墳出土須恵器は西駿河各地の製品を集積したと推測されてい

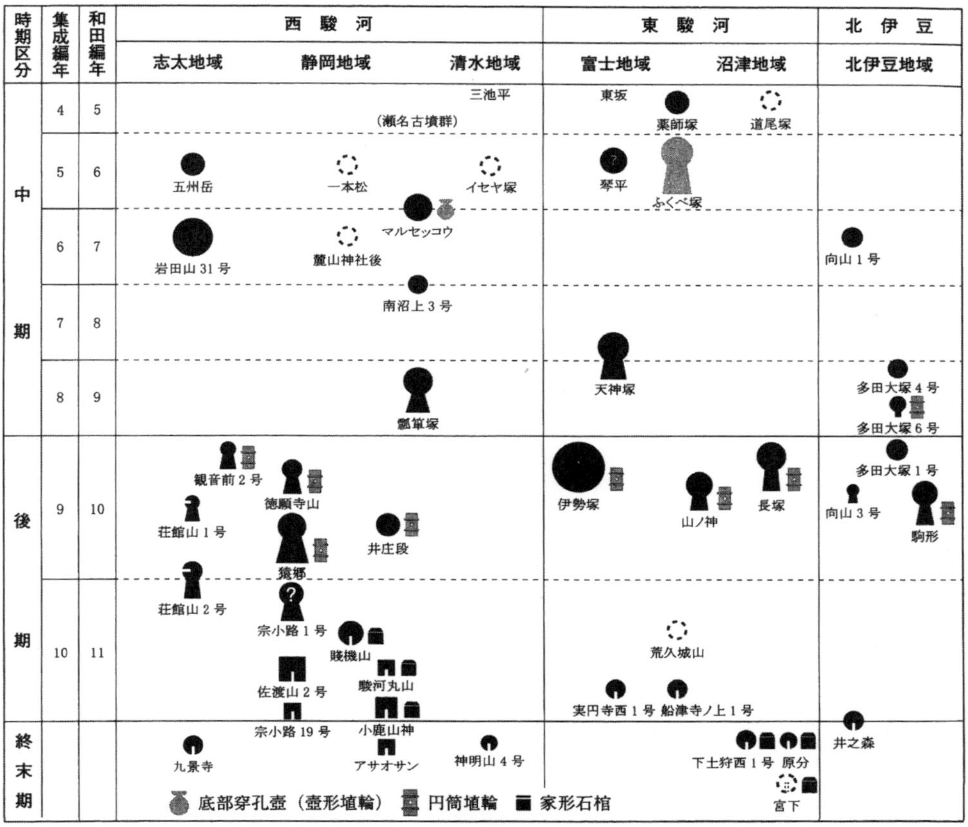

図1 駿河・伊豆における中・後期古墳の変遷（註2 滝沢2015を部分改変）

破線は墳形不明。「？」は所属時期要検討の古墳。薄色は墳形要検討の古墳。時期区分線上（中央）の古墳はいずれかの時期。墳丘内の白抜きは横穴式石室。集成編年：広瀬1991，和田編年：和田1987。

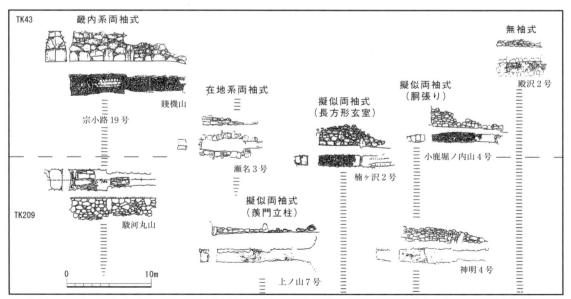

図2 静岡・清水（静清）平野周辺における横穴式石室の系統と編年（静岡県考古学会2003を部分改変）

る[3]。これらから，賤機山古墳の被葬者の影響力は駿河の広域に及んだと判断され，その被葬者は畿内色を駿河各所に波及させる核としての存在ともなりえたのだろう。

3　宮号舎人と古墳造営

以上のような古墳の築造動向の背景を探るために，文献史料との突き合わせを試みたい。

まずは，大王などに仕えて護衛をはじめとする諸任務に当たった舎人を取り上げる。このような舎人は，おもに国造一族などの有力者の子弟から選ばれ，東国から多く貢上された。大王にかかわる舎人は5世紀後葉の雄略朝以降に確認でき，6世紀前葉の継体朝は大きな画期と評されている[4]。その後には，王宮の名を冠した舎人（宮号舎人）が認められ[5]，舎人としての奉仕が一定の集団に固定化し，舎人内部の階層性の存在も想定されている。

駿河で最も時期が遡る宮号舎人は，6世紀前半に宣化に仕えた檜前舎人である（表1）。檜前舎人は，安倍郡南西の志太郡で後に郡領となっている。志太郡家は藤枝市御子ヶ谷遺跡付近が当てられ，檜前舎人もその付近での居住が推測される。

そこで，その地域の古墳に注目すると，御子ヶ谷遺跡に比較的近接する地域に，宣化朝前後，6世紀前半から中頃の前方後円墳として，荘館山1・2号墳が築かれている（図3）。関東系の埴輪が駿河全域に及んでいる段階であるが，荘館山古墳では埴輪が認められず，該期の駿河地域では珍しく畿内系とみられる右片袖の横穴式石室も確認されている（図4）。畿内系石室の導入などは，志太地域の有力層が，檜前舎人として王権との濃厚な関係を結んだことと関係するのだろう。

志太郡の北東に位置する益頭郡では，6世紀後半，欽明朝の金刺舎人も確認できる。志太郡と益頭郡は本来的に一体の地域を構成したとみなされており，益頭郡家は御子ヶ谷遺跡ともそれほど離れていない藤枝市郡遺跡が想定されている。その点からすると，檜前舎人と金刺舎人を同様の集団から輩出していたことも想定が可能であり，荘館山の2基の古墳も十分に視野に納めるべきであろう。ともかくも，この周辺からの舎人の出仕と畿内系要素の古墳は呼応するのである。

続く敏達朝の他田舎人をみてみると，益頭郡の北東の有度郡などで確認できる。有度郡には他田郷もあり，他田郷の付近に他田舎人部などの集団も集住していたのであろう。他田郷の所在地は，用宗・石部説（かつての長田村）や中田説（他田→長田→中田に変化とみる）などが出されており，確定は難しいが（図7）[6]，いずれにせよ静岡平野の南側には間違いない。

他田郷の比定地と，賤機山古墳が位置する安倍郡の南端は，同じ静岡平野に位置しており，一体の地域である。しかも，他田舎人は年代的にも賤機山古墳に近い。そのため，当該期の対象地の最有力者であったとみられる賤機山の被葬者は，その畿内的な様相から考えても，他田舎人の出仕とは無関係とは考え難く，他田郷周辺に居住した他田舎人部を管掌するような立場が推測される。賤機山古墳での大量の大刀の出土に舎人との関連性をみるのも無稽とは言えないだろう。

賤機山古墳の被葬者と他田舎人との関係をより具体的に絞るのは難しく，あくまで憶測ながらも，他田舎人その人の可能性が十分にありうる一方で，初葬者は年齢からすれば，他田舎人を子弟として送り出した人物が，候補としてよりふさわしいかもしれない。

6世紀中頃から後半の欽明にかかわる金刺舎人や敏達にかかわる他田舎人は，駿河のほかにも信濃に集中的に確認でき，関東以東とは分布に差が存在する[7]。信濃国では，各所に金刺舎人や他田舎人を確認できるが，とりわけ注意すべきは伊那郡である。その地域では6世紀に多数の前方後円墳が築かれているが，6世紀後葉には畿内型の横穴式石室が導入されている[8]。ここにも，先の事例と同様の関係性が導き出される可能性が高い。しかも，同時期に前方後円墳の数が収斂していく傾向を持つ点でも，円墳化への徹底まではなされていないが，畿内からの影響が見出されるものと思われる。

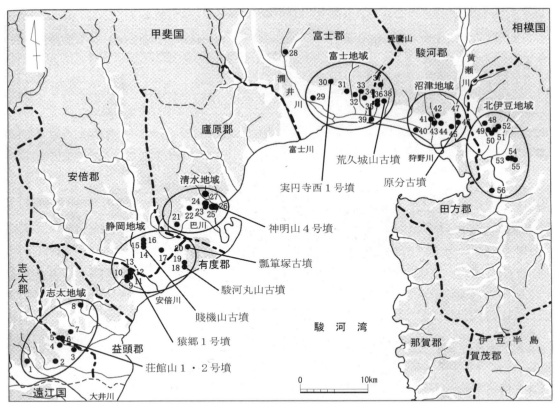

図3　駿河・伊豆におけるおもな古墳の分布と令制下の郡境
おもな古墳の分布とグルーピングは註2滝沢（2015）によるが，前期から終末期までを含み，数字で示した古墳名は割愛した。令制下の郡境は，静岡県（1994）によるもので，後掲の図7と必ずしも一致しない。

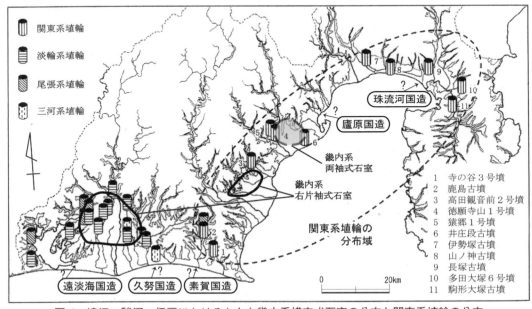

図4　遠江・駿河・伊豆におけるおもな畿内系横穴式石室の分布と関東系埴輪の分布
埴輪の分布図は註2滝沢（2015），石室の分布域は鈴木（2017）による。国造は推定地付近を示した。

関東における宮号舎人としては，上野国で安閑の勾舎人が確認できる。上野国分寺跡瓦銘のほか，藤岡市の竹沼窯址群切通シ窯址出土の刻書土器にも勾舎人がみえ[9]，地理的には緑野郡に勾舎人の居住を求めるのがふさわしい。その付近には，6世紀前半の東国最大の前方後円墳，七興山古墳が築かれており，「武蔵国造の乱」にかかわった上毛野君小熊の墓との推測もある[10]。
　このような大古墳を築く理由は，七興山古墳が尾張の断夫山古墳と墳丘規格が類似し，近くに尾張郷が想定されることからも，尾張との関係も無視できない[11]。ただ，継体以降の王権と密接にかかわり，勾舎人を送り出す存在であったことも重視すべきであろう。この地の舎人からも，特筆すべき古墳との関係を指摘できるのである[12]。
　このように，継体朝以降の舎人が貢上される地域には，畿内との強い関係性がたどれる有力古墳が認められることになり，文献史料と考古資料が結び付く点で注目すべきであろう。
　さらに舎人とは限らないが，有度郡には他田郷以外に真壁郷がみられる点も触れておく。この真壁は，一般に白髪部であったものが，光仁天皇の諱の白壁を避けて真壁に替えられたものとされる[13]。伊豆や遠江にも白髪部を確認できるため，この付近に白髪部が存在していても不思議はない。白髪部（後の真壁）は5世紀末頃の清寧朝以来の遺称とみるのが一般的だが，継体の妃である手白髪郎女に伴う可能性もある。いずれにせよ，有度郡域では敏達より前代にも王権との関係が薄くないことを示唆する。
　この真壁郷の所在地は一般に静岡市曲金付近とされるが，池田周辺とされる新居郷とは近接しすぎる。『倭名類聚抄』では，内屋，真壁，他田，新居の順に郷が列挙されており（表3），内屋は有度郡西端の宇津谷とみるのが定説なため，西から東への配列とすれば，真壁郷はむしろ安倍川西岸であろうか（図7）。
　安倍川西岸には，6世紀前半に徳願寺山1号墳・猿郷1号墳などの前方後円墳を含む有力古墳群が確認できるので（図1・3），それらの造営者の支配領域から白髪部が出されていたとすれば，有力古墳との対応関係をみることができる。ただし，これらの古墳には関東系埴輪を採用し，畿内色が濃厚とも言えず，欽明以降の舎人の輩出地とは異なる様相もある。王権の支配関係や影響度は時期による差異が生じたであろうし，舎人や部民の性格差あるいは地域の伝統などによっても王権との関係性に強弱が存在したのだろう[14]。

4　物部氏・廬原氏・有度氏と古墳造営

　舎人や部民を中心に確認してきたので，次にいわゆる豪族層との関係を検討してみたい。
　まず考古学的に注目したいのは，賤機山古墳に後続する6世紀末から7世紀前半の時期に，有度郡を中心に駿河丸山古墳（宮川1号墳）をはじめとして方墳が集中して確認できる点である（図5）。この時期の方墳は，尾張から駿河・伊豆にかけてほとんど確認できないため，静岡平野は東海内では特異な様相である。
　東海の諸国造は「国造本紀」によれば，後の駿河の廬原，遠江の素賀ならびに三河の穂を除き，いずれも物部系の出自を主張する（表2）。実際に東海の各所に物部系の人名や地名を確認でき，物部系の氏族がかなり広い基盤勢力であった可能性が強い。ところが，静岡平野周辺では，物部とのかかわりが強くはない[15]。
　考古学的には，終末期頃の方墳と円墳は，蘇我系と非蘇我系（物部氏など）という被葬者の立場をみる見解が出されている[16]。蘇我馬子墓と推測されている石舞台古墳など，おおむね蘇我系の墳墓に方墳が採用されていることは確かであり，物部氏の本拠地である天理市周辺では，塚穴山古墳や峯塚古墳などの円墳が認められることも指摘の通りである[17]。すべての方墳と円墳を単純に勢力図として二分できるかは慎重にすべきと考えているが，蘇我系と非蘇我の物部における墳形差は確かに認められよう。
　先に記した国造の伝承から単純に物部氏のみと結びつけるべきではないが，東海各地に物部系の影響度が強かったことは推測できる。そして，

墳形差が氏族と連関するという見解に基づけば，東海諸地域における円墳の採用はまさに整合的である[18]。

ただ，静岡平野では特異に方墳が集中するが，必ずしも直接的に蘇我氏の痕跡が残るわけではない。そこで近隣地に視野を向けると，方墳がおもに静岡平野側の有度郡に分布するのに対して，静岡平野の東の清水平野側，廬原郡では様相が異なる。後者の中心地に当たるとみられる庵原川流域には，7世紀初めころに神明山（第）4号墳が築かれる（図3）。規模は大きくないが，挂甲を初めとする出土品からみて，当地の有力墳である。この古墳が円墳を採用する点を重視すると，有度郡とは異なる勢力の墓が想定される。

この神明山4号墳の近隣には，中駿河最古の寺院である尾羽廃寺が造営されている（図7）。古墳とは時期が離れるが，この地域には駿河でも早くに寺院を造営しうる有力な基盤が存在していたことを示している。そうなると，神明山4号墳は所在地名から考えて，この地を本拠として国造となった廬原（五十原）君による造墓とみるのがふさわしい[19]。尾羽廃寺も，国造の廬原氏による勢力基盤が令制期に引き継がれて，その造立が推進されたものと推測されよう[20]。

この点をふまえると，静岡平野側の方墳を廬原君とみる見解[21]があるものの，むしろ廬原君と異なる勢力とみる見解[22]がふさわしい。具体的には，方墳の集中地が有度郡であるため，有度君氏が最も穏当な比定であろう[23]。また，そのほかに周辺に蟠居した氏族として有度郡に北接する安倍郡の郡名からも阿倍氏も注目されるが，その点については後述する。

ここで，東国の国造制の問題に触れておく。白石太一郎は，関東地方の前方後円墳終焉後の7世紀初めに大型の方墳・円墳が築造されることを国造制の成立とみている[24]。それに対して土生田純之は，6世紀末に任命された国造が最後の前方後円墳を築いたとみて，6世紀末頃に東国で一斉に国造制が敷かれたとする篠川賢などの見解を支持する[25]。また藤沢敦は，東北地方（福島県域）では6世紀後半代の前方後円墳が国造の分布と一致する点を重視している[26]。

ところが，先にみてきた廬原国造の場合では，たとえ廬原郡よりも西の安倍郡側などを含む国造の支配領域を設定したとしても，6世紀後半頃に大型前方後円墳は確認できない。7世紀の有力墳である神明山4号墳も，関東ほどの大型の円墳ではない。

その点で興味深いのは，下野国の那須国造碑である。この碑によれば，那須国造であった那須直が評督にもなっており，地域の支配秩序を後までも維持していたと判断される。ところが，この石碑が立てられたのは，下侍塚古墳など前期の大型前方後方墳の所在地に近接しており，後期の有力古墳や官衙遺跡の所在地とは離れている。多様な評価は可能だが，国造であっても，大規模な後期古墳を築造しない場合もあるとみるべきであり，眞保昌弘の想定のように，地域内の諸勢力による競合が存在したのであろう[27]。

そして，この那須国造のように，系譜的な連続性は定かではなくとも，より古い時期の古墳が築かれてきた地域の周辺に拠点を持ち，時代も離れた古墳をシンボルとする形で権威を受け継ぐ場合も存在したはずである。先の廬原郡で言えば，7世紀前半の神明山4号墳は，前期古墳の神明山（第）1号墳に隣接して築かれている点で，類似性が認められるであろう。つまり，国造の存在形態の一類型として矛盾はない。この廬原国造などの事例は，国造全般を考える上でも示唆するところが少なくないだろう。

5　賤機山古墳の被葬者像

ここで改めて賤機山古墳に話を戻して，その具体的な被葬者像を考えてみたい。

管見の限り賤機山古墳の被葬者名を明言したものはあまりないようであるが，後藤建一は物部氏との関係を想定している[28]。後には論調をやや弱めたが[29]，確かに物部氏との関係性は東海一帯に強いため注意すべきである。ただ，先にも触れたように，静岡平野周辺では明確に物部氏の関連を

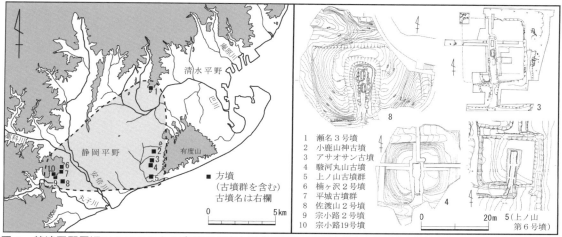

図5 静清平野周辺におけるおもな方墳の分布と墳丘平面図（静岡大学人文学部考古学研究室2010）をもとに再構成。

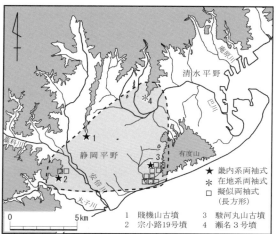

図6 静清平野周辺における横穴式石室の構造（1）
（静岡県考古学会2003）をもとに再構成。

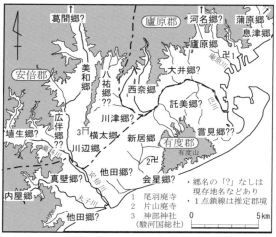

図7 静清平野周辺における郡郷の推定地
（静岡県1994，註32亀谷2011）などにより図化。

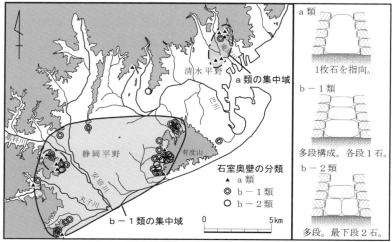

図8 静清平野周辺における横穴式石室の構造（2）
（静岡大学人文学部考古学研究室2007）をもとに再構成。

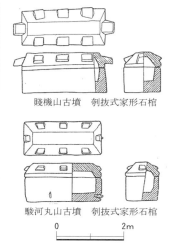

図9 静清地域の石棺
（鈴木2013）をもとに構成。

表1 駿河中・西部におけるおもな氏族などの事例

国	郡	氏	姓	名	位階	官職	出典史料	備考
駿河	志太	檜前舎人	—	—	外従七位下	少領	「駿河国正税帳」(天平10年)	
		(他)田部	—	—			「平城宮出土木簡」(城16-6)	信太ヵ(郡夜梨郷)張木里
		(他)田ヵ部	—	真人			「平城京出土木簡」(城22-22)	夜梨郷張城(里)
		丈部	—	麻々呂		里正	「御子ヶ谷遺跡出土木簡」	
		宇刀部	—	□麻□			「平城京出土木簡」(城22-22)	大野郷田邑里、有度部
		矢田部	—	志我麻呂			「平城京出土木簡」(城24-24)	大津里戸
		刑部	—	—			「秋合遺跡出土墨書土器」	郷名の可能性もあり
		刑部ヵ	—	虫麿		防人	『万葉集』巻20-4339番	
		小ヵ長谷部	—	浄成		進上夫	「御子ヶ谷遺跡出土木簡」	
		日置ヵ(部)	—	—			「御子ヶ谷遺跡出土木簡」	
		財部	—	—			「居倉遺跡出土墨書土器」	
		勝部	—	—			「居倉遺跡出土墨書土器」	
		辛人	—	—			「秋合遺跡出土墨書土器」	
	益頭	金刺舎人	—	麻呂自	従六位上		『続日本紀』天平宝字元年8月甲午条	
		大伴(部)	—	成正		益頭郡司	『朝野群載』天暦10年6月21日駿河国司解	
		他田	臣	大山	—		「平城京出土木簡」(城22-22)	(高楊郷)赤星里
		他田部	—	目甲			「平城宮出土木簡」(城19-21)	高楊郷中家里
		丈部	—	□□奈麻呂			「平城京出土木簡」(城22-22)	高楊郷赤星(里)
		宇刀部	—	毛人			「平城京出土木簡」(城22-22)	高楊郷中家里、有度部
		宇刀部	—	咅万呂			「平城京出土木簡」(城22-22)	高楊郷溝口里、有度部
		矢田部	—	子ヵ毛人			「郡遺跡出土木簡」	
		宇治部	—	角末呂			「郡遺跡出土木簡」	物部里
		美和(神)部	—	—			『延喜式』神祇、神神社ほか	
		薗部	—	乙麻呂			「平城京出土木簡」(城22-22)	高楊郷溝口里
	有度	有度	君	—	外正八位上	大領	「駿河国正税帳」(天平10年)	
		池田坂井	君	—	—		『国造本紀』	所在地不明、池田神社
		川辺	臣	足人	—	郡散事	「駿河国正税帳」(天平10年)	安倍郡に川辺郷
		他田舎人	—	広庭		郡散事	「駿河国正税帳」(天平10年)	
		他田舎人	—	益国		郡散事	「駿河国正税帳」(天平10年)	
		他田舎人	—	小ヵ□			「平城京出土木簡」(城31-25)	(菅)見郷仲村里
		丈部	—	小床			「平城京出土木簡」(城31-25)	山家郷竹田里
		宇刀部	—	真酒			「神明原・元宮川出土木簡」	他田県、有度部
		有刀部ヵ	—	忍万呂			「平城宮出土木簡」(平城宮1-341)	菅見郷ヵ、有度部
		有刀部	—	古万呂			「平城宮出土木簡」(平城宮1-341)	菅見郷ヵ、有度部
		有門部ヵ	—	—			「平城京出土木簡」(城31-25)	菅見郷仲村里、有度部
		真髪(部)	—	万人			『大同類聚方』	白髪郷
	安倍	半布	臣	広麻呂	—	朝集雑掌	「駿河国正税帳」(天平9年)	氏姓より本貫を推定
		半布	臣	嶋守	—	朝集雑掌	「駿河国正税帳」(天平9年)	氏姓より本貫を推定
		半布	臣	子石足	—	郡散事	「駿河国正税帳」(天平10年)	
		半布	臣	足嶋	—	郡散事	「駿河国正税帳」(天平10年)	
		半布	臣	石麻呂	—	郡散事	「駿河国正税帳」(天平10年)	
		半布	臣	禹足	—	郡散事	「駿河国正税帳」(天平10年)	
		常	臣	子赤麻呂	—	郡散事	「駿河国正税帳」(天平10年)	
		横田	臣	大宅	—	郡散事	「駿河国正税帳」(天平10年)	
		伊奈利	臣	千麻呂	—	郡散事	「駿河国正税帳」(天平10年)	
		伊奈利	臣	牛麻呂	—	郡散事	「駿河国正税帳」(天平10年)	
		丈部	—	牛麻呂		郡散事	「駿河国正税帳」(天平10年)	
		丈部	—	多麻呂		郡散事	「駿河国正税帳」(天平10年)	
		日下部	—	若槌		郡散事	「駿河国正税帳」(天平10年)	
		有度部	—	黒背	従八位上	安倍団少毅	「駿河国正税帳」(天平10年)	
		美和(神)部	—	—			『延喜式』神祇、神部神社ほか	
	廬原	廬原	君	臣	—	国造か	『日本書紀』天智2年8月甲午条	氏姓より本貫を推定
		五十原	君	虫麻呂	正八位上	郡領か	『続日本紀』神亀2年閏正月丁未条	氏姓より本貫を推定
		廬原	君	足礒	—	朝集雑掌	「駿河国正税帳」(天平9年)	
		西奈	ヵ	□□主ヵ			「瀬名遺跡出土木簡」	氏姓より本貫を推定
		三使	連	浄足	无位		『続日本紀』天平勝宝2年12月癸亥条ほか	御使連
		丈部	—	子万呂			「平城京出土木簡」(城22-23)	川名郷
		矢田部	—	小嶋			「平城京出土木簡」(城22-23)	川名郷三保里
		矢田部	—	□麻呂			「平城京出土木簡」(城19-21)	河名郷

(註31 佐藤1995、註4 仁藤2005、註32 亀谷2011)などをもとに再構成した。
平城宮木簡のうち、「城」は『平城宮出土木簡概報』、「平城宮」は『平城宮木簡』の巻数・頁数を示す。

表2 「国造本紀」にみえる東海(尾張から駿河・伊豆)の国造

推定地域	国名	任命時期	初代国造出自	初代国造名
尾張	尾張	志賀高穴穂朝	天別天火明命十世孫	小止与命
三河西部	参河	志賀高穴穂朝	物部連祖出雲色大臣命五世孫	知波夜命
三河東部	穂	泊瀬朝倉朝	生江臣祖葛城襲津彦命四世孫	菟上足尼
遠江西部	遠淡海	志賀高穴穂朝	物部連祖伊香色雄命児	印岐美命
遠江中部	久努	筑紫香椎朝代	物部連祖伊香色男命孫	印幡足尼
遠江東部	素賀	橿原朝世	始天下時、従侍来人	美志印命
駿河西部	珠流河	志賀高穴穂朝世	物部連大新川命児	片堅石命
駿河中部	廬原	志賀高穴穂朝代	池田坂井君祖吉備武彦命児	思加部彦命
伊豆	伊豆	神功皇后御代	物部連祖天蘰桙命八世孫	若建命

表3 『倭名類聚抄』にみえる有度郡・安倍郡・廬原郡の郷名

郡名	有度 ウド	安倍 アベ	廬原 イホハラ
郷名	内屋 ウツノヤ	川辺 カハノベ	西奈 セナ
	真壁 マカベ	埴生 ハニフ	大井 オホイ
	他田 オサダ	広伴 ヒロトモ	河名 カハナ
	新居 ニヒイ	葛間 カツラマ	廬原 イホハラ
	託美 タクミ	美和 ミワ	蒲原 カムバラ
	菅見 ナメミ	川津 カハツ	息津 オキツ
	会星 アフホシ	八祐 ヤケシ	
		横太 ヨコタ	

窺わせる史資料が残らず，また物部関連の被葬者であれば東海全般に成り立ちうるため，賤機山古墳の特異性は説明が付きにくい。

また，後藤は賤機山古墳の石棺形状が奈良県御所市の條ウル神古墳と類似することから巨勢氏との関係も示唆している[30]。この点も考古学的に注目すべきではあるが，縄掛け突起数以外では，條ウル神古墳が前方後円墳と推測されることなども含めて，條ウル神古墳や巨勢氏と直結する要素があるとは言い難いため，ほかの史資料を含めて被葬者を再考してみる必要がある。

まず賤機山古墳の諸要素をみてみると，静岡平野の南で安倍川西岸の宗小路19号墳や，安倍川の東岸で有度山西麓の駿河丸山古墳は，畿内系の両袖式石室の範疇である（図2・6）。また駿河丸山の家形石棺は賤機山古墳につながるもので，石材も伊豆石を用いる（図9）。

それに対して，廬原地域の神明山4号墳は，石室が胴張形で，擬似両袖式とも呼べるものである（図2）。石室の奥壁構造も縦位の一枚石であることも含め，地域色が強い（図8）。このように，安倍郡の賤機山古墳と有度郡の駿河丸山古墳などの方墳とは密接な関係性が窺えるのに対して，廬原郡の神明山4号墳とは様相が異なる。これらの点を総合すると，大きくみれば静岡平野側（安倍郡・有度郡の西部）と清水平野側（廬原）では地域勢力を区別するのが自然であろう。

この点に関しては，興味深い史料もある。『新撰姓氏録』右京皇別下の「廬原公」では，「笠朝臣同祖，稚武彦命之後也，孫吉備武彦命，景行天皇御世，被遣東方，伐毛人及凶鬼神，到于阿倍廬原国，復命之日以廬原国給之」とある。もちろんそのままの史実とはみなせないが，阿倍廬原国という記載は注目される。阿倍国に包括される廬原国，あるいは阿倍・廬原を並列的にみるにしても，そのような広域のうちの廬原地域を賜って，廬原を名乗っていることになる。後の史料に残らない阿倍国の記載を含む点で，やや古い伝承をとどめる可能性はあろうし，廬原氏側の伝承であるにもかかわらず，阿倍と廬原の区分を示している点で，上記の考古資料の様相とも対応する[31]。

これらの点をふまえれば，賤機山古墳の被葬者は有度郡側の方墳の被葬者との関連が強いとしても，国造にもなった廬原郡側の廬原君とは異なるとみるべきである。賤機山古墳群が安倍郡に属し，阿倍国と記されている伝承の存在からも，阿倍臣系氏族にも注意すべきである。

具体的には，東海ではほかにみられない特異な様相として，この静岡平野のみに阿倍氏にかかわる可能性が高い臣姓氏族がまとまる（表1）[32]。例えば，賤機山古墳のすぐ南の地域は，安倍郡の川辺郷や横太郷と推測されており（図7・表3），その郷名を有する川辺臣や横田臣など，阿倍臣関連の臣姓氏族が集中する。古墳造営地付近が，阿倍臣系氏族の濃厚な居住地であったことは，その被葬者像を示唆するだろう[33]。

また，安倍郡周辺では丈部が確認できることも注意すべきであろう。丈部自体は，全国的に確認できる部民ではあるが，その管掌氏族としては阿倍氏とみられる場合が少なくない。この点でも上記の阿倍氏の居住と矛盾しない。なお，この静岡平野での丈部の設置がいつかは厳密には不明であるが，この丈部は武人的な性格を有する職掌とみなされており，埼玉稲荷山古墳の鉄剣銘にみえる杖刀人首などとも連なるものと推測されている[34]。おそらくこの存在と連関して，他田舎人などもこの周辺地から出仕するようになったことも十分に考慮すべきであろう。

一方，賤機山古墳は円墳であり，有度郡などに集中する方墳とは異なっている[35]。しかも，賤機山古墳の後には安倍郡に目立った古墳の造営が続かない。それらの点からすると，賤機山古墳は有度君と関連が深くとも，直接的には異なる勢力も視野に納めてよいはずである。

そこで注意すべきは，賤機山古墳が前代までの古墳主体部の可能性がある礫床の上に築かれている点である[36]。このような前代の古墳を破壊するような事例は，例えば奈良県明日香村の石舞台古墳とその下層の古墳群などにもみられる。石舞台古墳が蘇我馬子の墓ということでよければ，飛鳥

南部地域で古墳を営む勢力に覆いかぶさる形で蘇我氏が地域支配を強める様子が窺われる。

これらの事例を重視すれば，賤機山古墳の被葬者には賤機山の丘陵部に古墳を築く前代からの系譜と連続性が認められないことになる。賤機山古墳が畿内色の濃厚な様相であることも加味すれば，畿内と深くつながり，新たな地域支配を進める人物が被葬者とみられる。そうなると，在地系の有力勢力を示す君姓が与えられた有度君あるいは廬原君などに賤機山古墳の被葬者像を求めるよりは，阿倍臣系の人物がふさわしい。

先に掲げた「阿倍廬原国」の伝承についても，廬原君がおそらく優勢となって確実に史料上に登場する7世紀代よりも古くに，阿倍国に相当する地域支配，ひいては阿倍臣系の氏族の盤踞が想定されるとすれば，ある程度の史実を反映したものと再評価もできる。また，他田舎人は当然ながら敏達の他田宮などで任務にあたっていただろうが，他田宮は現在の桜井市戒重の付近とみられ，阿倍氏の本拠地とも隣接することから，そのような関係性の機縁になりえた可能性も指摘できる。

一方で，阿倍氏と有度郡側との関係性については，阿倍久努朝臣麻呂（『日本書紀』朱鳥元年9月丙寅条ほか）が阿倍と久努の複姓を持つ点に注目すべきである。この久努は有度郡の久能に求められるという見解があり[37]，有度山麓と阿倍氏との関連を示す点で，整合的である。

なお，賤機山古墳の立地する丘陵に現在は神部神社が鎮座し，その丘陵の西北側は安倍郡の美和郷と考えられている（図7）。神部や美和は，大和の三輪氏との関連が指摘されており，三輪山の西麓に勢力を張っている三輪と阿倍の本拠は地理的に近接する。また，三輪君逆は敏達天皇の寵臣としても知られ，他田舎人の設置と同時期の活躍も無視できない。静岡平野における6世紀後半の阿倍系勢力の台頭といった一連の動きの中で，安倍郡周辺に三輪氏などの大和の豪族層との関係性も強まったのかもしれない。

古墳の被葬者に氏族名などを当てはめる試みは推測の域を出ないことが多く，限界も大きいが，

以上の通り考古学の成果と文献から窺える舎人や氏族などの動向は十分に連関を読みとることができる。このような検討は，駿河以外でも突き詰める余地が残されているだろう。

6　駿河における地域支配の変転

最後に，改めて駿河における地域支配の動向に関して時期を追いつつ整理し，まとめに代えたい。

まず6世紀前葉では，駿河各地に前方後円墳が築かれ，関東系とされる埴輪が樹立される。関東系埴輪の分布は遠江の東部を含み，令制国の国境は大きな意味をなしていない。そのような境界は，遠江の中西部に淡輪系あるいは三河系などの埴輪が分布し，畿内系右片袖式石室が散見される状況と明確な対比が示されることになる（図4）。

そのような中にあって，檜隈舎人（ひのくまのとねり）が後の駿河の西端である志太郡から輩出されることになる。その地域の古墳では局所的に畿内系右片袖式と推測される横穴式石室が採用され，逆に関東系の埴輪が確認できなくなる。関東などとの結び付きが強い地域の西端付近に，より点的な形ではあるが，畿内王権との関係を強化する動向が生まれていることになる。

6世紀中葉頃には，金刺舎人が志太郡に東接する益頭郡に確認される一方で，駿河の東端にもなる駿河郡でも金刺舎人が認められる。志太地域や東駿河地域において，この6世紀後半の時期には前方後円墳の築造が途絶して，埴輪も立てられなくなるようであり，やはり西からの影響が浸透する。それは，益頭郡や駿河郡からの舎人の輩出とも呼応しており，上記両地域の関係は定かではないが，後の駿河国に近い範囲に王権の浸透による同質性が生まれつつあることを示している。

珠流河国造（するが）は，後の郡領層からみて氏姓が金刺舎人であったと推測されており，舎人と国造との関係も問われる。いわゆる「国造本紀」の記載順序が東海道を西から記載がされるのに，廬原国造よりも先に珠流河国造が記されることから，駿河郡のある東駿河だけでなく，飛び地として志太地域が領域に入るのではないかといった議論が

ある[38]。記載順序だけであれば錯簡などもありうるが，上記の考古学的状況も勘案すれば，金刺舎人設置段階にモザイク状としても，珠流河国造の原型となる広い勢力範囲が成立していた可能性もある。珠流河国造の国造系譜に信頼を置くとすれば，その広がりの背景に舎人による奉仕を後ろ盾とした物部氏との関係性なども推測されよう。

6世紀後葉には，他田舎人が有度郡あたりに確認できる。この時期の駿河で突出する副葬品などを持つ古墳として有度郡と接する安倍郡側に賤機山古墳が築造され，石室構造や石棺なども畿内系である。そこに，王権とつながる阿倍臣系勢力が想定されることは，先に記した通りである。また，賤機山古墳の石棺材に伊豆石を用いることからも，駿河東部や伊豆北部との結合は明らかで，考古学的にも駿河国に相当する領域の核が顕在化するようになる。この点を重視すると，珠流河国造に相当するような在地の勢力がすでに存在したとしても，中（西）駿河を中心に王権との関係をさらに強化する新たな動きが生じたと評価できよう。

しかし，賤機山古墳の築造後の7世紀初め頃には，安倍郡側で有力古墳の築造は継続されず，むしろ有度郡に方墳が盛んに築造されていくことになる。この点で注意すべきは，後にも安倍郡などで阿倍系の臣姓氏族は多数確認されるものの，阿倍そのものを名乗る氏族は，現状では駿河の史料に確認されないことである。阿倍久努朝臣麻呂についても本貫地が駿河だとしても，複姓を重視すれば有度郡との関係が求められ，安倍郡には基盤を据えていなかっただろう。

その点をふまえると，6世紀後葉に阿倍系勢力による地域支配が実現されるものの，それは一時的であって，実質的には在地勢力である有度君が阿倍氏との関係を梃子にしつつも地域支配を握るようになったのではないか。方墳の採用には阿倍氏との関係もあろうが，より大きくみれば蘇我系の勢力に与する形と推測される。有度部が有度郡周辺各所に認められるが，これも蘇我部などと似たような形で有度氏にかかわって部民の設置が可能になったことも考えられようか。

その一方で，廬原郡には小規模円墳ながら神明山4号墳が築造され，廬原国造ともなる廬原君が勢力を持ち始めていることがわかる。そして，珠流河国造の主勢力範囲であろう東駿河では，考古学的にみれば円墳や無袖式横穴式石室を採用するなど，有度郡や廬原郡とはまた異なる独自の方向性を示すようになる。

東国における国造制の実施は，6世紀末の国境の画定とみられる記事（『日本書紀』崇峻2年（589）7月壬辰条）が重視されることが多い[39]。確かにこの記事は注目すべきだが，時期的には「丁未の乱」直後であるため，物部氏が関与していた地域支配を再編成する意味が強いのではないか。物部系の勢力が根強い駿河や遠江などでは，先にも触れたが，むしろ崇峻2年以前に国造の成立を考えても不思議ではない。

ただ，この物部守屋の敗北に象徴される政局の変化に伴い，旧来の地域支配にも変容が生じていたであろう[40]。それが，おそらく阿倍系氏族と結び付く形で方墳を築く有度君の台頭であり，さらには伝統勢力基盤の継承により，おそらく新たに国造として任じられる廬原君の勃興につながるのではないだろうか。

この7世紀前半以降でとりわけ注目すべきは，廬原君の造墓が大型でないにもかかわらず，文献史料としては白村江の戦で将軍として名がみえる点である（『日本書紀』天智2年（663）8月甲午条）。大軍を率いた廬原君臣は，この7世紀中頃にはそれだけの立場を築いていたことになる。蘇我氏との関係が深かった有度君とは一線を画す形であったため，乙巳の変後にはさらに優勢を誇るようになったと推測できる。

しかし，白村江での敗戦の結果，廬原氏による地域支配も安定しなかったのであろう。そして，天武朝以降とみられる令制国の設置では，最終的に国府は安倍郡に置かれ，賤機山古墳に近い地域が国庁となった。その背景に，天武は敏達系の王統を引いており，静岡平野から敏達にかかわる他田舎人を輩出していたという歴史は無視できない。また，阿倍久努朝臣麻呂は浮沈があったよう

だが，天武の崩御時に「直廣肆」の立場で「誄刑官事」とあり，中央官人として力を持っていたことなどもやはり無関係ではなかろう。

　畿内以東の国府所在地をみると，新たに分国した場合を除けば，国名と同じ郡に国府が置かれることはほとんどない。それは，令制国名と一致する有力国造の支配とはやや距離を置き，中央集権化が目指された結果であろう。国内でも地理的に畿内寄りに国府を置くことが一般的だが，その選地には地域内部の支配関係の歴史が無視できず，駿河では他田舎人や阿倍臣系氏族の存在が大きかったのではないか[41]。信濃国や下総国では他田（あるいは日奉）舎人との関係がある小県郡（あるいは筑摩郡）・葛飾郡に国府が置かれ[42]，伊賀郡が存在する伊賀国では，阿倍（阿閉）氏との関係が知られる阿拝郡に国府が置かれることにも，同様の背景を想定してもよかろう。

　以上，短慮に過ぎる評価も多かったかもしれないが，考古資料と文献史料との接点を求めることで歴史事象が読み取りうる場合もあることを示した。今後も地域に即した地道な総合的検証が必要であろう。

　付記　本稿は，拙稿 2018「後期前方後円墳の諸相とその背景」『境界の考古学』をもとにするが，タイトルも改変し，駿河以外の国造制の問題を割愛して加筆修正を行なった。駿河地域について知識がなかったことから，本稿の執筆に当たり，静岡県教育委員会の田村隆太郎氏をはじめ本書にかかわる皆様方，ならびに肥田翔子氏をはじめ多くの方から貴重な情報をいただいた。記して感謝の意を表したい。

註

1) 中駿河の賤機山古墳に対して，東駿河では沼津市（駿河郡か）の荒久城山古墳も注目される。この古墳は円墳であったとされており，賤機山古墳には及ばないとしても，6世紀後半の当該地区における有力墳と推測されている。以下の検討では，駿河郡・富士郡はあまり触れないが，後述の金刺舎人の関係など，検討すべき余地が多い。また，東海地域では全般において後期後半に大型前方後円墳の築造が衰退するものの，東三河では豊橋市の馬越長火塚古墳など，他地

域より遅い時期まで大型前方後円墳が残る。これには，穂国造との関係などが問われるので，後の註18で触れたい。

2) 鈴木敏則「埴輪」『静岡県の前方後円墳―総括編―』静岡県教育委員会，2001年。滝沢誠「古墳時代政治構造の地域的把握―駿河における大型古墳の変遷―」『古墳時代の軍事組織と政治構造』同成社，2015年

3) 後藤建一「古墳出土須恵器にみる地域流通の解体と一元化―駿河西部域における6世紀から7世紀の古墳出土須恵器を事例として―」『日本考古学』9，吉川弘文館，2000年ほか

4) 仁藤敦史「ヤマトタケル東征伝承と宮号舎人」『焼津市史』通史編上巻，焼津市，2005年ほか

5) 令制以前の王名や王宮と関連する名称の舎人のうち，おもなものは以下の通りである（時期は推定を含む）。

　　雄略朝　長谷部舎人　泊瀬朝倉宮・大泊瀬幼武天皇
　　清寧朝　白髪部舎人　白髪武広国押稚日本根子天皇
　　仁賢朝　石上部舎人　石上広高宮
　　武烈朝　小泊瀬（部）舎人　小泊瀬稚鷦鷯天皇
　　安閑朝　勾舎人　　　勾金橋宮・勾大兄皇子
　　宣化朝　檜前舎人　　檜隈廬入野宮
　　欽明朝　金刺舎人　　磯城島金刺宮
　　敏達朝　他田舎人　　譯語田幸玉宮（他田宮）
　　推古朝　桜井舎人　　桜井等由羅宮（豊浦宮）

　なお，舎人や氏族の名などは，いずれも奈良時代など後の時期の史料に記載されたものだが，古墳時代に遡った何らかの由緒を継承する集団が存在したものと推測され，それを手掛かりとする。

6) 静岡市神明原・元宮川遺跡出土木簡に「他田里」の記載があり（静岡県埋蔵文化財調査研究所1984），付近に求めてよければ，安倍川東岸の方が有力かもしれない。さらなる文字資料の出土を期待したい。静岡県埋蔵文化財調査研究所『大谷川Ⅰ』1984年

7) 傳田伊史「信濃の首長―金刺舎人と他田舎人を主として―」『日本古代の王権と地方』加藤謙吉編，大和書房，2015年（後に改稿して「信濃の首長」として，『古代信濃の地域社会構造』同成社，2017年所収）

8) 白石太一郎「伊那谷の横穴式石室」『信濃』40―7・8，1988年（後に，『古墳と古墳時代の文化』塙書房，2011年所収）

9) 藤岡市教育委員会『西平井島遺跡・西平井天

神遺跡西平井八幡遺跡・竹沼窯址群切通シ窯址』1996年。松田　猛「上毛野国から上野国へ」『榛名町誌』通史編上巻（原始古代・中世），榛名町誌編さん委員会，2011年
10)　若狭　徹『前方後円墳と東国社会　古墳時代』〈古代の東国〉1，吉川弘文館，2017年ほか
11)　小池浩平「上毛野と尾張」『群馬県立歴史博物館研究紀要』24，2003年
12)　上野国の郡領氏族に，佐位郡の檜前部君氏，新田郡の他田部君氏がみえ，その地と王権との強いかかわりが継続していくことがわかる。ただ，あくまで「部君」を名乗っていることからも部民を統括する支配層であり，上毛野君氏の枝族かもしれない。
13)　原　秀三郎『地域と王権の古代史学』塙書房，2002年ほか
14)　駿河・伊豆でみれば，平城宮出土木簡に，北伊豆の田方郡の有雑（有参）郷に檜前舎人部を複数名が確認できる。付近から檜前舎人が出ていたのであろう。田方郡有雑郷は，現在の伊東市宇佐美が定説となっている。ところが，この付近には有力古墳が存在しない。舎人部であるため，舎人は別郷の可能性もあるが，有力古墳の空隙地に直接の支配が及んでいることも想定しておく必要はある。同様に，古墳の分布の希薄な地としては，例えば他田舎人が若狭国大飯郡佐分郷に確認できる。舎人の二次的な移動なども考慮はすべきだが，そのような分布もあることを付記しておきたい。
15)　静岡市の神部神社の社家は志貴氏であるが，原秀三郎氏は物部系の志紀県主と結びつけている（註13原2002ほか）。しかし，崇神朝に大三輪神とともにこの地に来住したという伝承からすると，物部系かは定かでない。このほかには確かな物部系の史料が残されていないようであり，むしろ，安倍・有度の両郡においては，駿河の他地ほどに物部系の豪族の存在は濃厚ではないといってよかろう。
16)　白石太一郎「畿内における古墳の終末」『国立歴史民俗博物館研究報告』1，1982年（後に，『古墳と古墳群の研究』塙書房，2000年所収）
17)　物部氏の本拠である天理市周辺では，方墳のハミ塚古墳も確認されているが，敗死した守屋墓との説もあり，やや特異なものと評価するのが良さそうである。それを除くと，円墳が優位であることは記した通りである。ほかにも，先にも触れた大阪府八尾市の愛宕塚古墳も，八尾市付近が河内の物部氏の本拠であり，物部系の有力者の墓とみるのがふさわしいが，本文でも先に触れた通りやはり円墳を採用する。
18)　「国造本紀」によれば，東海の諸国造のうち，物部氏の系譜を主張しないのは，先の通り廬原・素賀・穂の国造である（表2）。廬原国造は後述するが，6世紀後半には目立った古墳が確認されていない。一方，素賀国造は物部や蘇我との関連も指摘されるが（註13原2002），その領域とされる東遠江には，宇洞ヶ谷の大型横穴墓などがみられ，有力墳としては特殊である。また，三河の穂国造の領域が東三河であるとすると，6世紀後半において，愛知県豊橋市の馬越長火塚古墳など，東海では特異に大型前方後円墳が築造されている。非物部系の国造の支配地域では，ほかの東海地域の国造とは異なる古墳の築造状況である。同時期の物部系氏族では，天理市石上周辺を除けば，河内愛宕塚古墳のように，前方後円墳を抑制する動きがあるため，その流れが各地にも及ぶ可能性はあり，それらとは異質な方向性が穂国造などの領域にみられるのではなかろうか。
19)　廬原国造は物部系とは異なり，吉備武彦に出自を求める。同様の出自伝承を有する吉備の国造のうち，例えば上道国造の支配地域かとみられる範囲では，大型石室墳である赤磐市の牟佐大塚古墳が円墳である。このような氏族間の伝承を通して結ばれる関係に，何らかの墳形の選択理由を求めることは可能かもしれない。ただ，上道国造を含め，非蘇我系の立場にあった確証はない。吉備は全般に前方後円墳が残る地域でもあるため，廬原国造の場合も，むしろ静岡平野側の勢力との識別から，円墳が採用された可能性もある。ほかの各地でも，地域間関係の中で墳形や規模が選択されたことは十分に想定しておくべきであろう。
20)　静岡平野側には有度山西麓に片山廃寺跡があるが，国分寺跡と推測されており，より古い寺院は認められない。一方，安倍郡も古代寺院が確認できない。静岡平野の寺院建立が低調である背景として，賤機山古墳に隣接する神部神社など神祇系祭祀が濃厚であるという当該地の宗教的な側面を勘案すべきであろう。

21) 大塚淑夫「「いほはらの君」―静岡県中部地方の古墳時代・首長権の推移―」『地域と考古学』向坂鋼二先生還暦記念論集刊行会, 1994年
22) 辰巳和弘「廬原氏に関する一考察―大化前代の駿河国中部―」『地方史静岡』6, 静岡県立中央図書館, 1976年
23) 望月薫弘・手島四郎『駿河丸山古墳』静岡考古館, 1962年。廬原君と有度君は, 近接地域で同じ君姓であることや, 廬原君が「国造本紀」では池田坂井君と同祖を主張しており, その池田は有度山北麓の地名とみる説(前掲註22辰巳1976ほか)があるため, 両者が同族関係などつながりを有する可能性は否定できないが, 根拠地を異にする別勢力とみなすべきだろう。
24) 白石太一郎「駄ノ塚古墳の提起する問題」『国立歴史民俗博物館研究報告』65, 1996年(後に, 「東国における前方後円墳の終末」として, 『古墳と古墳群の研究』塙書房, 2000年所収)ほか
25) 土生田純之「古墳時代の実像」『古墳時代の実像』吉川弘文館, 2008年ほか
26) 藤沢 敦「東北」『前方後円墳の終焉』雄山閣, 2010年ほか
27) 眞保昌弘「那須国造碑の建立―古墳分布にみる地域内競合の視点から―」『古代文化』70―1, 2018年
28) 前掲註3後藤文献に同じ
29) 後藤建一『遠江湖西窯跡群の研究』六一書房, 2015年
30) 前掲註29に同じ
31) 廬原君の支配領域に関しては諸説があるが, 文献史学からは, 西側の志太郡・益頭郡域まで含み, 大井川以東との考え(若林1970, 佐藤1995)がむしろ一般的であろう。国造の政治領域と古墳などの様相とが厳密に対応するかは留保が必要であるが, 7世紀代における廬原君氏の実質的な支配は, 先に記したように清水平野以東で, ほぼ廬原郡域に限られると推測するのがよいだろう。また, 賤機山古墳以前の6世紀段階でも, 安倍川西岸に古墳が多くみえることや, 志太平野側も荘館山1・2号墳などをあるため, 廬原郡より西方の安倍郡や有度郡まで, 廬原郡の勢力が支配を貫徹させていたとは言えない。神明山4号墳が築かれた7世紀前半頃は, 廬原君として注目すべき時期であり, 安倍・有度地域に対峙, あるいはそれらを包摂させる形で廬原地域の勢力に国造が当て

られたのだろう。佐藤雅明「古代廬原国の豪族と部民の分布について―その集成と若干の解説―」『財団法人静岡県埋蔵文化財調査研究所設立10周年記念論文集』財団法人静岡県埋蔵文化財調査研究所, 1995年。若林淳之『静岡県の歴史』山川出版社, 1970年
32) 亀谷弘明『古代木簡と地域社会の研究』校倉書房, 2011年。前掲註13原2002に同じ
33) 静岡平野の阿倍臣系氏族に関しては, 亀谷弘明の見解のように「むしろ有力農民に近く, 斉明朝か, 天武朝頃に臣姓を授けられた新興の氏族の可能性」も指摘されている(前掲註32亀谷文献)。ただ, 新興の氏族ならば, 何故そのような氏族が勃興してきたのかなど, いくつかの経緯の説明も必要になる。亀谷は, 安倍郡の古墳分布の少なさも伝統的氏族を否定する材料としているようだが, むしろこの賤機山古墳の存在にこそ, その契機を内包するものであり, 6世紀後半に起源が遡るとするのがふさわしいと判断しておきたい。ただし, 後述するが, 多度山西麓などへの中心勢力の移動や, 廬原国造の設定などにより, 安倍郡内に盤踞していた阿倍臣系勢力の位置づけは, 後に中駿河地域内において相対的に弱まったのだろう。
34) 岸 俊男「万葉集からみた新しい遺物・遺跡―稲荷山鉄剣銘と太安万侶墓―」『日本古代の国家と宗教』上巻, 吉川弘文館, 1980年(後に, 「稲荷山鉄剣銘と丈部―万葉集からみた新しい遺物・遺跡(一)―」として, 『日本古代文物の研究』塙書房, 1988年所収)ほか
35) 阿倍氏の本拠地とみられる奈良県桜井市付近では, 崇峻陵とされる赤坂天王山古墳に先立ち, 6世紀後半頃には円墳群がある(桜井市文化財協会2018)。阿倍氏と同族の膳臣氏(大橋2017)についても, 根拠地の斑鳩周辺をみると, 膳氏の墳墓というわけではないが, 当該期の藤ノ木古墳は円墳である。畿外の膳氏の本拠地として若狭も知られているが, 6世紀代の若狭町の丸山塚古墳など大型円墳である。これらをふまえれば, 賤機山古墳が阿倍氏関連の奥津城だとみても矛盾するものではない。ただし, 7世紀代には桜井市阿部(安倍)付近では, コロコロ山古墳や谷首古墳, 艸墓(くさはか)古墳など有力方墳があり, 有度郡における方墳の採用にも阿倍氏との関連を否定する必要はない。大橋信弥『阿倍氏の研究』

〈日本古代氏族研究叢書⑦〉雄山閣，2017年。桜井市文化財協会『赤坂天王山古墳群の研究―測量調査報告書―』〈公益財団法人桜井市文化財協会調査研究報告〉1，2018年

36) 静岡市教育委員会『国指定史跡賤機山古墳保存整備事業 平成3年度発掘調査概報』〈静岡市埋蔵文化財調査報告〉29，1992年
37) 前掲註13に同じ
38) 前掲註13ほか
39) 篠川 賢『国造制の成立と展開』吉川弘文館，1985年ほか
40) 東駿河では，物部系とみられる駿河国造の領域などで，推古朝以降の「若舎人」や「生部」（壬生部）が認められるようになる。
41) 岩宮隆司氏は三河を中心とした検討の中で駿河を含む東海地域の比較も行ない，示唆に富む指摘をしている（岩宮2010）。その中で，駿河の国衙に廬原国造の管轄地との関係を重視するが，廬原郡でなく安倍郡に置かれた意味も無視しがたい。岩宮隆司「倭王権の三河への進出過程―大型古墳の分布と倭直系一族の盛衰を中心に―」『日本古代の王権と社会』塙書房，2010年
42) 舎人の問題は，東海・関東地方の事例での検討を別稿（『白石太一郎先生傘寿記念論文集 古代文化論叢』（仮題），山川出版社，2019年刊行予定）においても論じたので，参照願いたい。

引用・参考文献

御所市教育委員会『條ウル神古墳』2019年
後藤守一・斎藤 忠『静岡県賤機山古墳』静岡県教育委員会，1953年
佐藤雅明「古代珠流川国の豪族と部民の分布について―その集成と若干の解説―」『地方史静岡』24，地方史静岡刊行会，1996年
静岡県『静岡県史』資料編4（古代），1989年
静岡県『静岡県史』資料編2（考古二），1990年
静岡県『静岡県史』通史編1（原始・古代），1994年
静岡県考古学会『静岡県の横穴式石室』2003年
静岡大学人文学部考古学研究室『有度山麓における後期古墳の研究』Ⅰ〈静岡大学考古学研究報告〉第1冊，六一書房，2007年
静岡大学人文学部考古学研究室『小鹿山神古墳―静岡市小鹿山神古墳測量調査・出土遺物調査報告書―』2010年
篠川 賢・大川原竜一・鈴木正信編『国造制の研究―史料編・論考編―』八木書店，2013年
篠川 賢・大川原竜一・鈴木正信編『国造制・部民制の研究』八木書店，2017年
清水市教育委員会『神明山第4号墳発掘調査報告書』2002年
鈴木一有「7世紀における地域拠点の形成過程―東海地方を中心として―」『国立歴史民俗博物館研究報告』179，2013年
鈴木一有「東海地方における横穴系埋葬施設の多様性」『一般社団法人日本考古学協会2017年度宮崎大会研究発表資料集』2017年
仁藤敦史「スルガ国造とスルガ国」『裾野市史研究』4，1992年
仁藤敦史「駿河郡周辺の古代氏族」『裾野市史研究』10，1998年
土生田純之「東日本の横穴式石室について」『東国に伝う横穴式石室―駿河東部の無袖式石室を中心に―』静岡県考古学会2007年度シンポジウム実行委員会，2008年
土生田純之「墳丘の特徴と評価」『馬越長火塚古墳群』豊橋市教育委員会，2012年
広瀬和雄「前方後円墳の畿内編年」『前方後円墳集成』中国・四国編，山川出版社，1991年
藤枝市教育委員会・静岡大学考古学研究室『静岡県藤枝市荘館山1・2号墳発掘調査報告書―平成11・12年度―』2002年
和田晴吾「古墳時代の時期区分をめぐって」『考古学研究』第34巻第2号，1987年

欽明期の王権と地域

国立歴史民俗博物館教授
仁藤敦史
Atsushi Nito

1 はじめに

　本稿では，前半において欽明期におけるヤマト王権支配機構の発展段階を明らかにし，後半では当該期における伊豆を含む広義のスルガ（珠流河）地域を中心とする支配の様相をヤマト王権との関係において論じたい。

　まず欽明期における大きな変革は血縁継承の開始と連動した一系的な王統譜の形成が開始されたことである。さらに政治基調としては「倭の五王」段階に顕著であった「外向きの軍事王」と評価される外交・軍事中心から内政の重視への転換が見られる。具体的には対百済外交の転換であり，百済王族や五経博士の定期的な交替派遣と仏教に象徴される先進文物の提供という「質」と「賂」を中心とした時代に転換したことが指摘できる。一方で，ミヤケ制・国造制・部民制という国内支配制度の整備による内政の充実が行なわれ，これと並行して神話と系譜，および神祇制度といったイデオロギー的な整備も行なわれた。

　一方，スルガ地域を中心とする特殊性としては，まず，物部系の氏族が多いことが指摘される。さらに，欽明期前後に設定されたと推定される檜前舎人（宣化）・金刺舎人（欽明）・他田舎人（敏達）などが多く長野・静岡県地域に設定されていることは特色として指摘される。

2 欽明期の王権

前史の検討―広義の府官制と広義の人制―　府官制とは，中国皇帝から将軍号を授けられることによって幕府を開き，その属僚として自らの臣下を長史・司馬・参軍などの府官に任命できる制度とされる。『宋書』の記載によれば倭国においても，元嘉15（438）年に「珍又求_除_正倭隋等十三人平西・征虜・冠軍・輔国将軍号_。詔並聴」，同28（451）年に「并除_所_上二十三人軍・郡_」とあるように中国からそれぞれ13人と23人の任命が認められている。これは，倭国の身分秩序が未熟なために中国の身分秩序に補完的に依拠する体制であり，公認された将軍号・国王号により臣下に対する将軍・郡太守号の仮授権を行使するもので，内外における軍事活動を秩序化することができるようになったと評価される。一般には，これら府官の任命には中国王朝の承認が必要とされるが，倭王武の時期になると，昇明2（478）年には「興死，弟武立。自称_使持節・都督倭百済新羅任那加羅秦韓慕韓七国諸軍事・安東大将軍・倭国王_。……窃自仮_開府儀同三司_，其余咸仮授，以勧_忠節_。詔除_武使持節・都督倭新羅任那加羅秦韓慕韓六国諸軍事・安東大将軍・倭王_」とあるように，中国に対する正式な叙正だけでなく，武王単独による「自称」「窃自仮」「仮授」と表現された運用がなされている（珍も「自称」とあるが，中国の承認は後に求めている）。朝貢時期も即位直後ではなく，自ら「開府」し，「余」の「府官」任命を中国に求めていない。倭王武の時期には，中国王朝の権威に頼らずとも，府官制を自らの権威により「自称」「仮授」という形で運用可能な状態になっていたことが指摘できる。これは，同じく中国王朝の「天下」から離脱した，倭独自の「天下」観の形成と対応するものと位置づけられる。こうした倭独自の府官任命を「広義の府官制」とするならば，配下の有力豪族に対する支配権が確立しつつある状況が確認される。有力首長間の代替わりごとに結び直されるゆるやかな同盟的関係を背景にした有力豪族を束ねる「府官制」

（425・438・451年）が，人制よりも制度としてはまず先行し，倭王武の段階に「広義の府官制」（478年）へと変化したと考えられる。

一方，人制については，稲荷山鉄剣銘や雄略紀の記載によれば雄略期において，その存在が確認される。しかしながら，王権膝下の地域で大規模な工房群が確認されはじめる5世紀前半期まで人制が及ぶかは疑問である。「世々」の文言から上祖オオヒコ以来の「杖刀人首」としての奉事を語るのは，あくまで雄略期（今）の言説であり，人制の開始を保証するものではなく，現実は乎獲居臣一代による杖刀人首としての奉事に限定される。

王権膝下の地域での大規模な工房群の評価についても，王権がそれらをすべて直営していたとの評価はできない。少なくとも，後の吉備・葛城氏集団（以下「吉備氏」「葛城氏」と表記）配下の技術者集団は雄略期までは人制に編成されなかったと考えられる。

『日本書紀』神功五年三月己酉条
　新羅王遣_汗礼斯伐・毛麻利叱智・富羅母智等_朝貢。仍有下返_先質微叱許智伐旱_之情上。……因以副_葛城襲津彦_而遣之。……乃詣_新羅_，次_于蹈鞴津_，拔_草羅城_還之。是時俘人等，今桑原・佐糜・高宮・忍海，凡四邑漢人等之始祖也。

『日本書紀』雄略七年是歳条
　於_是。西漢才伎歓因知利在_側。乃進而奏曰，巧_於奴_者，多在_韓国_。可_召而使_。……由_是，天皇詔_大伴大連室屋_，命_東漢直掬_，以_新漢陶部高貴・鞍部堅貴・画部因斯羅我・錦部定安那錦・訳語卯安那等_，遷_居于上桃原・下桃原・真神原三所_。〈或本云，吉備臣弟君還_自_百済_，献_漢手人部・衣縫部・宍人部_。〉

桑原・佐糜・高宮・忍海の四邑漢人は新羅から渡来したと伝承され，雄略期までは「葛城氏」配下の技術者集団であった。また雄略期には吉備氏の反乱伝承に続き，百済から貢上の今来（手末）の才伎の記事がある。これらの記事は，新羅・加耶と個別首長（吉備・葛城）との多様なネットワークが前提として存在したことを示しており，王権による統一的な人制の枠組みに組み込まれるのは，早くとも雄略期以降と想定される。布留・大県遺跡と「物部氏」，南郷遺跡と「葛城氏」，陶邑に対する「葛城氏」「紀氏」「茅渟県主」らによる掌握のように，豪族居館周辺での家産的な生産体制がその実態であったと考えられる。五世紀前半の手工業技術者集団の存在形態について，そのすべてが王権直轄と考えるのは疑問となる。

さらに人制段階には，某人だけでなく部字を訓まない某作，某手，某守，某取なども存在したと推定され，「広義の人制」段階とすべきであり，均質な全国の民衆支配制度としては部民制が画期であり，有力豪族の配下まで永続的かつ均質的編成がなされていない。5世紀後半に成立した「広義の人制」は，代替わりごとに更新され世襲的でないこと，職名に力点が置かれ，まだ氏姓化されていないこと，船人・厨人など部名や氏族名に継承されない類型も存在すること，などが部民制との違いとして指摘できる。有力豪族の配下や全国的に支配が及ぶという点での均質性や永続的支配の有無において，部民制（トモとベ）と広義の人制（トモ）にはシステム・制度としては，大きな質的な格差が存在したと評価される。

世襲王権の成立　継体朝段階では，次期大王の候補は前王統の血を継承した「大后」手白香皇女を母とする欽明よりも，「元妃」目子媛を母とする安閑・宣化が有力であった。したがって，欽明の即位以降において王統が一つの流れとして初めて固定することとなる。欽明朝以降において，大王位が一つの固定された王統により世襲されるという新たな段階は，継体朝までの「外向きの軍事王」という体制（人格資質に卓越した王が異なる王系から選択される段階）とは異なる世襲王権段階に至ったことを示している。こうした段階を端的に示すのは，『上宮聖徳法王帝説』にみえる以下の記載である。

　斯貴嶋宮治_天下_阿米久爾於志波留支広庭天皇〈聖王祖父也〉。

　娶_檜前天皇女子伊斯比女命_，生下児他田宮治_天下_天皇怒那久良布刀多麻斯支天皇上

〈聖王伯叔也〉。
又娶₌宗我稲目足尼大臣女子支多斯比売命₋，生₁児伊波礼池辺宮治₌天下₁橘豊日天皇₁〈聖王父也〉。
妹少治田宮治₌天下₁止余美気加志支夜比売天皇〈聖王姨也〉
又娶₌支多斯比売同母弟乎阿尼命₋，生₁児倉橋宮治₌天下₁長谷部天皇₁〈聖王伯叔也〉
妹穴太部間人王〈聖王母也〉
　　右五天皇，無ﾚ雑₌他人₋治₌天下₁也〈但倉橋第四，少治田第五也〉

　ここでは「右五天皇，無ﾚ雑₌他人₋治₌天下₁也」という表現により，祖としての欽明から敏達・用明・崇峻・推古の五代が他人をまじえることなく天下を統治したとある。この場合の「他人」とは欽明系以外の王系の大王を意味すると解釈される。王系の交替が常態であった継体朝以前の段階から，欽明系王統が五代連続することにより，欽明を祖とする世襲王権の観念が生じたことを表現したものと考えられる。少なくとも蘇我氏の血が混じらない敏達が含まれていることからすれば，この五代を蘇我系王族の意味に解釈することはできない。
　「上宮記」における「一云系譜」も，こうした欽明王統の確立を前提に上宮王の社会的存在を蘇我稲目と欽明を共通の祖として位置づけ，さらに欽明の出自を「応神五世孫」たる継体と仁徳―武烈系の母の血を併せ持つ存在として強調している。上宮王の系譜的出自の正統性を主張する必要により，欽明の社会的存在を説明する必要が生じたと考えられる。『上宮聖徳法王帝説』や「天寿国繡帳銘」などにみえる父方と母方ともに欽明と蘇我稲目に至る双系的系譜を前提に，欽明からさらに遡って継体の父方の出自を説明することが，一云の伝承として引用されたと考えられる。推古朝の前後において，欽明系の王統が世襲的に連続することから，継体以前の職位の継承を前提とする一系系譜を架上することにより連続的な系譜が構想されたと想定される。

　国造制　広域行政組織としての国造制は，西国では磐井の反乱，東国では崇峻朝の境界の設定を契機に6世紀代に整備されたと考えられる（欽明期における三輪から出雲への国譲り神話の改編が，「主（ヌシ）」から「奴（ヤッコ）」という国主から国造への転換期に支配イデオロギーとして必要とされたことは別に論じたことがある）。
　ただし，地域支配への浸透度は，裁判権・祭祀権・兵士や屯倉の耕作を含む徭役労働の徴発などに限定される（「延喜神祇式」によれば出雲国造の潔斎中は裁判と校田・班田に関与できない）。これは部民制と国造制という王権との二元的な関係として機能したからである。
　「武蔵国造の乱」における「同族」同士の争いという点に東国氏族の構造的矛盾があらわれており，国造制段階においてもこうした矛盾は解消しなかったと考えられる（出雲国造も二系統の出雲臣が存在する矛盾を内包し，国造氏の確定までは解消しなかった）。6世紀以降に設定された国造の類型としては，比較的広域な地名を氏族名とする地名国造（西国）と壬生直のような伴造部姓的国造（東国）の二類型が確認される。
　この違いは地域ごとの社会構造に規定されると考えられる。すなわち，出雲の岡田山一号墳の被葬者である額田部臣は，中央の額田部連との旧来からの部民制的な関係に加えて，歴史的には出雲国造たる出雲臣の地域支配強化による額田部臣との同族関係が新たに加わり，額田部臣と王権との二元的な関係（これは矛盾でもある）として機能した。出雲の額田部臣は父母双系的な系譜意識を前提として，出雲国造たる出雲臣（在地のヨコ系列）と中央の額田部連（職掌のタテ系列）に両属することが可能であった。『出雲国風土記』の郡司記載にからうかがわれるように，在地のヨコ系列において出雲国造たる出雲臣は，「臣」を共有する同族的関係を創出することにより出雲地域を支配し，一方で中央の額田部連は職掌のタテ系列として，「額田部」という職掌上の同一性から額田部臣を同祖的関係として支配することができた。こうした関係は『新撰姓氏録』の同祖関係などから確認される（ただし，伴造層には系譜の一元化は求められないので，在地での同祖関係とは併存

しうる)。出雲地域では職掌のタテ系列よりも在地のヨコ系列(国造秩序)が卓越し,地名国造としての支配が可能であった。吉備・出雲・毛野・尾張などは国造を中心に在地のヨコ系列が卓越する。これに対して,「武蔵国造の反乱」における同族争いにもあらわれているように東国では一般的に職掌別のタテ系列が優越し,国造を中心とする在地のヨコ系列の卓越は弱い(たとえば武蔵国造は,武蔵ではなく笠原臣という狭い地名を冠した氏族名しか名乗れず,東国では壬生直のような伴造的国造が多い)。そのため国造間の古くからの同祖的関係により地位を補強する側面が強くなっている。こうしたあり方は,在地社会の構造により規定されたと考えられる。

この二元的な関係は7世紀以降には政策的に解消すべき矛盾と認識されるが,原理的には併存しうるものであった。

「大化改新」において東国国司が派遣された地域は,基本的に伴造的国造が卓越する地域と重なる。おそらく伴造的国造の地域には,複数の有力国造氏が国造区域内に存在するため,排他的に地名国造を称しにくい状況があり,領域的支配者としての力量が弱かったと想定される。東国国司の派遣理由としては,名目的な国造支配よりも細分化した評制への移行が要請されていた地域であったと想定される。具体的には,印波国造の本拠が下総国印旛郡と推定されるのに対して,七世紀代の竜角寺や竜角寺古墳が隣の埴生郡に所在するのも,印旛郡の丈部直氏から埴生郡の大生部直氏に印波国造が交替し,埴生評として分立したことが想定されている。

同様に『常陸国風土記』にみられる行方郡の有力氏族壬生直氏と壬生連氏がそれぞれ那珂国造と茨城国造を称しているのも国造一族の呼称ではなく,分家が有力化して現任国造になった事例と考えられる。推古朝に設定された壬生部集団(多くは旧物部系氏族か)により東海道地域を中心とする在地の再編がなされ,『常陸国風土記』にみえるような開発伝承とのかかわりが指摘できる点も注目される。

部民制 宮号舎人の出現過程も継体期を画期として理解することができる。『日本書紀』では,大王以外の皇子たちの従者にも区別なく「舎人」の名称を用いている。「某部舎人」の設置については,大王雄略の時代を初見とし,敏達期ごろまで確認することができる。名前の多くは,天皇の宮号や御名代と関係する舎人名称である。「某部舎人」の設置時期は,雄略・清寧・仁賢期,「某舎人」の設置時期が,武烈・安閑期,と大きくは前後に二分でき,「某部舎人」から「某舎人」へと変化したことが想定される。

某部舎人(前期トネリ)
　雄略期　長谷部舎人
　清寧期　白髪部舎人
　仁賢期　石上部舎人
　武烈期　小泊瀬(部)舎人

某舎人(後期トネリ)
　安閑期　勾舎人
　宣化期　檜前舎人
　欽明期　金刺舎人
　敏達期　他田舎人
　　　　　日奉舎人(敏達六年二月甲辰条)
　用明期　来目舎人(用明天皇の皇子)
　　　　　行田(池田)舎人
　推古期　桜井舎人　桜井豊浦宮
　　　　　若舎人　　壬生部の設置
　　　　　　　　(推古十五年二月庚辰条)

実年代では5世紀後半から6世紀後半にかけての約1世紀間に比定される。これらの舎人の性格は,「某部舎人」の前半と「某舎人」の後半で大きく変化したと考えられ,王系が変化した継体期が画期として想定される(それ以前は宮号も流動的であった)。

すなわち,前期舎人は名前に「某部」が付けられているのが特徴で,「某部」により資養される舎人の意と解される。長谷部や白髪部など名代・子代と伝承される部民の名前を冠することが注目される。これらの舎人は,具体的な氏族名として史料には直接見えないことが特徴であり,舎人としての奉仕が一定の集団に固定していない段階であったと

考えられる。おそらくは畿内の比較的小規模な氏族から交替で任命されたものと考えられる。

『風土記』などの伝承においても，出雲国意宇郡舎人郷の場合には欽明期に「倉舎人君」の祖先，日置臣志毘が「大舎人」として奉仕したことにちなむ郷名と伝承している。一方，豊後国日田郡靱編郷の場合もやはり欽明期に日下部君らの祖先，邑阿自が「靱部」に奉仕したので古くは「靱負村」と称したと伝える。いずれも欽明期が舎人設定の大きな画期として伝承されており，「舎人」と「靱負」が西国で同時期に整備され（ちなみに，「某舎人」の類型だが安閑紀二年四月丁丑条に「勾舎人」と「勾靱部」を併置したとの伝承がある），継体紀以前の設置伝承をもつ名代的な日置臣や日下部君を名乗る氏族がこれら「舎人」と「靱負」に編成されたことは重要である。

『出雲国風土記』意宇郡
　舎人郷，郡家正東二十六里。**志貴島宮御宇天皇御世**，倉舎人君等之祖日置臣志毘，大舎人供奉之。即是志毘之所_レ_居。故云_二_舎人_一_即有_二_正倉_一_。

『出雲国風土記』神門郡
　日置郷，郡家正東四里。**志紀島宮御宇天皇之御世**日置伴部等所遣来，宿停而為_レ_政之所也。故云_二_日置_一_。

『豊後国風土記』日田郡条
　靱編郷在二郡東南一〇 昔者，**磯城島宮御宇天国排開広庭天皇之世**，日下部君等祖，邑阿自，仕_二_奉靱部_一_。其邑阿自，就_二_於此村_一_，造_レ_宅居之。因_レ_斯名曰_二_靱負村_一_。後人改曰_二_靱編郷_一_。

『播磨国風土記』飾磨郡小川里
　少川里。〈高瀬村・豊国村・英馬野・射目前・檀坂・御取丘・伊刀島〉土中々。〈本名私里〉右，号_二_私里_一_者，**志貴島宮御宇天皇世**，私部弓束等祖，田又利君鼻留，請_二_此処_一_而居之。故号_二_私里_一_。以後，庚寅年，上野大夫，為_レ_宰之時，改為_二_小川里_一_。一云，小川，自_二_大野_一_流来此処。故曰_二_小川_一_。

『播磨国風土記』揖保郡越部里
　越部里。〈旧名皇子代里〉土中々。所_二_以号_一_

皇子代_一_者，**勾宮天皇之世**，寵人但馬君小津，蒙_レ_寵賜_レ_姓，為_二_皇子代君_一_而，造_二_三宅於此村_一_，令_二_仕奉_一_之。故曰_二_皇子代村_一_。後，至_二_上野大夫_一_，結_二_三十戸_一_之時，改号_二_越部里_一_。〈一云，自_二_但馬国三宅_一_越来。故号_二_越部村_一_。〉

すなわち，「某部舎人」「某部靱負」の設置伝承が『記紀』では古くに位置づけられているとしても，実際の舎人奉仕は宮号舎人と同じ継体朝以降に開始された可能性を示唆する。したがって，前期舎人の設定時期が厳密に5世紀代にさかのぼることを『記紀』の記載は保証していないと考えられる。

これに対して，後期舎人＝「某舎人」は前期舎人とは異なり部名が付されなくなり，宮号や大王名とのかかわりが深い名称に変化する。某宮に奉仕する舎人，某宮に居住した大王の時に設置された舎人の意と考えられる。金刺舎人のように，少なくとも七世紀以降にはこれら後期舎人は氏姓の一部となっている。

以上によれば，宮号と宮号舎人との密接な関係は継体朝を画期としており，やはり5世紀以前とは様相を異にしていることが確認される。後半の宮号舎人の存在を重視するならば，継体期以降にその宮の存在は確認されることになる。

宮号を冠する「某舎人」の段階には，某舎人―某舎人部の体制による中央の宮への舎人の奉仕が想定される。国造制を前提に，主として東国の国造の子弟を貢上させ，大王の王宮に奉仕させるものである。つまり，国造などの子弟を舎人とし（某舎人），舎人を出した国造配下の農民からその生活の資を国造を仲介して提供させる（某舎人部）という貢納―奉仕の体制である。

「某部舎人」＝前期舎人設定の時期については，大王継体と仁徳―武烈系王統との系譜関係，および御名代の設定の問題を捨象することはできない。とりわけ，継体期における「三種白髪部」設置記事は重要である。

『日本書紀』継体元年二月甲午条
　白髪天皇無_レ_嗣，遣_二_臣祖父大伴大連室屋_一_，毎_レ_州安_二_置三種白髪部_一_，〈言_二_三種_一_者，一

　　　　白髪部舎人，二白髪部供膳，三白髪部靫負
　　　也〉以留=後世之名=。
　この説話は，継体「皇后」で仁賢の娘である手
白香王女に対する単純な経済的基盤の設定記事で
はなく，『日本書紀』における万世一系的な主張
を含んでいる。重要な点は，允恭系王族の「白髪
天皇」（清寧）に跡継ぎが絶えたことを前提にし
ている点である。そもそも，「日続を知らすべき
王無し」（『古事記』武烈段），「元より男女無くし
て，継嗣絶ゆべし」（『日本書紀』継体即位前紀）
とあるように，応神五世孫たる継体即位は，仁徳
から武烈の間に跡継ぎが絶えたことを大前提とし
ている。継体の血脈としては応神から継体に至る直
系と跡継ぎが絶えた仁徳—武烈の傍系という扱
いになる。「記紀」の伝承によれば，名代は子
がないため名前を残すという名目で設定された王族
の経済的基盤としての部民であるが，仁徳から武
烈の間に『古事記』の御名代伝承が限定されてい
る点を指摘できる。同様に，仁徳から武烈間には
「記紀」に皇親後裔を称する氏族伝承がみえず空
白とされている。つまり仁徳—武烈の王系にお
いて子孫が途絶えたとの伝承を背景に，

　　　仁徳段の八田部・葛城部・壬生部・蝮部・大
　　　　日下部・若日下部
　　　允恭段の軽部・刑部・河部
　　　雄略段の白髪部
　　　武烈段の小長谷部

など，御名代の設置記事が『古事記』ではこの間
に限定的に語られることになる。同じ理由から，
天武八姓の筆頭たる真人姓は，継体以降の子孫に
限定して与えられ，武烈以前にはさかのぼらず，
仁徳・武烈間の「無嗣」が強調される構成になっ
ている。『日本書紀』においても，白髪部と「無
子」「無嗣」（清寧紀二年二月条・継体紀元年二月庚
子条），小泊瀬舎人の代号と「無継嗣」（武烈紀六
年九月乙巳条），后妃の屯倉設置と「無嗣」（安閑
紀元年十月甲子条）などの対応例があるように，
仁徳—武烈系王統に子孫が絶えたことにより継
体朝以降の名代や屯倉設置が正当化されている。
こうしたことを前提にして，皇后への名代設定

が，前王系の継承という意味を持つとともに，名
代としての部民奉仕を歴史的に正当化する根拠と
もなっている。
　以上によれば，「三種白髪部」の設置記事は，
清寧とは直接の血縁関係にない仁賢の娘たる手白
香への御名代設置に重点があり，継体朝では前王
統の王名を継承するという名目で，手白香王女の
白髪部や諸国の屯倉を整備している。すなわち，
前王統の名前を欽明系王統が継承し，部民領有を
正当化するという意味があったと考えられる。
　ミヤケ制　次に，安閑・宣化期における屯倉記
事集中の問題を外交上の緊張関係から論じる。安
閑・宣化紀には，有名な 26 屯倉の設置記事をは
じめとして，多くの記事が集中している。

『日本書紀』安閑二年五月甲寅条
　置=筑紫穂波屯倉・鎌屯倉・豊国䥧碕屯倉・
　桑原屯倉・肝等〈取レ音読〉屯倉・大抜屯
　倉・我鹿屯倉〈我鹿，此云=阿柯=〉・火国春
　日部屯倉・播磨国越部屯倉・牛鹿屯倉。備後
　国後城屯倉・多禰屯倉・来履屯倉・葉稚屯
　倉・河音屯倉・婀娜国胆殖屯倉・胆年部屯
　倉・阿波国春日部屯倉・紀国経湍屯倉〈経
　湍，此云=俯世=。〉・河辺屯倉・丹波国蘇斯
　岐屯倉〈皆取レ音〉近江国葦浦屯倉，尾張国
　間敷屯倉・入鹿屯倉・上毛野国緑野屯倉・駿
　河国稚贄屯倉=。

この時期に集中的に屯倉記事が記載されている
点については，津田左右吉以来，作為的に集めた
との見解が有力であるが，那津官家へ諸国の屯倉
の穀を運んだとの記載を重視するならば，当該期
における対外的緊張がその背景に想定される。

『日本書紀』宣化元年五月辛丑条
　詔曰，食者天下之本也。黄金万貫，不レ可レ
　療レ飢。白玉千箱，何能救レ冷。夫筑紫国
　者，遐邇之所=朝届=，去来之所=関門=。是
　以，海表之国，候=海水=以来賓，望=天雲=
　而奉貢。自=胎中之帝=，洎=于朕身=，収=蔵
　穀稼=，蓄=積儲粮=。遥設=凶年=，厚饗=良
　客=。安レ国之方，更無レ過レ此。故，朕遣=
　阿蘇仍君=，＜未詳也＞加=運河内国茨田郡

屯倉之穀_。蘇我大臣稲目宿祢, 宜_下遣_尾張連_, 運_中尾張国屯倉之穀_上, 物部大連麁鹿火, 宜_下遣_新家連_, 運_中新家屯倉之穀_上, 阿倍臣, 宜_下遣_伊賀臣_, 運_中伊賀国屯倉之穀_上。修_造官家那津之口_。又其筑紫・肥・豊, 三国屯倉, 散在_懸隔_。運輸遥阻。儻如須要, 難_以備_率。亦宜_課_諸郡_分移, 聚_建那津之口_, 以備_非常_, 永為_中民命_上。早下_郡県_, 令_知_朕心_。

　すなわち, 倭国は百済や新羅の加耶諸国への侵攻に対して, 倭国は軍事的強硬策をとる立場と現状維持による先進文物の安定的供与を重視する立場が存在したが, 継体朝では継体に対する「軍事王」としての期待から, 前者の軍事強硬策の立場が前面に出ており, 継体と勾大兄皇子, さらには継体を擁立した大伴氏などがこの主張をリードした。九州筑紫の「那津官家」に対する諸国屯倉からの食料集積はこうした軍事対決路線における後方兵站基地としての役割があった。安閑・宣化期にみえる諸国屯倉の大量設置記事はこうした背景で理解すべきと考えられる。以後, 宣化朝には大伴磐の軍勢が「筑紫」に留まり「三韓」に備えたとあり（宣化紀二年十月壬辰条), 欽明朝には内臣らの軍勢が「筑紫」に駐留し,「軍数一千・馬一百匹・船四十隻」が出撃し（欽明紀十五年正月丙辰・五月戊子条), また阿倍臣らが「筑紫国船師」を率い, さらに筑紫火君が「勇士一千」を率いて出撃している（同十七年正月条)。とりわけ崇峻朝から推古朝にかけては, 二万余の軍勢が約四年間も「筑紫」に駐留している（崇峻紀四年十一月壬午・推古紀三年七月条)。このように以後, しばしば筑紫にヤマト王権の軍隊が大規模かつ長期に駐留することが可能になった前提には,「以備_非常_」ために「筑紫・肥・豊, 三国屯倉」を中心に諸国から「那津官家」へ兵糧米が集積される体制が整備されたことを想定しなければならない。少なくとも２万人以上の兵士を約４年間も駐留できるだけの兵站能力が宣化朝以降に「那津官家」を中心に整備されていたことが確認される。

　筑紫君が献上した「糟屋屯倉」については, 新羅征討伝承と関係が深い香椎廟が位置する筑前国糟屋郡に比定され,「那津官家」と近接した場所に想定されている。磐井は筑紫を本拠として火・豊国にも勢力を伸ばし,「新羅知_是, 密行_貨賂于磐井所_……磐井掩_拠火・豊二国_, 勿_使_修職_。外邀_海路_, 誘_致高麗・百済・新羅・任那等国年貢職船_」(継体紀二十一年六月甲午条)とあるように, 新羅を中心とする国々との外交や貿易があったとされ, その窓口として博多湾に拠点を有していたと想定される。さらに「妙心寺鐘銘」によれば, 糟屋評に屯倉の貯蔵米を精白する職掌を有した「舂米連（つきしね）」が居住したことが確認される。筑紫君磐井は, 独自の外交拠点を糟屋地域に有し, 朝鮮諸国との交易や出兵の拠点として使用していたが, 滅亡後はヤマト王権に接収され, 那津官家を中心とするミヤケのネットワークに組み込まれ, 一元的に運用されるようになったと考えられる。筑紫君葛子が, 父の罪に連座することを恐れて糟屋屯倉を献上したと伝承されるのは, 糟屋屯倉が筑紫君の外交拠点として重要な意味を持ち, それを献上することはヤマト王権への服属において象徴的な意味があったからであろう。一方で, この献上により, ヤマト王権は北九州の外交軍事の拠点を一元的に運用することが可能となり, 朝鮮半島に対し, 大軍を長期に筑紫に駐屯させることが可能な体制が確立したと評価される。

　ちなみに, 軍事的な兵糧米として大量の精米製造を担当したのが舂米部であり, 兵站基地としての屯倉周辺に舂米部が設定されることは当然視される。舂米部は, 糟屋屯倉の「舂米連」だけでなく, 大宝二年の「筑前国戸籍」によれば「那津官家」を挟んで反対側の嶋郡にも確認され, 推古朝に撃新羅将軍来目皇子の軍勢が嶋郡に駐屯して, 船舶を集めて「軍糧」を運ばせたとある記述と対応する（推古紀十年四月戊申条)。さらに, 河内茨田屯倉にも舂米部が設置されているが（仁徳紀十三年九月条), 宣化朝に阿蘇君に命じて, 筑紫へ「河内国茨田郡屯倉之穀」を運ばせた記載と対応する。屯倉と舂米部のセットにより兵糧米を用意し,「那津官家」を中心とする北九州の諸屯倉に集積する

体制を構想したと考えられる。欽明期までの倭国から百済への援軍の内実は，筑紫の兵であった。

　『日本書紀』雄略二十三年条
　　百済文斤王薨。天皇以_昆支王五子中，第二末多王幼年聡明_，勅喚_内裏_，親撫_頭面_，誠勅慇懃，使_王_其国_。仍賜_兵器_，并遣_**筑紫国軍士五百人**_，衛_送於国_。是為_東城王_。

しかしながら，磐井の乱の後，筑紫の軍事拠点として那津官家が置かれると，九州の軍勢の従属度は高くなり，畿内豪族が筑紫の水軍や兵を率いる体制，あるいは中央派遣軍が主体となっていく。

　『日本書紀』欽明十七年正月条
　　百済王子恵請_罷。仍賜_兵仗・良馬_甚多。亦頻賞禄。衆所_欽歎_。於_是遣_**阿倍臣・佐伯連・播磨直**_，率_筑紫国舟師_，衛送達_国。別遣_**筑紫火君**_，〈百済本記云，筑紫君児火中君弟〉率_**勇士一千**_，衛送_彌弖_。〈彌弖津名〉因令_守_津路要害之地_焉。

兵馬数と兵員の地域的構成が，那津官家の設置と兵糧米輸送の組織化により，その内実を大きく変化させたことが指摘できる。

3　欽明期前後の地域支配

ヤマトタケル東征伝承と東国観の変化　まず，中部地域の特殊性を考える素材としてヤマトタケル東征伝承をとりあげたい。従来の研究では，現在のような東征伝承にまとめられるまでには何度かの改変が重ねられたことが想定されている。

焼津の地名の初見記載およびその起源伝承については，『古事記』景行段と『日本書紀』景行四十年是歳条，いわゆるヤマトタケル東征伝承に記載がある。

一般には日本武尊（倭建命）が東征途中に当地で賊に襲われ，野火により焼き殺されそうになった時，向火を放って難を逃れたので，当地を焼津と呼ぶようになったとされる。さらに，律令制以降，当地の郡名となった益頭も，焼津の古訓「ヤキツ」が火災を連想させ，それを忌むために，和銅6年（713）の行政地名の改正により好字に改めたと考えられる。

ヤマトタケルは帝紀・旧辞段階において，一代の大王として位置付けられた時期が存在したと考えられるが，雄略天皇がそのモデルとして有力視されている。その最大の根拠は，『宋書』倭国伝の倭王武上表文において，祖先の功業として物語る東の毛人，西の衆夷，および海北の平定の記載である。この表現が，ヤマトタケルの東征・西征およびオキナガタラシ姫（神功皇后）の新羅征討の伝承と構成が似ていることは明瞭である。雄略期段階のヤマト王権による支配領域（稲荷山鉄剣銘によれば現在の関東地域までは確実）と，『古事記』のヤマトタケル東征伝承の範囲（常陸国南部まで）とはほぼ整合するが，吾妻地域内部での東征伝承は意外に希薄であり，むしろ毛野氏の伝承と重複する部分が多く，本来的には近江・伊勢・尾張・駿河・信濃などを中心とする物語であった可能性がある。現在に伝えられるような体系的なヤマトタケル物語編纂は雄略期以降としても，オオヒコを始祖とする系譜伝承と同じく，破片的な原伝承が雄略期よりも先行していた可能性は否定できないと考える。

伊勢のヤマトヒメ　　記─剣と御嚢／紀─剣
尾張ミヤズヒメとの婚約　　記
焼津の野火の難　　記─相武（火打・御刀）
　　　　　　　　　　紀─駿河（火打・一云剣）
走水の海の海難と入水　記（歌謡二五）／紀
坂神の白鹿を殺す　　記─足柄坂／紀─信濃坂
甲斐の歌問答　　　記（歌謡二六・二七）
　　　　　　　　　紀（歌謡二五・二六）
尾張ミヤズヒメとの結婚
　　　　　　　　　記（歌謡二八・二九）／紀
伊吹山の遭難　　　記／紀
道行き　　　　　　記（歌謡三〇）
　　　　　　　　　紀（歌謡二七・簡略）
能煩野　　　　　　記（歌謡三一～三四）
　　　　　　　　　紀（簡略）
御葬歌　　　　　　記（歌謡三五～三八）

「記紀」の構成で大きく異なるのは，まず焼津の野火の難が記では相武，紀では駿河とあり，坂

神の白鹿を殺す話も記では足柄坂，紀では信濃坂のこととなっている。伝承の舞台が記では相武と足柄坂として坂東に限定されるのに対して，紀では駿河と信濃という中部地域が伝承の舞台となっている。また，記では火打と御刀により野火の難を避けたが，紀の本文では火打の使用のみで，剣の使用は一云として補足されている。加えて，『日本書紀』では火打の入った御囊をヤマトヒメからもらったとは記しておらず，伊勢神宮系の要素が架上される以前の素朴な話となっている。

従来，『古事記』と『日本書紀』を比較した場合，前者に帝紀・旧辞的な古い要素が多いとされてきた。たしかに，東北地方の蝦夷を視野に入れている点，歌謡の省略などは『日本書紀』の新しい要素であるが，坂東に舞台を限定する点や草薙剣の役割強調などすれば，『古事記』の方により物語としての一貫性や整合性が強く確認され，反対に『日本書紀』には整えられる以前の古い要素が強く残っていると考えられる。おそらく，本来的に野火の難と草薙剣とは関係がなく，信濃や駿河を征討する伝承がより古い形態であったと想定される。

『常陸国風土記』の場合，他国の風土記における巡行・国見・狩猟といった天皇による地名起源説話が「倭武天皇」の行為として語られ，「記紀」における東征伝承という要素は希薄になっている。わずかに，行方郡当麻郷条に「佐伯」を略殺，同郡芸都里条では「国栖」を斬滅したとするのみであるが，これも「佐伯」「国栖」であり，『日本書紀』のように「蝦夷」の表記は採用されていない。

ヤマトタケルの単なる表記上の問題に留まらない内容的な天皇への格上げ，つまりヤマトタケルを倭武天皇と表記し，巡行・国見・狩猟といった天皇的行為をさせること，それが何を意図したものなのかが問題となる。このヤマトタケルによる天皇的行為の問題を考える場合，常陸地域のヤマトタケル東征伝承全体における位置付けが問題となる。『古事記』とともに『日本書紀』においても吾妻国の範囲は明瞭であるが，吾妻国内部における征討物語は道行きの伝承の豊富さに比して意外に貧弱である。ヤマト王権による支配領域の拡大および地理的認識の変化は，ヤマトタケルによる東征物語の変化とは密接な関係を有していたことが想定される。

『常陸国風土記』逸文によれば，常陸国の南部が古くは日高見国であったとの記載がある。日高見国については，喜田貞吉氏以来，西方から東方へのヤマト王権の領域拡大にともない移動する辺境地域の名称と考えられており，時代により日高見国の位置が常陸国から陸奥国へ移動することはその時々の辺境を示していることとなる。『常陸国風土記』では，すでに陸奥の蝦夷が視野にはいっているにもかかわらず，ヤマトタケルの具体的な東征記事は行方郡に留まり，「新治　筑波を過ぎて　幾夜か寝つる」と詠み，東征を吾妻に限定する『古事記』の認識に近いことが指摘できる。すなわち，筑波郡地域が古くは「紀国」と称され，東国における城柵的拠点（城国）であった時期が想定されるように，『古事記』および『常陸国風土記』段階では常陸国をヤマト王権にとっての最前線＝日高見国として位置付けていることになる。

にもかかわらず，『古事記』では，本来の東征の目的地と見なされる常陸国南部＝日高見国でのヤマトタケルの活躍はまったく記されていない。もし，行方郡の「佐伯」の略殺や「国栖」を斬滅した記載などが，本来の伝承であるならば，「記紀」に採用されてもよいはずであろう。一般論として「風土記」では，本来は地元の神々を主人公として語られていた地名説話が，天皇を主人公とする説話につくり変えられていったことを想定するが，このことを応用するならば，僅少な『常陸国風土記』のヤマトタケル討伐記事は在地系の神々による事績として伝えられていたものを後にヤマトタケルに仮託したものと考えることができる。ちなみに『常陸国風土記』において，ヤマトタケルと類似の討伐伝承を有するのは多臣の同族黒坂命および那賀国造の祖建借間命，新治国造の祖比奈良珠命，筑波国造の祖筑箪命らがいる。

常陸ではヤマトタケル東征以前の崇神朝段階で，すでに各国造の祖が東夷を平定する目的で派

欽明期の王権と地域　133

遣されたとの伝承が存在し，『古事記』に記されたヤマトタケル東征伝承との整合性が問題となったと想定される。その結果，ヤマトタケルの具体的な東夷征伐伝承は影が薄くなり，各国造の祖らによる佐伯や国巣の平定となり，もっぱら景行天皇と同様な倭武天皇による巡行伝承として位置付けられたと考えられる。つまり，常陸地域では崇神朝における始祖伝承が有力であったため，ヤマトタケルは格上げされて，巡行・国見・狩猟といった天皇的行為を行なう者として位置づけられることとなったのである。

一方，『常陸国風土記』にみえる黒坂命の伝承は，年代表記がなく，中央だけでなく在地豪族との系譜関係も明瞭でない曖昧な伝承にもかかわらず，『古事記』のヤマトタケル伝承と齟齬することを承知であえて『常陸国風土記』に掲載されている点は無視できない。おそらく当該地域では，ヤマトタケル伝承に先行して現実の佐伯や国巣の平定，さらには陸奥の蝦夷の平定について，黒坂命による伝承が無視できないものとして存在したと考えられる。『常陸国風土記』のヤマトタケル伝承は，内容的には『古事記』や在地伝承との整合性を維持するために，土俗的な伝承の主体を改変あるいは新たに付加した部分が多いと考えられる。ヤマトタケルの常陸での伝承的な記述は，本来は国造らの祖神を主人公として語られていた地名説話と考えられ，本来的なものではないが，天皇的なふるまいの根拠は帝紀・旧辞自体に内在していたことになる。『古事記』では，本来の東征の目的地と見なされる常陸国＝日高見国でのヤマトタケルの活躍がまったく記されていないが，『常陸国風土記』でも固有の伝承は希薄であることが確認される。このことは，当初のヤマトタケル伝承の目的地が吾妻（足柄坂・碓日嶺以東）よりも西に存在した可能性を示唆する。

後の東海道および北陸道地域が大彦命の後裔氏族たる阿倍・宍人氏により制圧され，後の北関東を中心とする東山道地域が毛野氏による独立的な支配地域であったとすれば，ヤマトタケル東征伝承との地域的な齟齬が問題となる。すでに指摘したように，原ヤマトタケル伝承の目的地が吾妻（足柄坂・碓日嶺以東）よりも西に存在した可能性は，毛野氏の伝承との整合性からも指摘することができ，足柄坂・碓日嶺以東が本来的な「吾妻」であったかは疑わしくなる。「記紀」の構成からすれば，『万葉集』に「神の御坂」と詠まれた「信濃坂」が本来の地であった可能性が高くなる。

ヤマトタケル東征伝承では，伊勢や美濃・尾張が東国の入り口として重視されているが，こうした位置付けは当該地域を畿外の「夷」として畿内と峻別する奈良時代以降の置付けともやや異なっている。すなわち，伊勢や美濃・尾張は東国の入り口ではあるが，一方で明瞭に後の畿内と区別されていたわけではない。ヤマトタケル伝承においても，西征の対熊襲戦における従者として，美濃国の弟彦公，尾張国の田子稲置・乳近稲置の名前が見え，東征以前に景行天皇は美濃国に行幸し，八坂入媛を妃に迎え入れたとある。征討の対象地域でないだけでなく，大王家に妃を出していることは畿内と同様であり，その東端地域となっている。また，国造制以前のヤマト王権による古い支配組織とされる県分布の東限が美濃・尾張・伊勢であることは，当該域の豪族がヤマト王権の構成員として位置付けられていたことを示す。さらに，大嘗祭のユキ・スキ国の東限，伎人貢上の範囲，ヤマトヒメの伊勢への巡行路，なども同様な傾向がある。当該地域が東国への入り口であるとともに，後の畿内と連続する要素が確認できる。ヤマトタケル東征伝承では，尾張が行き帰りにおいて重視されているが，これは尾張国が文字どおり東海道だけでなく東山道さらには高志道を含めた東国への玄関口としての性格を有していたことによる。東国に対する熱田社の重要性はここにある。

東征の範囲が「記紀」で相違するのも，新旧の伝承が存在したことを示し，「記」での吾妻での伝承が空虚であることからすれば，「紀」の陸奥の蝦夷平定伝承は新しいものの，駿河（野火の難）・信濃（神坂峠）の伝承に限定するならば，中部地域を含めて東国と観念していた古い段階のものと考えられる。

尾張が東山道の信濃と関係が深いことについては,『古事記』垂仁段にみえる「尾張之相津」にちなむ近淡海国・三野国・尾張国・科野国・高志国という国次が参考となる。美濃・尾張・伊勢の地域は,後の畿内と連続する要素が確認でき,さらに尾張国は令制以前には東海道だけでなく東山道さらには高志道を含めた東国への玄関口としての性格を有していたことが確認される(伊場木簡の尾張から美濃へのルート記載も参照される)。ヤマトタケル東征伝承が尾張国を東国への出入口として位置付けていることは,こうした背景が考えられる。

　以上の検討によれば,ヤマトタケル東征伝承自身に歴史的な変遷があり,「吾妻」「坂東」や「畿内」の観念も歴史的に形成された意識であることが確認されるならば,焼津における野火の難の伝承についても地理観の変化として位置づけることが可能となる。一般には『日本書紀』よりも『古事記』に古い帝紀・旧辞的な要素が濃厚であるとされるが,ヤマトタケル東征伝承に限定するならば,両者に共通する部分では『日本書紀』に古い要素の痕跡が濃厚に確認された。これは,『古事記』が吾妻の東征という物語に全体を統一したための無理な変更部分が多く生じたものと考えられる。一方,『日本書紀』では華夷意識による陸奥の蝦夷征討という新しい要素が付加されたが,『古事記』と共通する部分ではより古い要素の痕跡が多く残ることとなった。具体的には,原ヤマトタケル東征伝承の範囲は信濃や駿河といった現在の中部地区と想定され,これが坂東吾妻の確立により現在の関東地方に引き延ばされたと考えられる。これにともない,信濃の御坂での伝承が足柄峠や碓日峠に移動され,同様に野火の伝承も駿河から相武に移動したと考えられる。

　伊豆と駿河　令制前における珠流河国造の領域は,後の駿河郡と富士郡の範囲だけでなく,後の伊豆国もその勢力圏に含められていたと考えられる。伊豆国は六八〇(天武九)年に駿河国から分立したとの記載があり,伊豆・駿河国における古墳群の動向や氏族分布などによれば,伊豆国および伊豆国造の成立はかなり遅れ,天武朝以前には珠流河国造の影響下にあった可能性がある。

　伝承的な記載で確実な史料ではないが『先代旧事本紀』巻十「国造本紀」の伊豆国造条には,神功皇后の時代(仲哀朝)に,物部氏一族の若建命が伊豆国造に任命されたと伝える。これより先『日本書紀』には応神朝に「伊豆国」に命じて「枯野」という船を造らせたと伝えるが,伊豆地域では大型船の造船技術が古くから有名であったことが知られるのみで,応神朝に「伊豆国」が存在し,独立した政治勢力が存在したかどうか明らかではない。少なくとも「伊豆国」の記載は応神紀を除けば,『日本書紀』にはみえない。単に「伊豆」あるいは「伊豆嶋」とみえる記載は,推古紀に一例,天武紀に四例が見えるだけである。

『日本書紀』推古二十八年八月条
　　掖玖人二口,流₋来於伊豆嶋₋。
『日本書紀』天武四年四月辛卯条
　　三位麻續王有レ罪。流₋于因幡₋。一子流₋伊豆嶋₋。一子流₋血鹿嶋₋。

「国造本紀」は,応神朝において「伊豆国」が存在したことを前提に『日本書紀』が枯野伝承を語っているため,これに対応させて,それより一代前の神功皇后の時代(仲哀朝)に伊豆国造の設置記事を配したと考えられ,伊豆国造の任命時期に史実性を認めることはできにくい。伊豆国造の任命が成務朝より遅い神功皇后の時代(仲哀朝)に仮託されたのは,国造制下の国としての自立が遅く,一般諸国とはやや異なる成立事情が存在したらしい点に求められる。結局,「国造本紀」における伊豆国造の任命時期が神功皇后の時代とされたのは事実ではないが,景行朝における日本武尊の遠征および応神朝における枯野伝承という『日本書紀』の構想に制約された記述であることが確認される。さらに「国造本紀」の後半には,「難波朝御世」(孝徳)に伊豆国は駿河国と統合され,「飛鳥朝御世」(天武朝)に再び駿河国から分置されたことが記されている。これは,以下の記載と対応している。

『扶桑略記』天武九年七月条
　　割₋伊勢四郡₋,建₋伊賀国₋。別₋**駿河国**二

郡_、為_伊豆国_。
『帝王編年記』天武九年七月条
　　割_伊勢国_建_伊賀国_、割_駿河国_建_伊豆国_。

　この場合の「二郡（評）」とは田方評と賀茂評を示し、那賀郡はまだ成立していなかったと考えられる。ただし、評制段階にはこのほかに「売羅評」が存在した可能がある（『飛鳥・藤原宮発掘調査出土木簡概報』17-31号）。「国造本紀」には再び駿河国から分置されたとあるが、『扶桑略記』や『帝王編年記』には再置されたという記述はなく、この時はじめて設置されたと解しうる記載になっている。少なくとも神功皇后の時代の伊豆国設置記事よりは信憑性が高いことは確かであり、『扶桑略記』には分割された「郡」（評）の数まで具体的に記載されていることは記述の信頼性を高めている。伊豆国が、珠流河国から分離したという「国造本紀」の記述については、以下のいくつかの根拠によっても確認される。
　（Ⅰ）大化前代において後の駿河国の領域を構成したのは、「国造本紀」によれば廬原国造・珠流河国造・伊豆国造の３国造であり、珠流河国造・伊豆国造は同じく物部系を称する。（Ⅱ）駿河国（駿河郡）と伊豆国（田方郡）との境界は自然地形により隔てられておらず、狩野川流域として地形上の一体性を有する。（Ⅲ）少なくとも孝徳朝以後、天武９年（680）以前には伊豆国は駿河国に含まれ行政上の一体性が存在していた。（Ⅳ）さらに、両地域の氏族構成についても、珠流河国造領域内の有力氏族としては和迩部臣・金刺舎人・壬生直らが知られるが、伊豆地域においても丸部大麻呂（那賀郡擬少領）・生部直安万呂（那賀郡那賀郷戸主）などが確認され、駿河郡とほぼ同様な氏族構成が田方郡を中心に確認できる。（Ⅴ）珠流河国造領域には継続的に大型前方後円墳が築造されているのに対して、前方後円墳として確実なものは田方郡内に位置する古墳時代後半の小規模墳のみという対照的な分布を示し、相対的に独立した勢力は伊豆地域には存在しないことが想定され、珠流河国造の影響下に伊豆地域はおかれたと考えられる。
　さらに現在の志太地域が、スルガ（珠流河）国造とイホハラ（廬原）国造のどちらの領域に属していたかは、必ずしも明瞭でないが、近年では「国造本紀」の記載順を主たる根拠としてスルガ（珠流河）国造の領域に志太・益頭地域が含まれていたとする見解が示されている。金刺舎人や物部系氏族の卓越など、氏族構成の類似性も指摘できる。おそらく、両地域は「焼津」「川津」「猪津」「三（御）津」などの津により駿河湾の海上交通で結ばれていたことが想定される。津の管理を職掌とする「津守部」も確認される。
　伊豆・駿河の国造　「国造本紀」の記載によれば、静岡県地域に設定された国造は、以下の６国造である。
　　珠流河国造　　成務朝　　物部連系
　　伊豆国造　　　神功朝　　物部連系
　　廬原国造　　　成務朝　　吉備武彦命系
　　遠淡海国造　　成務朝　　物部連系
　　〈志紀県主・久努直・佐夜直と同族〉
　　久努国造　　　仲哀朝　　物部連系
　　素賀国造　　　神武朝　　美都印命系

　任命順でいけば、素賀（神武朝）、遠淡海・廬原・珠流河（成務朝）、久努（仲哀）、伊豆（神功）という順になり、物部連系の国造が多いことが指摘できる。その成立年代がそのまま信用できないことはいうまでもない。珠流河国造が伊豆国造と同じ系統であることは伊豆国が駿河国から分置されたことに関連して注目しておきたい。
　東国国司詔や『隋書』倭国伝などによれば、７世紀の前半には国造が地方行政の中心的存在であり、伴造や県稲置などより上位の地方官であった。国造領域内には、部民や県・屯倉などが設定され、伴造を介して支配が行なわれた。国造の職掌は、一般に①舎人・靱負・采女としての一族の奉仕、②馬・兵器の供出、③特産物の貢納、④部民や屯倉の管理、⑤行幸時の供給、⑥軍役負担などが想定されている。
　①采女としての奉仕については、『万葉集』に駿河采女の歌が２首見える。すなわち、『万葉集』巻

4相聞歌に「駿河采女の歌一首」(507番歌題詞)、巻8春雑歌にも「駿河采女の歌一首」(1420番歌題詞)がみえる。この「駿河采女」は駿河国駿河郡出身の采女と解され、当郡から采女の貢進が大化前代から恒常的に行なわれていたらしい。平城宮出土の墨書土器に「駿河所」とあるのも、采女貢進と関係すると考えられる。②馬・兵器の供出については、領域内に牧が存在した可能性がある。すなわち『類聚国史』に「駿河国荒廃田卌町令_墾開_、為_大野牧田_」と見え、『和名抄』には駿河国志太郡に「大野郷」があるので当地に比定することも可能である。③特産物の貢納については、二条大路木簡などからうかがわれる貢進物付札からは駿河・伊豆国の特産物である鰹の貢進が想定される。⑤行幸時の供給を示す明らかな史料はないが、『古事記』景行段にみえる倭建命の東征伝承に国造が、偽りの道案内をしたと伝えられることは参考となる。⑥軍役負担については、『万葉集』にみえる防人の歌の構成が参考となる。岸俊男によれば、各国の防人集団には国造丁(国造)—助丁—主帳丁(帳丁・主帳)—(火帳)—上丁(防人)なる関係が成立しており、これは大化前代において国造が率いた軍隊の構造が各国の防人の編成に継承され、八世紀中葉において、なお遺制として存在していたことの反映であるとされる。

部民制と宮号舎人 とりわけ当地において重要なのは①舎人としての一族の奉仕である。舎人の語源には、「トノハベリ(殿侍)」の義とする説(『古事記伝』)や「トノイリ(殿入)」の約とする説(『大言海』)などがあるが、その用字は『漢書』高帝紀上の顔師古の注に「舎人、親近左右之通称也」とあるように、中国の古代官制の名前で、貴人の従者を意味した。

駿河国駿河郡には大領・少領・主政・国造などをつとめた金刺舎人氏がおり、「国造本紀」に見える物部系の「珠流河国造」と系譜的につながると推定される。その居地は古家郷付近で、駿河郷とともに郡家所在郷の可能性もある。駿河郡古家郷内では「金刺舎人」と「金刺舎人部」の氏姓が並存している。これらの記載から金刺舎人—金刺舎人部の体制による中央の宮への舎人の奉仕が想定される。金刺舎人の金刺宮への奉仕を在地で支援する部民として金刺舎人部があり、金刺舎人氏の一族が金刺舎人部を支配することをヤマト王権から公認されていた。同じく駿河国益頭郡でも、天平宝字改元のきっかけとなった祥瑞を献上した人物として「駿河国益頭郡金刺舎人麻自」の名前があり、同郡の有力氏族として金刺舎人氏が確認される。金刺舎人とは、「倭国磯城郡磯城島」に置かれたと伝える「磯城島金刺宮」(現在の奈良県桜井市金屋付近)を居宮とした欽明天皇に奉仕したことを起源とする氏族である。舎人は、律令制以前から大王の側近に仕えて、その護衛にあたる者で、その多くは東国の国造一族など有力者の子弟から選ばれていた。国造制を前提に、主として東国の国造の子弟を貢上させ、大王の王宮に奉仕させるものである。つまり、国造などの子弟を舎人とし(某舎人)、舎人を出した国造配下の農民からその生活の資を国造が仲介して提供させる(某舎人部)という貢納—奉仕の体制である。

さらに、柏原郷小林里には「若舎人部」の氏名が見え、伊豆長岡町北江間字男坂の大北横穴群24号墓出土石櫃にみえる「若舎人」銘文との関係が想定される。この舎人は壬生部から出身した舎人であろう。

志太郡には「檜隈廬入野」に置かれたと伝える宣化天皇の宮号「檜隈廬入野宮」(現在の奈良県明日香村檜前付近)にちなむ「檜前舎人」の居住も確認される。

すなわち、天平10年度の「駿河国正税帳」「(志太)郡司少領外従七位下杷前舎人〈向京〉」とみえる。このように、当地の有力氏族として金刺舎人・檜前舎人という六世紀の宮号に起源をもつ宮号舎人が確認されることは注目される。

その氏姓の分布は、駿河国や信濃国を中心とする東国に多く分布し、国造の後裔とされる郡司の一族に多くみられる。

　檜前舎人—駿河国志太郡
　　　　　伊豆国田方郡(檜前舎人部)

欽明期の王権と地域　137

金刺舎人―駿河国駿河郡・益頭郡
　　　　　　伊豆国田方郡（金刺舎人部）
　　　　　　信濃国水内郡・伊那郡・埴科郡・
　　　　　　諏訪郡
　他田舎人―駿河国有度郡（他田郷）
　　　　　　益頭郡（他田部）
　　　　　　信濃国筑摩郡・小県郡・伊那郡・
　　　　　　埴科郡

　駿河国や伊豆国，信濃国に限定しても，多くの事例が確認される。駿河・伊豆・信濃国を中心に6世紀代に設定された宮号舎人が多く分布することは，こうした中部地域が統一的に中央の貢納―奉仕システムに編成されたことを物語っている。

　部民制は，律令制以前にヤマト王権が採用した豪族を介しての民衆支配制度で，生産物の貢納や労役奉仕を行なう人々に対してそれぞれ固有の「部」という名称を付したことにちなむ。部民制が発達すると，白髪部のように王族の養育・生活や舎人・膳夫などの出仕の費用に充てるため，特別な技能により仕えるのではなく，名代・子代と称され，地方豪族を通じて一般農民を組織した部民も置かれるようになった。さらに6世紀以降，名代・子代の設定に対応して，金刺舎人・他田舎人など固有の宮号を冠し，有力豪族の子弟から選ばれ王宮に近侍する宮号舎人も置かれた。

　なお，珠流河国造の領域内には，春日部と玉造部が比較較的多く分布するが，欽明朝ごろ和邇氏から春日氏に改姓したとされる。また6世紀前半以降玉作遺跡が全国的に消滅するのは，地方の玉作りをヤマト王権が一元的に掌握し，自由な在地における玉作りを認めず，祭祀への奉仕や中央の玉作りに奉仕する農民として玉造部を新たに編成したものとされる。いずれも欽明期前後において設定された可能性が指摘でき，当該地域への部民編成の画期が想定できる。

　稚贄屯倉　『日本書紀』では安閑天皇の頃に屯倉の大量設置記事を載せるが，その最後にスルガ国造の支配領域に設定された駿河国稚贄屯倉が見える。この屯倉は，富士川下流の河口付近に比定され，「稚贄」の名称からすれば，大王に対する大贄に対して，王子（稚）へ貢納物（贄）を献上するために設定されたと考えられる。おそらくは，奈良時代に駿河国や伊豆国の特産物となる荒堅魚などがこの屯倉を経由して中央に貢納されたことが想定される。この屯倉は，壬生部・若舎人・膳氏―膳大伴氏とともに厩戸皇子の上宮王家と関係が深く，皇子らのために堅魚などの贄を貢進する目的で設定されたらしい。

4　おわりに

　以上の考察によれば，中部地域の特色として坂東吾妻とは異なる服属伝承が存在する個性的な地域であったことが知られる。領域的にも伊豆（さらには大井川下流東岸域も同様と考えられる）は珠流河国造の影響下にあり，氏族構成も類似している。6世紀には宮号舎人に代表される王権からの編成により国造クラスの豪族が編成されている。

参考文献
拙稿「スルガ国造とスルガ国」『裾野市史研究』4，1992年
拙稿「伊豆国造と伊豆国の成立」千葉史学会編『古代国家と東国社会』高科書店，1994年
拙稿「伊豆国の成立とその特殊性」『静岡県史研究』12，1996年
拙稿「駿河郡周辺の古代氏族」『裾野市史研究』10，1998年
拙稿「ヤマトタケル東征伝承と焼津」『焼津市史研究』2，2001年
拙稿「益頭郡周辺の古代氏族」『焼津市史研究』6，2005年
拙稿「『辛亥』銘鉄剣と『武蔵国造の乱』」『武蔵と相模の古墳』季刊考古学別冊15，雄山閣出版，2007年（その後拙著『古代王権と支配構造』吉川弘文館，2012年所収）
拙稿「六・七世紀の地域支配」広瀬和雄・仁藤敦史編『支配の古代史』学生社，2008年
拙稿「古代王権と『後期ミヤケ』」『国立歴史民俗博物館研究報告』152，2009年（その後拙著『古代王権と支配構造』所収）
拙稿「継体天皇―その系譜と歴史的位置―」古代の人物1『日出づる国の誕生』清文堂出版，2009年
拙稿「欽明期の王権と出雲」『出雲古代史研究』26，2016年
拙稿「欽明期の王権段階と出雲―前史との比較と中心として―」『出雲古代文化研究センター研究論集』22，2019年

第5章　討論：古墳時代後期後半の東国地域首長の諸相

コーディネーター：滝沢　誠
パネリスト：内山敏行，太田宏明，鈴木一有，高橋照彦，田村隆太郎，菱田哲郎，藤村　翔，若狭　徹
コメンテーター：仁藤敦史

はじめに

滝沢　私は6年前まで20年近く，静岡大学で静岡県の古墳研究に関わってきました。今回，古墳時代の新しい成果が生み出されようとしているこの場に，皆さんと共に参加することができ，とてもうれしく思います。

　パネラーの皆さんには，今回のテーマである「古墳時代後期後半の東国地域首長の諸相」について，それぞれの角度から発表していただきました。そこで，討論では次の2つの内容について議論していきたいと思います。

　まず前半は，東駿河の富士郡域，中原4号墳を中心とする伝法古墳群をめぐる問題をとりあげます。近年，新しい資料が多く報告されています。発表では，手工業生産，鍛冶とのかかわりの問題，文献との関係でミヤケの問題が出てきました。菱田さんからは交通という切り口もありそうという話がありました。

　後半は，賤機山古墳をめぐる問題をとりあげます。戦後すぐに発掘調査が行なわれ，平成になってからも発掘調査が行なわれた駿河を代表する後期古墳です。しかし，今日的水準に照らし資料の提示が十分ではなかったことから，現在，再整理が行なわれています。近々にその新たな成果が出てくるようですので，そこでクローズアップされる問題について議論したいと思います。

　最後に，この静岡大会の共通テーマは「境界の考古学」ということです。このことについて，本日のテーマに即してどのようなアプローチができるかという点に触れたいと思います。

討論1：富士郡域をめぐる問題

滝沢　最初の課題に入ります。東駿河のなかで，のちに富士郡になる地域の古墳時代後期後半から終末期の状況について，新しい成果を最も熟知している藤村さんから発表がありました。まず藤村さんから，近年の成果について，改めてご説明をお願いします。

1　古墳時代後期後半の富士郡域

藤村　駿河東部地域は，現在の静岡県の東部，富士川のあたりから狩野川のあたり，富士山・愛鷹山南麓に相当します。手工業生産については，41頁の図6に関係する出土地を示しています。中原4号墳では鍛冶具の出土があり，そのほかにも鞴羽口や鉄滓の出土分布が東駿河の地域にみられます。針が出土したり，ガラス小玉の鋳型が出土したりという状況もあります。また，直接的に手工業生産と関わるかわかりませんが，鉄鏃もこの地域に多く分布しています。群集墳の被葬者層において30本を超える副葬例というのが，駿河の他地域や遠江に比べて集中する状況にあるので，この地域では鉄鏃の生産も行なわれているのではないかとも考えています。

　こうした状況は，6世紀後半（後期後半）から7世紀前半（終末期前半）にかけて広がっていくのですが，その出発点のひとつが伝法古墳群の中原4号墳ではないかと考えます。また，その被葬者は元々この地域にいた首長ではな

藤村　翔

　く，西日本からきているのではないかということを報告書などで指摘しています。

滝沢　ありがとうございます。藤村さんの発表では，後期前半には前方後円墳や大きめの円墳があるものの，それ以降にはなくなり，伝法古墳群の中原4号墳のような古墳が現れるということでした。しかも，そこに非常に特徴的で豊富な副葬品をともなうという状況がみられることから，新しい産業の統括者というような位置づけができ，そこにミヤケとの関係も見出せるのではないかということでした。

2　新興的な古墳築造と馬，手工業生産

滝沢　こうした前方後円墳がみられなくなった地域に中原4号墳のような古墳が現れるというパターンについて，ほかの地域ではいかがでしょうか。まず，関東の状況を若狭さん，お願いします。

若狭　私はおもに群馬県の地域をフィールドとしています。前方後円墳がなかった地域に新たな要素が現れるという点でいうと，一つは，甘楽郡をあげることができます。佐野屯倉と緑野屯倉が群馬県南西部に存在し，隣接しているのですが，その西隣りに甘楽郡があります。その甘楽郡の東半分が6世紀前半まで空疎な地域なのですが，6世紀後半から急激に集落形成が進んでいます。紡錘車などが多く出土していて，繊維産業が隆盛していることがわかります。後に多胡郡として分割されるエリアの中核になっており，ミヤケの形成にともなって新しい技術，あるいは集団が配置され，やがて郡になっていくという動向が顕著にみえると考えます。

　もう一つは，山間部の利根郡という地域があります。ここも首長墓がない地域ですが，6世紀後半に急激に群集墳が形成されており，馬具の保有率が非常に高いという特徴があります。馬匹生産の関係で群集墳が形成されていくという点では，東駿河と近いのではないかと思います。そのほかにもありますが，代表的には以上です。

滝沢　若狭さんからおもに群馬県の甘楽郡と多胡郡，利根郡のお話をいただきました。藤村さんからは鉄鏃の地域生産のこともありましたが，東駿河の地域では馬具も増えます。今の話と関連して馬具に関していかがでしょうか。

藤村　馬具については，大谷宏治さんや鈴木一有さんの研究があり，とくに鉄製の素環の鐙が多く分布するという指摘があります。さらに，不明確なところのある資料ですが，古墳の墳丘や墓坑の中に馬の骨が入っていたという報告（富士市・横沢古墳，花川戸1号墳）や，長泉町の古墳の石室の中に馬の骨があったという報告もあることから，馬匹生産との関わり，そして延喜式に記載されてくる岡野（大野）牧や蘇弥奈牧が愛鷹山麓や富士山麓に存在したと想定していましたので，群馬の事例をきいて納得しました。

滝沢　鈴木さんは，馬具との関係でみてどうでしょうか。

鈴木　馬具には鉄製の馬具と金銅装の馬具があり，鐙は鉄製で鞍金具は金銅装であるというように，うまく組み合わせています。近畿地方からもらってくるものと，地域生産あるいは修理をするような馬具が複雑にからみあっているので，どのセットが在地のものなのかは言い難いのですが，在地生産は考えていいかと思います。ただ，その生産地が駿河なのか，もう少し広い地域で関東地域に生産拠点があり，その流通網の中に駿河も入ってくるようなことも想定していいのではと私は考えています。

滝沢　菱田さんの発表にあった交通という問題とも関わると思うのですが，内山さんは馬具の地方生産についてどのようにお考えですか。

内山　どこでつくったかという問題は難しいので

すが，近年，大型矩形立聞造の轡に関して言われていることがあります。38頁の図4にある中原4号墳の轡の上から3つ目が大型矩形立聞造の轡です。この種の鉄製轡を検討している宮代栄一さんは，日本各地で均一的に出土する畿内的・中央的な轡と考えています。生産地は簡単には判別できませんが，技術の淵源としては中央に求められる轡であって，馬具出土古墳の多い長野県，群馬県，駿河地域に目立って出土すると認識しています。もちろん，それ以外に地方的な轡も長野県などでは指摘されています。

滝沢　馬具の生産と馬匹の生産は区別しないといけないという課題もあると思いますが，西日本では東駿河のような状況がみられるのかということについて，菱田さんいかがでしょうか。

菱田　生産の内容は場所によって違うと思いますが，一番考古学的にとらえやすい須恵器では，丹波や播磨とかの一郡一窯といれるような地域において，6世紀後葉頃から安定した生産をしはじめています。それぞれの地域で特化した手工業生産の様相を示すという点は全国で通底しているのだろうと考えています。ただ，それを掌握した首長がどのようなプレゼンスの墓をつくるかは，大きな違いがあるのかもしれないと思っています。それが，無袖の石室などに関係すると思います。

3　開口部に段をもつ無袖石室の評価

滝沢　プレゼンスの違いといった話がありましたが，そのことについて，石室論の視点から太田さんにお願いします。

太田　東駿河は無袖石室ばかりが展開している状況ですが，単純な長方形の石室を無袖石室と呼んでいるので，無袖石室は全国的にどこにでも存在し，一つの系統でまとまっているものではありません。7世紀に有袖の石室が退化した形態のものもあり，それとは別に，東駿河で特徴的にあるような開口部に段をもつタイプもあります。

　この開口部に段をもつタイプは，近畿地方では分布範囲は狭いものの葛城などに存在しま

菱田　哲郎

す。ただ，葛城などの無袖石室は有袖の石室に比べてあまり高い階層性を示すような副葬品を持たず，武器などはあまり副葬されないと思います。石室形態が似ていても，遺物の入り方がまったく反対の状況がみられるため被葬者の職掌も様々であったと思います。つまり，職掌と墓の形態は必ず対応するとは限らないと言えると思います。

鈴木　今のお話に少し反駁しますが，葛城の寺口忍海古墳群などの無袖石室には手工業生産に関係する農工具が入るので，東駿河と似ていると考えています。武器は軍事編成との関係で違いが出ますが，手工業生産とのからみでいえば類似性を考えます。四国の今治周辺の地域も無袖石室が卓越していて，手工業生産に関する農工具をたくさんもつような古墳があり，北部九州にもそういった様相がみられます。軍事編成による武器の副葬品と手工業生産に関わる副葬品は，分けてとらえる必要があるだろうと思っていますが，いかがでしょうか。

太田　その点はご指摘のとおりと思います。ただ，近畿地方の無袖石室について，武器は少ないということは言えると思います。鉄器が少ないという意味ではありません。農工具などの工具は寺口千塚古墳群や寺口忍海古墳群ではほかの群集よりも多いといえます。

鈴木　その被葬者はどのように考えていますか。

太田　無袖石室はマイノリティーです。圧倒的に多いのは畿内型石室で，その分布域に点的に狭い範囲に分布していることから，畿内地域の中でも多数派を占めるような集団ではないと言えます。

討論：古墳時代後期後半の東国地域首長の諸相　141

鈴木　マイノリティーといっても，南郷遺跡群のすぐ近くにあるということもあるので，その被葬者像には近づきたいところです。ご意見があればお願いしたいです。

太田　端的に言えば渡来系の人たちだと思います。伽耶（とくに洛東江東岸地域）の地域では同様の石室がたくさんありますので，そういう地域からきた人たちだと思っています。

鈴木　ありがとうございます。納得しました。

滝沢　菱田さんのお話のなかで，手工業生産を統括する人でも地域などで違いがあるという指摘に関連して，具体的な事例があればお願いします。

菱田　例えば馬に関して，滋賀県栗東市の和田古墳群には馬を描いた陶棺があり，そっくりなものが島根県松江市の大井にもあります。職掌に応じて特定の器物を用いるということはあると思います。しかし，和田古墳群の石室は普通の横穴式石室だったと思います。職掌の表象の仕方として，強く表れる部分もあるし，あまり現れない部分もある。発表で触れた兵庫県多可町の東山古墳群では1基だけ無袖石室があり，須恵器生産を統括しているらしいことが陶棺の使用や大甕を破砕して入れることからわかりました。しかし，それが法則性をもって，この職掌だからこの石室だというのはほとんどいえないのではないかという印象はもっています。

滝沢　ありがとうございます。いくつか話が出ましたが，ほかに意見はありますか。東日本の事例ではどうでしょうか。

内山　栃木県域でも，開口部に段構造をもつ無袖石室は分布しますが，その場合，上の階層は有袖の石室で，下の階層の墓制として導入されている地域になります。また，その被葬者像について，とくに生産と関連して考えてはいません。

滝沢　関連する資料としても，そうしたことが明確なものはないですか。

内山　どちらかといえば，群集墳の構成者なので，一般農民や兵士といったイメージでとらえています。

滝沢　ほかはいかがでしょうか。東駿河には無袖石室が集中していて，豊富な副葬品をもつものもあります。そして，葛城のような事例もあるということです。こうした事例はほかにはないのでしょうか。

太田　西日本で無袖石室が集中する地域としては，先ほど話があった今治もそうですし，玄門立柱をもつタイプが北部九州にもあり，鳥取県（伯耆東部）にもあります。畿内周辺では，伊勢の平田古墳群などで開口部に段をもつ無袖石室があり，但馬の北部にも分布しています。

菱田　太田さんのとおり無袖石室にもいろいろあるということで，開口部に段をもつか否かは注目すべき点です。この違いは，発掘することで床面の段があるかどうかがわかり峻別できるのですが，重要な視点ではないかと思います。

4　地域再編の可能性とその背景
　　　―火山，渡来人―

滝沢　次に，この東駿河の特徴として，藤村さんの発表では沢東A遺跡とそこから移動して郡家につながる東平遺跡がとり上げられていました。古墳だけではなく，その基盤となった集団の状況がこの地域では見えはじめているのですが，そうした状況がわかる事例について，東日本ではいかがでしょうか。

若狭　その前に質問があります。東駿河の話のなかで，新しい人々がきたという解釈がなされていました。しかし，その前には前方後円墳の被葬者がいるのですが，その人たちはどうなってしまったのでしょうか。地域再編の問題なので，是非うかがいたいです。

太田　宏明

藤村　ご指摘のとおり，TK23〜47の時期である5世紀末頃から前方後円墳や大型の円墳がつくられていて，関東系の埴輪も入ってきているという紹介をしましたが，そうした主要古墳の系譜は各地域に1〜2世代程度で見られなくなります。そうした人たちが地域の中で埋没したのか，群集墳の被葬者になったのかなどについて，どのように峻別するか難しいと考えています。ただし，中原4号墳に関しては，こうした地域の文脈では説明できない古墳であると評価しています。

鈴木　TK23〜47というのが重要だと思います。この時期は，古墳時代後期のはじまりをどこに置くかという点でずっと論争になっています。TK23〜47にはじまる地域開発の波は，6世紀，7世紀まで続いていく地域のうねりのなかでとらえていくべきで，そこで開発を始めている人たちは，東駿河でも同様に，地域社会のなかで大きな役割を担っていると考えています。

若狭　藤村さんの発表のなかで，5世紀の火山噴火の指摘がありました。破滅的な噴火ではないような気がしますが，地域再編のきっかけとして注目されます。在地豪族がいたけれども，それが見えなくなって，新たな集団が再編されたという，古墳時代史における地域再編と首長の枠組みを考えるうえで，とてもおもしろいケースになると思います。そのなかで，災害を積極的に評価するということは可能でしょうか。つまり，被害は大きくないけれども，メンタル的な問題で噴火が影響し，首長が権威を失うとか。これは考古学的には実証が難しく，想像ではいろいろ言えるのですが，実際に噴火災害と地域再編との関係で何か考えられるでしょうか。

藤村　富士山の噴火ですが，5世紀の古い頃から大規模な噴火がある程度続いていただろうと言われています。それがひと段落するのがTK23〜47の頃で，最後に火山灰がどっと降ることが指摘されています。考古学的には，竪穴住居跡などに積もっている火山灰の検討から，TK23〜47の時期に大淵スコリアが降ったことが指摘できます。古墳時代後期への画期のお話

鈴木　一有

もありましたが，この時期に新興の首長たちが台頭してくるというのも，関係を考えざるを得ないと思います。それが駿河だけなのか，群馬県も含めた東日本全体を覆う問題なのかは不明ですが，社会不安の広がりもあったかもしれません。静岡市の低地部では，5世紀にたびたび水害が起こっていると地元の調査担当者からきいています。いろいろな要因があるなかで，自然災害の状況も受けたテコ入れとして地域を再編していこうという流れを想定してもいいと考えています。

鈴木　TK23〜47頃から始まる地域再編のきっかけとして，一つは自然災害もありますが，もう一つ，人口の増加があると思います。とくに，渡来人の動向は無視できません。それまで開発できなかった場所も新しい土木技術を投入することによって開発が可能になっていきます。そして，そうした技術集団を擁しているけれども，近畿地方では賄えなくなり，新たな入植地を探し，王権が差配するなかで場所を選んで開発を進めているように見えるのですが，若狭さん，いかがでしょうか。

若狭　古墳時代後期後半の東国については，開発スピードのギアの入れ方がものすごいと思います。群集墳形成も数えきれないぐらいですし，それに加えて多数の大規模首長墓が出てくるという背景には，王権側の意図と在地側の地域経営への欲望というのがマッチングしたということがあるのだろうと思います。それを，丁寧にあぶり出していく仕事がこれから必要になってくると思っています。

　さて，最初の質問の答えをしないといけませ

討論：古墳時代後期後半の東国地域首長の諸相　143

若狭 徹

ん。集落からみて東駿河と同じような状況があるかということですが，群馬県の榛名山麓地域だと，火山災害をもとに集落構成などが変わっていき，山麓部に開発がシフトしたり，産業構造の転換が起こったりしています。そのなかで，馬匹生産がますます進んでいくということがあるので，類例の一つとしてあげることができると思います。

滝沢　富士市の潤井川流域において，伝法古墳群では先に伊勢塚古墳という大きな円墳が南の下流の方にあり，中原4号墳は北の方に位置します。そして，沢東A遺跡は潤井川を少し遡ったところにあります。先ほどは前代首長との関係について議論がありましたが，集落としてはいかがでしょうか。

藤村　沢東A遺跡は5世紀後半，TK208の段階には発達してきていると言われています。その開発が一定程度成功した6世紀前半ぐらいに，50m級の大型円墳である伊勢塚古墳が下流域につくられます。そして，沢東A遺跡はそのまま7世紀前半頃まで地域の中心であり続けているようにみることができます。

滝沢　そうすると，中原4号墳の登場に対応する沢東A遺跡の具体的な変化などはないのでしょうか。

藤村　場所は変わっていないのですが，39頁の図5にあるとおり，集落の盛衰をみると，沢東A遺跡の住居跡の数などは6世紀後半以降に一挙に増えています。7世紀後半頃に最高潮に達すると理解でき，中原4号墳の時期に大きくギアがあがってくるという印象を持っています。

滝沢　ありがとうございました。この東駿河，後の富士郡にあたる地域については，墓制の面でも，あるいは集落域の面でも，いろいろな遺跡のデータがそろってきていて，藤村さんも言われたとおり，一つのモデル地域になると思われます。

5　ミヤケに関する議論と富士郡域の評価

滝沢　そうしたとき，この分科会の大きな課題の一つでもある，文献史学との接合という問題につきあたります。この地域については，ミヤケとの関係，稚贄屯倉(わかにえのみやけ)の問題があります。この議論に移行したいと思いますが，まず，仁藤さんからお考えをいただきたいと思います。

仁藤　ミヤケというのは，豪族居館がもっている属性がいずれの方向に先鋭化してくるかによって，「官家」と出てきたり「屯倉」と出てきたりします。「官家」は支配の拠点，「屯倉」は経営体の側面が強いものですが，『古事記』には「屯家」とあります。集まるという意味の「屯」と「家」ですから，人間を集めて，その拠点の宅(やけ)という両用のニュアンスが「屯家」という表記に表れています。それが一番古く，豪族居館的なニュアンスが強いように思いますが，ミヤケには様々な機能があり得るということです。

130頁にある安閑2年の26ヶ所の屯倉の記事を参照ください。九州の方から国次の順番で西から東へと屯倉の名前が並びますが，なぜか，最後は上毛野国のあとに駿河の国の稚贄屯倉が出てきます。この順番からすると，特殊な役割を担っていたのではないかと考えられます。また，その立地についても，どのような機能を果たしていたかということが関わっていると思います。開発拠点的なところに置かれるミヤケとともに，交通や供給，倉庫，交易などの側面を強調すれば，交通の一番良い場所に置かれるミヤケもあり得るわけで，それぞれの機能で判断すべきであると思います。稚贄の呼称も機能をイメージしたものではないかと考えましたが，一方で，開発型のミヤケが存在する可能性もあるとは思います。

26ヶ所の屯倉には，○○部屯倉というものも

あります。典型的には春日部屯倉というのが，火の国と阿波の国に出てきます。さらに，上総の国にも春日部があります。伊甚屯倉ですが，春日部直というのが地元の在地豪族にいるので，そういう意味では，この時期の春日部というネットワークでミヤケが設定されているようなところがあって，必ずしも土地開発ということではなく，部民制をベースにしたミヤケというものあります。また，「隋書倭国伝」には国（軍尼）と稲置（伊尼翼）が上下関係に出てきていて，稲置は屯倉の管理者ではないかと言われています。国造と屯倉との関係は，有名な武蔵国造の反乱に出てくる4ヶ所の屯倉の献上記事などからして，国造の下にいくつかの屯倉を管轄することもあるので，様々に屯倉が出てくるのは確かです。それらをどうやって考古学的に区分けをしていくかという課題があると思います。

さらに，東駿河の地域開発に関しては，稚贄屯倉も大きなことですが，もう一つの可能性があります。不尽河の畔に住む大生部多という人物が「皇極紀」に出てきます。この人物は，文献では「オオミブベ」と読みまして，壬生部の存在をこの地域に想定することが可能だと言われています。壬生部というのは，推古朝に設定された最新かつ最後の部民でして，多くの場合，物部が割拠していたところが物部本宗家の滅亡後にエアポケットのようになり，その空白区に置かれたような氏族です。『常陸国風土記』に箭括氏麻多智の伝承というのがあり，開発限界にしめ縄を張って，その先は神様の地としていたのですが，壬生連麿が王命に背く者は切り殺すというかたちで，どんどん開発を進めていくという話です。この話からは，壬生氏に対して開発の先導者というイメージが指摘できます。したがって，この東駿河の地域に壬生部がいるとすれば，そういう人たちが先頭をきって開発を仕切ったという可能性もあると思います。

もう一つ，駿河郡と富士郡の関係について，もともとは2郡がセットで珠流河国造というフランチャイズだと思うのですが，富士郡の方が後から開発して生産力が上がった地域というかたちで，2つの郡にセパレートしたという可能性もあります。文献からは，勢力交代の可能性もいろいろ議論されているところで，千葉県の龍角寺古墳群でも，もともとのフランチャイズとは違う新興の場所につくられている状況がみられます。必ずしも，太田さんのモデルⅠのような一つの流れの譜第的な系譜ばかりではなく，モデルⅡのような，横にふれるような系譜の場合もあり，あるいは開発に成功したところが分流になり，新興として国造に新たに任命されるという可能性もあるだろうと思います。そういう流れもみてとるべきではないかと思います。

稚贄屯倉の関係でいえば，菱田さんが話題にしていた交通路の問題について，大化改新の時の東国国司詔に馬の話がいくつか出てきます。派遣された国司が勝手に馬を使ってはいけないという話のなかで，「国造之馬」「田部之馬」「湯部之馬」という3種類の馬が出てきます。これは，欽明期以降にできた国造，ミヤケ，部民という3つの制度にもとづくものではないかと考えられます。系列ごとに交通体系があるイメージです。おそらく，これが立評によって，駅評とか馬評というかたちで一元化されている可能性があります。3つの制度によるグループが評や郡に収斂されていくわけですが，交通においてもそういうプロセスを見て取ることができるのではないかと思います。ミヤケということならば，田部之馬のようなものが稚贄屯倉にある可能性が考えられますが，皇極期では深草屯倉から馬に乗って東国に行くという，ミヤケに馬があったという話もあります。以上のよう

仁藤 敦史

なことについて，ミヤケの多様な機能としてみておく必要があるのではと考えています。

滝沢 稚贄屯倉に対しては，具体的にどのような機能をお考えでしょうか。

仁藤 「稚贄」ということを前提にすると，上宮王家とのかかわりで堅魚のような海産物を納めるためのミヤケという解釈ができます。一方，考古学からは開発拠点的なミヤケの存在が提起されています。そうした機能も無碍に否定するわけではないですが，26ヶ所の屯倉の最後に書いてあるという特殊性をどのように説明できるかという課題もあるので，判断は保留といったところです。

滝沢 東駿河の富士地域に指摘できる稚贄屯倉について，文献の名称などからは海との関係がうかがえるということですが，一方で，中原4号墳をはじめとして手工業生産との関わりが中心的に議論されています。この両者の問題について，いかがでしょうか。

鈴木 そもそも両者は違うところの可能性があり，稚贄屯倉は海浜寄りで，考古学で議論しているところは文献に出ていないミヤケではないかとにらんでいますが，いかがでしょうか。

菱田 昨日の仁藤さんのお話を聞いて，「贄」という言葉に重きを置くならば，反対に開発の人々に贄ができるのかなと心配になってきていました。ミヤケには名前が落ちているものがたくさんあるというスタンスで見ていますので，同じ富士郡のなかに稚贄屯倉と欠名のミヤケがあってもおかしくはないのではと思っています。

鈴木 駿河国造の範囲の話をしているのですが，84頁の図4の編年図を参照ください。富士山・愛鷹山南麓というのは，のちに富士郡となる富士市周辺のところと，駿河郡といわれている沼津市や長泉町のところの2つの地域があって，駿河国の国造の中心地は長泉町のほうであり，そちらに国造墓と思われる古墳群もあります。そこも合わせて議論する必要も出てくるかと思います。もう一点，この地域を代表する前期古墳に浅間古墳という墳長100m級の前方後方墳

があります。それが，ちょうど富士郡と駿河郡の間の場所に突如として築かれます。2つの郡域を考えるうえで象徴的だと思うので，紹介しておきます。

滝沢 ありがとうございます。この地域の問題をめぐる議論もつきないところですが，時間の関係もあるので，後半の議論につなげていきたいと思います。

討論2：賤機山古墳をめぐる問題

滝沢 ここからは，東駿河から転じて静岡平野に築かれた賤機山古墳について議論します。昭和と平成の2度の調査による豊富な成果がありますが，今日的水準からみて資料の提示が十分でなかったということで，現在，再整理が進められています。その再整理に係わっている方々もいるので，最新の情報もふまえて議論したいと思います。まず，この古墳の概要についてお願いします。

1　賤機山古墳の特徴

田村 賤機山古墳の位置環境については，22頁の図9や91頁の図9をご覧ください。この古墳は，安倍川の流域に広がる静岡平野のなかで，その中央に北から南に細長くのびている賤機山丘陵の先端に位置しています。この近くには主要古墳が少なく，近くの独立丘陵上に谷津山古墳という古墳時代前期の前方後円墳があるぐらいです。一方，平野に下りた近くには駿府城跡があり，この下層に駿河国府の跡があると推定されています。

この静岡平野の北東側には，清水平野がつながるようにあります。2つの平野を合わせて静岡・清水平野とか静清平野と呼んでいますが，清水平野は巴川という川が東の清水港へと流れる平野を指しており，巴川をさかのぼった最上流域は，谷津山古墳の北側に広がる麻機沼のあたりになります。したがって，河川の流れなどもみると，賤機山古墳は周辺に2つの平野があるなかで，基本的には安倍川など南へ河川が流

れている側に位置するといえます。

　賤機山古墳は直径32mの円墳で、両袖式の横穴式石室をもち、畿内系石室であると評価されています。また、そこには家形石棺があります。この石棺が玄室の前寄りに位置している点が気になる特徴の一つにあります。再整理中である副葬品の出土状況なども含めてみると、必ずしも初葬者とは言い切れませんが、初葬でないとしても、かなり初期の埋葬、2人目であったとしても初葬と時期差のないものと評価しています。

　副葬品は多岐にわたりますので、再整理を一緒にしてもらっている内山さんにお願いしたいと思います。また、太田さんから、改めて横穴式石室に関する評価についてお願いしたいと思います。

内山　副葬品の時期は、TK43型式期の終りからTK209型式期のはじめ頃と現時点では考えています。有名な遺物が舶載の馬具で、綺麗な心葉形鏡板の轡と棘葉形杏葉のセットがよく知られていると思いますが、そのほかに馬具は5セットあり、金銅装の花形杏葉や花形鏡板があります。それ以外にも、轡は鉄製ですが辻金具や雲珠といった部品を金銅で装飾する馬具が認められます。耳環の数からみて、石棺のほかに4人いて、全部で5人はいるということになります。

　刀は27-28頁にあるように、昭和調査の出土品に円頭大刀が複数あり、その中に鳳凰文の象嵌をもつものがあります。石棺に伴うと考えられている金銅装の刀の破片は、圭頭大刀の可能性が高いものです。羨道からは、金銅装の倭装の大刀が4本並んだ状態で出土しています。この時期の古墳として、倭装大刀が4本もあるというのはほかに例がありません。鉾は、先は3本しか出土していませんが、石突からみて5本持っています。三角穂という型式のもので、この種類の鉾をこの時期では最も多くもつ古墳ということになります。

　そのほかに、小札の甲、銅鋺、鏡などもあります。後期古墳で重要な副葬品と言われるものはすべて持っていると言っても過言ではない古

田村 隆太郎

墳です。

太田　石室と石棺について、25頁の図1を参照ください。側壁をみると、目地が水平方向に通っていないことがわかります。石と石の目地がすべて斜め方向です。かつ、一直線に目地が通っているところがありません。谷積みと呼んでいる積み方をすると、こうした目地が一直線に通らず、水平の目地ができないという特徴になります。一方、奥壁は水平の目地になっており、奥壁と側壁では違う積み方をしています。羨道の側壁をみると、一番下の基底石がちょっと大きいという特徴があります。これらの積み方は、畿内地域でほぼ同様に認めることができるものです。

　あと、玄門の立石が直接天井石を支えているのですが、こういう積み方は、牧野古墳、赤坂天王山古墳、植山古墳などに認めることができます。ここで、牧野古墳の時期が問題になります。この古墳の時期はTK209型式期と言われますが、人によってはTK43型式期の終りぐらいと言う方もいます。TK43型式期の終りぐらいからTK209型式期ということになると、先ほどの内山さんの年代観とずれはないということになります。

　つづいて石棺について説明すると、賤機山古墳の石棺とよく比較される石棺に、奈良県御所市にある條ウル神古墳の石棺があります。両者を比べると、突起について、側面の突起と小口の突起でかたちが違うという点は同じです。この時期の刳貫式家形石棺は、こういう作り方をしています。ところが、両古墳の突起のかたち自体は全然ちがいます。賤機山古墳のような突

内山 敏行

起のかたちは，畿内の刳貫式家形石棺にはありません。そして，一番気になるのは，蓋石の内面も家形に割り貫いているところです。畿内の場合は，そこまでは刳り貫きません。断面が台形に近くなります。このように，細かい部分とか表面的に見えない部分とかは似ていないということです。大きなデザインや外からの見た目は似ていますが，細かい属性や，見えない部分というのは似ていません。以上から，発注者は畿内の石棺のことをよく見ているのかもしれませんが，実際に製作に携わった工人は，畿内の工人ではないだろうと私は思っています。

滝沢 賤機山古墳の概要と評価について，それぞれの側面からお話いただきました。まず，この賤機山古墳が古墳時代後期後半に突然，突発的に出てくるという状況があります。東側の独立丘陵の頂上に前期後半の大型前方後円墳がありますが，その後に前方後円墳などは築かれないという状況のなか，賤機山古墳が丘陵先端に突然でてくるという特徴的な状況を示しています。そうしたなかで，副葬品は優れたものが豊富ですし，石室や石棺については，多少の地域的な評価はありますが，大きくみれば畿内系ということです。

2　副葬品の評価と石棺埋葬の位置づけ

滝沢 こうした状況をふまえ，さらに被葬者像に迫れるような細かい側面について，副葬品から見えることはないでしょうか。

内山 舶載品の新羅系といわれる華麗な馬具をもっていることが注目できます。それから，多種多様の副葬品がある賤機山古墳ですが環頭大刀は1本もなく，大刀についてはすべて袋頭の円頭や方頭であるということも注意が必要だと思います。袋頭のなかでは頭椎が認められないようです。静岡県は頭椎大刀が多い地域だと思いますが，実は静清平野では今のところ出土していません。賤機山古墳もその状況を表しているのかもしれません。

小札甲については，東日本の東海道ルートに沿って同じような種類が分布しています。それは，この地域でつくったということではなく，海沿いの地域の首長たちが共有するように近畿地方でつくられた甲がもたらされているという状況があると思います。総じて，舶載の馬具を除けば日本列島の製品ということになります。

滝沢 この賤機山古墳の副葬品をめぐって，ほかに意見はないでしょうか。

鈴木 まず，肩をならべるような副葬品内容の古墳は東海地方にはなく，非常に特別な存在であるということを評価したいと考えます。地域の中では孤高の存在といえるものなので，参照すべきは，やはり大和中枢部の古墳です。例えば藤ノ木古墳がよく引き合いに出されますが，副葬品組成も相通じるものがあると感じます。近畿地方の皆様の印象をうかがってみたいのですが，いかがでしょうか。

高橋 藤ノ木古墳の副葬品については，華麗な舶載の馬具など賤機山古墳と共通するような印象が強いです。畿内地域でも盗掘を受けている場合が多いので個々に比較するということは難しいのですが，藤ノ木古墳のレベルの副葬品が賤機山古墳と比較できるとすると，盗掘などで断片的な残存状況の古墳について，そこまでの副葬品をもつものは畿内地域でも少ないのではないかと思います。

太田 少し気になっているのは，石棺の奥側に初葬の埋葬があると思うのですが，鉄釘の出土が明確でないということです。畿内の古墳では，石棺を使うか釘付きの木棺を使うということがほぼ貫徹されるので，鉄釘が出てこない古墳というのは例外的にしかないと思います。どのよ

うな棺を使うのかは，人を葬る際に重要な要素だと思います。石室の構造や石棺については，確かに畿内系であり，抜きん出た存在として異論はないのですが，釘付木棺がないとなると気になります。

鈴木　石棺の奥の空間に関して補足します。確かに空間があるので，初葬者を想定したいところです。その一方で，考古学的な情報からいうと，耳環が出土しているので埋葬はあると思われ，釘の出土が認められていないので釘付木棺ではないかもしれないというところまではいえるでしょうが，それが初葬者であるかは考えるべきです。再整理のなかで追葬者の可能性が高いという意見もあります。石室の奥側の埋葬者を初葬者として石棺の被葬者と並列的にみるというのは，注意が必要であると思います。

田村　いろいろな情報があるなかで，多量の土器にふれていませんでした。27-28頁にあるのは昭和調査の出土土器で，これに平成調査の出土土器が加わります。坏身・坏蓋は，すべて石棺より奥からの出土です。同じ奥側からは高坏や壺瓶類なども出土していますが，同じ土器群であったかなど，詳細な出土状況はわかりません。一方，玄室の西側の袖に土器群があります。こちらは高坏を主体とする土器群で，甑や壺瓶類が加わります。それと，石棺の前に脚付の長頸壺が2つ置かれていたということです。さらに羨道にも高坏主体の土器群があります。

静岡県でも横穴式石室に土器を副葬することは普通ですが，多量にもっているという点とともに，前寄りの土器群には脚のある高坏がそろえられている点，石棺前には脚付長頸壺がともなうという点などは，非常に優位な階層にあると評価ができると考えます。このような土器の器種構成からみたとき，初葬か否かという疑問はありますが，主たる被葬者というのは前寄りの石棺のほうにあると考えています。

滝沢　石棺の埋葬が初葬か否かということに焦点があたっていますが，鈴木さんからは，奥側が初葬ではないかという話もありました。もう少し詳しくお願いします。

鈴木　奥に初葬者を想定したとしても，舶載の馬具や倭装大刀といったものの副葬を想定しうるだけの被葬者は想定しにくく，それら目を引くものは石棺の被葬者に伴うとみておくことがいいだろうと考えます。そう考えると，石棺の奥の空間に埋葬者はいるけれども，その人自体は，舶載馬具ではなく花形杏葉などの馬具をもつとか，冠を着けた石棺の被葬者に対して耳環を着けるということからみて，石棺の被葬者と肩を並べるような人物には思えません。そういうことから，石棺の被葬者に従属する立場であり，賤機山古墳の主人公ではないと考えます。

滝沢　内山さんのご意見はいかがですか。

内山　石棺より奥から耳環が2対出土しているので，2人いた可能性が高いということになります。金銅装の副葬品は乏しいですが，鉄製品の出土が多く，鉾や小札甲などはこの場所からの出土です。石棺に伴う副葬品が奥側に置かれていて，奥側の被葬者などと重複しているという見方もある一方で，奥側の被葬者は金色のものはあまり持っていないけれども，鉄の甲(よろい)とか鉾などは持っているという解釈も成り立つところに難しさがあります。

滝沢　細かい議論になってきました。現在進められている再整理の成果が正式に出たあと，この議論がさらに深められると思います。一方，被葬者像に関しては，賤機山古墳は突出した存在で，しかも，突然にここに築かれるという状況が指摘でき，そして，副葬品は傑出した内容で，石室は細かいところで検討の余地はあるけれども，大枠では畿内系であるということですね。

3　有度郡域の古墳との関係

滝沢　そこで，次に賤機山古墳との関係が注目される有度山西麓の方墳について議論したいと思います。有度山は，静岡平野の南側にある隆起地形の丘陵で，その頂上部は日本平という景勝地になっています。この有度山の西麓には方墳が集中していて，賤機山古墳に後続するかのよ

うに築かれています。そして，賤機山古墳の系譜を引くような横穴式石室が採用され，家形石棺もあります。しかし，場所は賤機山古墳のある安倍郡の地域ではなく，有度郡になる場所です。そういうところに，後裔と目されるような古墳が分布しており，墳形も方墳に変えて築かれていくという状況がみられるのです。このことについては，高橋さんから前方後円墳の終焉とそれに続く円墳・方墳に関する発表がありましたが，いかがでしょうか。

高橋　有度郡の地域では，今言われたように有度山西麓に方墳の分布があります。さらに，安倍川をわたった西側にも佐渡山2号墳などの方墳があるという状況です。

　そこで，質問になってしまいますが，賤機山古墳の後に駿河丸山古墳の築造になるとこれまで考えていました。須恵器などからそうではないかと思ったのですが，太田さんの石室の発表では，ほとんど同時期に築造されているという話もありました。そのあたりの年代的な問題について，まずクリアにすべきところだと思います。駿河丸山古墳については，両袖式石室は賤機山古墳からの系譜が考えられますし，鈴木さんの90頁の図8にあるとおり，駿河丸山古墳の刳貫式家形石棺も賤機山古墳からの系譜のなかで追える可能性があると思います。

鈴木　補足いたします。有度山西麓から安倍川をはさんだ西側に丸子という地域があり，西の宇津ノ谷峠を越えると焼津に出るのですが，その静岡平野側には前方後円墳が築かれ，さらに方墳が築かれています。先ほど佐渡山2号墳が話に出てきましたが，この古墳の石室は盗掘が激しくて石も抜かれているため，分かりにくい状態です。もうひとつ，宗小路19号墳は，賤機山古墳を少しスケールダウンしたような，非常によく似た横穴式石室をもっています。畿内系石室で，しかも方墳，そして，副葬品には獅噛環頭大刀があるという示唆的な情報があるので，ぜひ紹介しておきたいと思います。

滝沢　91頁の図9がわかりやすいと思いますが，話題になっている有度郡の範囲は，有度山西麓から西，駿河湾に流れる大河川である安倍川をはさんで西側まで広がっています。余談になりますが，現在の静岡市は旧清水市と合併してできていますが，現在の区でも，駿河区というのは安倍川をはさんだ両側が範囲になっていて，有度郡の範囲を引き継いでいます。まさに根強い地域のまとまりというのが続いており，古墳時代後期にも安倍川という大河をはさんだ関係が認められるわけです。

　そうしたときに，高橋さんからの質問で賤機山古墳と有度山西麓の方墳群との関係，とくに問題になるのが駿河丸山古墳との年代的な関係だと思いますが，太田さんの見解をお聞かせください。

太田　駿河丸山古墳の土器をみると，飛鳥I以降の土器がある一方，TK209までさかのぼることができるようなものもあります。賤機山古墳はTK43の終りからTK209ということなので，それに比べると確かに新しい様相になると考えられます。

　もう一点，90頁の図8にある家形石棺をみると，突起が付く位置，高さが小口面と側面で同じです。これは，畿内の二上山系の家形石棺の編年でいうと，小口と側面で違う高さに付くものより新しくなるタイプになるので，家形石棺からも賤機山古墳より一段階新しいといえます。ただし，この時期に畿内地域において家形石棺はすごく短いスパンで変化しています。

　横穴式石室については，畿内地域の編年をそのまま当てはめると，駿河丸山古墳の方が古い造り方をしているということになりますが，畿内地域とこちらの地域の状況が違う可能性があると考えますので，この当てはめが適当ではないのではないかという懸念があります。

　石室以外の要素は新しいので，一世代まではいかないと思いますが，新しいものと思います。

滝沢　ほかに異論がなければ，駿河丸山古墳のほうが若干新しいという理解で共通認識になると思いますが，先ほど太田さんは賤機山古墳の石棺について，蓋の内側の刳り貫きに畿内と異な

る特徴を指摘していました。この特徴についても駿河丸山古墳への継承関係を考えてよいでしょうか。
太田　そうですね。屋根形に内側も刳り貫いていますので，断面が台形になる二上山の石棺とは異なる特徴として，確かに賤機山古墳の石棺の造り方を継承していると思います。
滝沢　ありがとうございます。そうすると，石室や石棺からは，賤機山古墳と駿河丸山古墳の継承関係がみられるのですが，場所が変わり，墳形も円墳から方墳へと変化していきます。このことについて，どのようにお考えでしょうか。
鈴木　こうしてみると，有度郡の古墳のあり様というのは，賤機山古墳の要素を引き継ぐ点でそれほど驚くような内容ではないと思います。やはり，特別なのは安倍郡のほうで，直前に前方後円墳も何もないところに突如として，象徴的な場所に賤機山古墳が単独でつくられて，その後も有力古墳がほとんどない。こういう特別なところが後に安倍郡と認識されていくということにこそ，焦点をあてるべき話題ではないかというふうに思えます。
滝沢　そうすると，安倍郡の地域はもともと有力古墳の空白地帯だったということですが，賤機山古墳の前段階となる6世紀前半の状況については，埴輪による議論もできると思います。高橋さんもとりあげていたとおり，この時期の駿河には関東系の埴輪の分布が広がっています。ただ，駿河は関東と違って首長墓クラスにしか埴輪を立てないという状況で，さらに，その分布は有度郡の地域にはあるけれども，安倍郡と廬原郡の地域にはありません。安倍郡域にはそもそも大きな古墳がないとして，廬原郡域は古墳時代前期以来の拠点があるように見受けられるのですが，埴輪の樹立は認められないということです。
　こうした状況から6世紀後半になると，畿内系石室という点で安倍郡域と有度郡域が一体化していて，廬原郡域では神明山4号墳のような別系統の横穴式石室が入っているということです。6世紀前半と後半で地域のあり様が変化していて，組み換えが起きているのではないかと感じたところです。鈴木さんからは，非常に複雑な地域社会が形成されているという話がありました。今後，そういったところを紐解いていかなければいけないと思います。
　もう一度話を戻して，方墳の問題について，今度は東の方からの視点ではどうでしょうか。
若狭　群馬県ですと，前方後円墳が鼎立した後に首長墓系列がしぼられて円墳または方墳の終末期古墳になります。方墳が採用されるのは総社古墳群にしぼられ，その地域のなかで正統性を担った系譜に限定されていきます。これがすなわち国造の任命にあたると見られています。
　それから，上総や下総でも方墳が積極的に採用されていきます。下野については，前方後円墳から巨大円墳になって，その併存する巨大円墳が1つの方墳系列にしぼられていくという流れがあります。中央王権と強く連繋し国造になっていく系列が方墳を採用するというのが現在の理解だと思います。そうすると，有度郡の地域はこの段階に中央との関係を強くむすんだ地域であると素直に考えることになると思います。
滝沢　それでは，西の方からの視点で，方墳の評価はいかがでしょうか。
菱田　難しいのですが，郡の領域の組み換えについては，先ほどは駿河郡から富士郡の分割の話が考古資料的にみえたということもありました。したがって，一度ばらしながら考えるということが必要かと思います。
　また，6世紀終わりから7世紀にかけての方墳については，畿内のなかでも偏在的に出てきますし，最終的には王陵が採用するので，そういう流れと関わるかどうかということについて，比較検討が必要だと思います。大阪でもシショツカ古墳などの方墳地帯の評価をどう考えるかという議論があると思います。そして，そのような7世紀のものと，少し古い時期のものとを一緒にしていいかという疑問もあるのですが，やはり，方墳であるということに対しては

滝沢　誠

興味深く思っています。
滝沢　先ほど，賤機山古墳と有度山西麓の駿河丸山古墳との年代関係の確認をしましたが，駿河丸山古墳の後も有度山西麓では小鹿山神古墳やアサオサン古墳という少し大きめの方墳が造られています。また，先ほど鈴木さんが話したように，安倍川の西岸にもあります。そうした状況において，太田さんは非常に興味深いモデル化をし，賤機山古墳などの静清平野はモデルⅡではないかということでした。このことについて少し疑問にも思いましたが，改めて説明をお願いします。
太田　これらの古墳には確かに時期差があるのですが，1世代違うといえるほど離れているのかというところが問題です。一番古い賤機山古墳でもTK43型式期の終りからTK209型式期ということです。一方，駿河丸山古墳でも長脚2段透かしの高坏があり，小鹿山神古墳にもあるので，これらが飛鳥Ⅰまで新しくなるのかという疑問もあって，そう考えると，TK209のなかでの新古という程度の時期差であって，歴代の父から息子へ，さらにその息子へと継承していったというよりは，だいたい同世代のなかの年齢差ぐらいでみたほうがわかりやすいのではないかと考えました。当然，異論もあるかと思います。
滝沢　これは，年代幅をどのように評価するかというところに深くかかわってくる問題ですが，しかし，モデルⅠとⅡの話は非常に興味深い貴重な提言です。仁藤さんが指摘されるような欽明期以降世襲的な側面がでてくるということとも関わる考古学的な議論ではないかと思います。

そうしたなかで，賤機山古墳とそれに続く系列の古墳に関する評価が気になったところです。
鈴木　安倍郡と有度郡は，本来は一体化している地域で，安倍川によって育まれた場所だと思います。ただし，91頁の図9をみると，安倍郡のあたりには安倍川の水系のほかに，巴川へと流れる水系もあることがわかります。つまり，賤機山古墳は安倍川の方と巴川の方という，2つの水系の出発点のような場所にあるということも踏まえるべきで，そうした特別な地域にあるということが，古墳のあり様にもみえるのではないかと考えています。

そこで，少し踏み込んだ話になるのですが，賤機山古墳の特別なあり様をみていくと，安倍郡域は地域政権の中枢というか，王化の中心のような聖域として認識されている場所であり，前方後円墳や方墳といった墳墓を造る場所ではないという認識があったのではないかと考えられます。前方後円墳や方墳は周縁の地域につくられ，賤機山古墳は1基だけつくられたのではないかという印象を持っています。

4　国造をめぐる議論と安倍・有度・廬原

滝沢　それでは，文献史からの見解を仁藤さんにうかがいたいと思います。
仁藤　なかなか難しい問題です。変数が多く，詰め将棋でいうと決め手である最後の金が打てない感じです。

「安倍の廬原の国」という表記があり，素直に考えると，安倍と廬原という2つの氏族がそれぞれに地域首長として順調に発展してくれば，そういうこともあるかという話になります。出雲においては，古い時代には東出雲と西出雲の2勢力があって，それが東側に収斂していきます。2つの国造を出せる出身母体があり，系譜的にも古事記や日本書紀には2系統の祖神があります。奈良時代になると合体されて，あたかも1つの系譜のようにされていくのですが，もともとは別の勢力の流れがあり，「意宇」と「神門」という2系統論の問題があります。

また，北武蔵と南武蔵について，後に武蔵国造になったのは笠原という狭いところの勢力であり，これがどうやって南武蔵に勢力を及ぼしたのかという問題もあります。フランチャイズが全体に均等に及んでいるわけではなく，強弱があったと考えた方が現実に合うのではないか，すなわち，王権側の意図としてはフラットに支配してほしいけれども，現実には自分のフランチャイズとアウェーのところがあり，その凸凹感というのが国造支配には絶えず付きまとうのではないかと思います。それが，支配が徹底しないので，評という小分けしたかたちにせざるを得ないという流れになるのだろうと思います。

　国造を設定したということは，全国を均一的に行政官として支配してほしという理念といいますか，願望があったのかもしれません。しかし，その凸凹感は否めず，実際には地域の権力構造の属性に規定されてしまうところがあったのだろうと思います。そこで，先ほどの富士郡と駿河郡の問題もそうだろうと思いますが，この静清平野の3郡についても，どういう成り立ちなのかというところで悩ましいところがあるわけです。

　有度君の配下のローカルな部民として，有度部がいます。これが，オーバーフローして志太平野などに行っているようでして，いろいろなところで有度部という存在がカウントできます。それは，少なからずこの地域では顔役として存在したのではないのかという第3の変数もあり，安倍か蘆原かというだけではない部分があるのではないかと思っています。

　臣姓か君姓かという問題もあります。出雲の出雲臣と額田部の臣のように，臣というかたちで編成されているとすれば，有度は蘆原の息がかかっている可能性があります。それに対して，安倍は郷レベルの臣がところどころにある。安倍臣も安倍国造もいないのです。そのような状況をどう解釈するのかということになります。

　国造本紀のもととされる「国造記」が大宝律令あたりにまとめられ，そこに120ぐらいの氏族が列記されています。その頃までには解消されていると考えれば，かなり古い段階で安倍というものが底流として王権の側から設定された可能性はあるのではないかと思います。しかし，それも1回のリアクションで終わってしまったので，上に立つ人はいないけど，下に中小の臣姓の痕跡が残っているという感じもあります。

　このように，「安倍の蘆原の国」という表記がある問題，「有度君」という存在の問題，「安倍の臣姓」の問題をあげることができます。さらには，「岡部彦」という西の方をイメージさせる始祖がいて，蘆原が狭い範囲で治まっているなら，なぜ西方の地名にちなむ岡部彦という名前がつくのかという問題があります。さらには，国造本紀の順番について，「駿河，蘆原」という順番の問題があります。基本的には都からの流れの順番で説明できますが，ここだけ逆転しているということの意味も考えるべきです。

　以上のように変数が多々あって，なかなか言いにくいのですが，あえて言えば，勢力交代的な部分があったのではないかと思います。例えるならば，選挙に強い小選挙区の議員さんみたいなところと，1回交代ぐらいで当選と落選を繰り返すようなところでは，同じ国造でも違うわけです。そういう強弱が地域によってあるので，勢力の交代あるいは拡大縮小があり，開発に成功した氏族が流れにのるということもあったと思います。そういう意味では，この安倍とか有度の村落の開発状況についても，古墳だけではなく広く調べていただいて，どういう栄枯盛衰があるのかというところも重ね合わせて最終的な金をひとつ打つと考えてはどうかと思います。

滝沢　ありがとうございます。まだまだ賤機山古墳をめぐっても議論がつきず，いろんな問題もありますが，しかし，ひと昔前に比べると細かな議論ができるようになり，焦点もしぼれてきたと思います。

まとめ —東西からみた駿河—

滝沢 最後になります。静岡県は東海道の中央に位置しており，太平洋側における東西の文化が交わる場所だということもよく言われているところです。実際に，静岡県では向坂鋼二先生をはじめとして，土器様式の分布論などから考古学的な検討も行なわれています。

今回の発表のなかでは，内山さんはかなり深くそのことに言及されていましたし，太田さんは横穴式石室からみたモデル化のなかで，社会構造的な差異という側面から東と西の違いというものをあぶりだそうとしていたと思います。もちろん，土器様式の分布論などは社会の基層に関わるようなレベルの話ですが，古墳のような上位階層に関するものについては，副葬品，石室などそれぞれに違う側面からの解釈もあると思います。そこで，この駿河の地域を東西の地域からみたときに，どのように捉えられるのか，あるいは発表者それぞれの視点からみてどうなのか，コメントいただければと思います。菱田さんからお願いいたします。

菱田 先ほど，仁藤さんが東国国司詔から7世紀に至る交通のプロセスについて話をしていましたが，私も考察の出発点を7世紀にして，そこから遡上させて考えたいと思います。

7世紀段階では，東の国々の状況を見に行くのに東海道諸国を通るなかで，供給を受けることがわかっている道筋が駿河・遠江になっているのだろうと思います。そこから遡上させて，王権を起点とする東への交通がどこまで機能していたかという議論があると思います。7世紀段階の状況へと展開していく過程が今日の議論のなかで見えてきていて，一石を打つ碁石のように賤機山古墳がみえます。西から東の諸地域を見たときに，安心して行ける道筋のようになっていた印象を持ちましたし，そうした状況が出来ていく過程をつぶさに見ていく必要があると痛感しました。

若狭 駿河の位置づけについて，やはり東にとっては物流拠点，マーケットがある場所ではないかと思っています。

最近，古墳時代前期の研究では大廓式土器が注目されています。これは駿河の土器でして，口縁の内側に突帯があり，中身がこぼれないようになっている大型の壺が特徴的です。そして，福島県の柳沼賢治さんの研究によって，その移動が把握されています。駿河を起点にして相模湾から東京湾，そこから荒川をさかのぼって利根川に入って武蔵，上野，それから陸路で下野，さらに那珂湊あたりから，おそらく舟で磐城の方へ流れるというルートが解明されていて，駿河発の物産がその壺に入って広域流通したのだろうということです。何が入っていたのか，魚醤ではないかという人もいれば，駿河平野のブランド米の種籾だったのだという人もいます。

いずれにしても，古墳時代前期には駿河が物流の媒介地になっているのが間違いありません。駿河を介した中央から東国への経済ルートの結節がヤマトタケル伝承に反映している可能性が考えられます。

東の方からみると，船便がそこに着いて物資が集散していく，海のハブというイメージを強くします。そういった観点で，東への重要な経済的な入口という位置づけで考えていくといいのではないかと思います。

もう一点，今日は話がそこまでいきませんでしたが，白村江の戦いのときに廬原君が1万の軍勢を率いて，最後の頼みの綱として登場します。その母体は何なのか，有事には駿河湾，静清平野一帯，つまり有度郡や志太郡，それから廬原に盤踞している集団が一つにまとまるのではないでしょうか。そのような，時々の旗頭として賤機山古墳や，古くは三池平古墳，谷津山古墳のような突出した存在の意義と読み解けるのではないでしょうか。そうであれば，経済的なハブとともに，水軍などの軍事拠点という側面も考えていく必要があるという感想をもっています。

鈴木　この質問に答えるならば，駿河は東日本的な様相が強い地域として認識できるだろうと思います。ただ，関東そのものともいえない，西日本的な要素もあるということで，まさに，はざまの地域だと考えられます。

　静岡・清水の地域は，地理的な完結性が極めて高い地域です。東側には清見潟という山が海に差し迫ったところがあり，西側には宇津ノ谷峠や大崩海岸があるということで，これを越えないと静岡の平野に入れず，出ることもできない。静岡・清水平野というのは，小中央といいましょうか，都ぶりを発揮させるだけの地理的要因をもっていて，この地域の支配者層も中央志向が強いのではないかと考えています。賤機山古墳はそうした特性をもつ地域の頂点として理解できるのだろうと思います。

高橋　私は，前方後円墳などの古墳の墳形のことを中心にお話しましたが，全体的にみると，6世紀前半頃の埴輪でわかるように，駿河の地域は関東系の様相というのが基本であると思います。ただ，それが一律に時代を越えてあると考えるのではなくて，時期によって様相が変化するというべきであって，6世紀後半ないしは末頃に賤機山古墳を含めて近畿的な要素がいろいろ入ってくると考えられます。鈴木さんが言うように，賤機山古墳周辺が神聖な場所なのかどうかまではわかりませんが，そういう要素が入りやすい地域だというのが特筆されるような気がします。

　それから，仁藤さんから賤機山古墳の被葬者像に関して，いろいろと考えれば判断が難しいという話がありました。私からは安倍郡と有度郡との方が共通する要素が強く，廬原郡とは異なるということを説明しましたが，若狭さんも言ったように，白村江の戦いのときには廬原郡を本拠とする廬原君が東国の人たちを束ねて将軍として戦うということがあります。そういう隔絶した地位を廬原君が7世紀中頃には築いているということで，安倍郡側と逆転するようなことも考えられるなど，地域の主導権をあまり固定的に捉えるよりも，歴史的な動きを正確に地域のなかで追いかけていくことが今後はさらに必要ではないかという気がいたしました。

太田　どちらかというと，三河までが西日本的であって，静岡県に入ってくると西日本的ではない要素が生じています。それをモデルⅠとモデルⅡと呼んで説明しましたが，最初はすべてモデルⅠになるのではないかと思っていました。というのは，西日本ではモデルⅠの典型例が知られているので，東海もそうだろうと思っていました。しかし，モデルⅠでは説明できないものが多いことに気づき，急きょ設定したのがモデルⅡになります。モデルⅡは古墳時代中期にみとめられるので，こちらをモデルⅠにしたほうが相応しいかもしれません。設定の経緯からⅠとⅡを付けてしまいましたが，将来的には改めるかもしれません。

　いずれにしても，東海地方でモデルⅡになるということは発見でした。それと，関東については未だ勉強不足ですが，仁藤先生もおっしゃられたように，7世紀は違うかもしれませんが，6世紀はモデルⅡがみられるのではないかと思っています。

藤村　駿河の中部から東部が今日の話題でしたが，有度といわれる地域や安倍といわれる地域，廬原といわれる地域，そして，富士川周辺の富士という地域，駿河という地域，大きくこのような地域分けがされているなかで，おそらく，古代には駿河の国としてまとまっていくという流れが前提としてあります。

　古墳自体をみると，駿河中部の安倍や有度の地域には畿内系石室があるのに対して，駿河東

高橋　照彦

部は無袖石室ばかりであり，手工業生産が勃興することで，両地域は対照的に見られがちでもあります。しかし，最終的に駿河としてまとまっていくなかで，駿河東部の人たちはずっと独立しているわけではなく，何かあったときは駿河中部の人が面倒をみるような，絶えず目配せをしているような，そういう関係ではないかと思っています。賤機山古墳の石棺が駿河東部（後の伊豆国）で産出される伊豆石製であることも看過できません。駿河という1つの地域にまとまっていく過程のなかで，畿内系石室と無袖石室という違いは生じているけれども，地域としては一定のまとまりのようなものがあると考えていいのではないかと思いました。

内山 発表のなかで静岡は東日本ですとはっきり言いましたが，それは「武器・武具・馬具」に関してそうだということであって，社会全体を理解するうえでは，前方後円墳のあり方とか古墳の規模のあり方とか，それから地域のなかでゲートウェイがあるのかないのか，そういうことの方が大切だと思っています。ある側面では東日本ということでいいけれども，古墳時代社会の全体のなかで考えると，明らかに関東，坂東とは違う地域であろうと思います。

　それから，時期によって差があるということは思っています。舟で動いている段階に対して，馬の出現と普及によって陸上交通の速度が，速歩（はやあし＝馬の速度の表現方法）の場合で，人間の徒歩の3倍ぐらいに上がったと思うので，それ以降の段階では状況が変わってきます。伊那谷とか西毛にゲートウェイが形成されるのも，陸上交通のスピードと効率が飛躍的に上がった結果として起きていることと思います。水上交通の段階では別の要素，別の視点で考える必要があるだろうと思います。

田村 私は静岡県の西部に住んでおり，その遠江から東の駿河へ，大井川を越えると富士山が大きく見え，静岡平野に入るとさらに大きさが実感できるようになります。駿河というところが，富士山と駿河湾に象徴的にイメージされる，遠江とは違う領域なのだということを強く感じます。

　前方後円墳について，東駿河でも静清平野でも，さらに志太平野でも共通して中期には少なく，中期末から後期に各地に出てくるという動きがあります。この背景について，富士山の噴火の影響もあるのではないかと思っています。実態として被害を受けていない静岡平野や志太平野であっても，王権側からみると，あの一帯の駿河の地域という認識をされていたのではないでしょうか。先ほど申しました駿河の領域の認識と同じものがあったのか，その検証は難しいのですが，駿河の地域の特徴としてあり得ると考えます。

　駿河と駿河湾を囲む地域として伊豆も入るかもしれません。それら諸地域に対して，王権側は6世紀後半にまとまりを期待して賤機山古墳の被葬者を投入し，そして，その期待の象徴として賤機山古墳の築造があったのではないかと考えました。ただ，これが西から東へどんどん進んでいくような意図と関係するのかなどについては，まだ検討していかないといけないと思います。

滝沢 最後に皆さんのご意見をうかがうと，古墳時代後期の社会というものは，基層文化のレベルで分けられる東西の境界といったことだけではとらえきれないようです。そこを越えていくような動きや，あるいはそこに貫入してくるような動きというものがあって，むしろ，そういうものに着目しなければ古墳時代後期の社会の複雑性は読み解けないのだというところが共通の認識になるかと思います。

　今回とりあげた富士の地域や賤機山古墳については，新しい資料が続々と出てきたところ，あるいはこれから出てくるところです。是非，ここでの討論をふまえて，さらに議論を活性化させていただけたらと念願します。以上をもちまして，この会を閉じさせていただきたいと思います。どうもありがとうございました。

古墳時代の地域研究を
めぐる課題と展望
― 討論を終えて ―

筑波大学准教授
滝沢　誠
Makoto Takizawa

　今回の討論の前半では，富士市中原4号墳の調査成果を中心に古墳時代後期後半における東駿河（富士郡域）の地域社会について検討を行なった。また，討論の後半では，東海東部の代表的な後期古墳である静岡市賤機山古墳を取り上げ，過去の調査成果と近年進められている資料整理の成果をふまえながら，同古墳の再評価を試みた。最後に，若干の私見を加えつつ，討論の成果と課題をまとめたい。

　富士郡域では，古墳時代後期後半に鉄器生産やガラス生産などにかかわる資料が急増することから，手工業生産を基軸とする新たな産業がこの地域にもたらされたことが明らかとなった。また，その担い手は，同時に広がりをみせる有段構造の無袖石室との関係から渡来系の人々であったと推定された。さらに，当該地域社会が大きく変貌する背景として，王権によるミヤケの設置という政治的要因とともに，5世紀後半の富士山噴火による影響の可能性が指摘された。

　こうした成果の一方で，新たな課題も浮かび上がってきた。中原4号墳の被葬者などが新しい産業の統括者として外部から参入したと見るにしても，その直前まで有力古墳（富士市伊勢塚古墳など）を築いていた在来の集団はどのような立場に転じたのかという問題もその一つである。富士山の噴火による生産力の低下が在来首長の権威失墜と新たな産業を招来する素地になったとの見方もあろうが，当該地域社会が変貌を遂げる6世紀後半との間には，やや年代の開きがあるようにも思える。また，当該地域に設置されたとみられる「稚贄屯倉（わかにえ）」との関係では，海産物との結びつきが想定されるミヤケと考古学的事実との不整合をどのように理解するのかという問題がある。

　賤機山古墳については，近年の副葬品研究や石室・石棺研究の成果をふまえながら，過去の調査データを総合した初めての本格的な議論が行なわれた。袋頭大刀のみで構成される装飾大刀や棘葉形杏葉を含む舶載馬具などの副葬品は，古墳時代後期後半の東海東部において傑出した内容であり，畿内系の横穴式石室と伊豆凝灰岩製の家形石棺は，一部に個性が認められるものの，大枠では畿内地域からもたらされた技術情報にもとづいて構築・製作されたことがあらためて確認された。こうした内容をもつ賤機山古墳が，先行する有力古墳を欠いた地域（安倍郡域）に突如として築かれることについては，当該地域が王権の側から特別視されていたためだとする見方も示された。

　賤機山古墳の特異性を再認識する一方で，同古墳の系譜に連なる石室・石棺を採用した有力な方墳群が隣接する有度（うど）郡域に分布する点についても議論が行なわれた。そこから，安倍郡域と有度郡域の一体性が指摘されることとなったが，有度郡域では古墳時代後期前半に関東系埴輪を樹立する前方後円墳などが築かれており，後期後半に賤機山古墳の被葬者が安倍郡域に登場する中で，有度郡域の集団がどのように再編されていったのかという点は十分に解明されていない。富士郡域の場合と同様，ここでも自然環境の変化を含めた地域社会の変貌を集落域や生産域の実態を含めて跡付けていく作業が求められよう。

　今回の討論では，古墳時代後期後半に変貌を遂げる地域社会について，東日本での貴重なモデルを示すことができたのではないかと思う。こうした地域研究の充実と相互比較の積み重ねが，より複雑さを増していく古墳時代後期の地域社会を理解する推進力となることは言うまでもない。他方，今回対象とした駿河の各地域では，古墳時代前期に遡って後の郡域程度の範囲を基盤としながら前方後円墳や前方後方墳が築かれている。そうした事実に着目するならば，古墳時代における地域社会の内実を段階的に把握し，それらを総合的に評価する試みもまた，同時に進めていく必要があると言えよう。

編著者略歴

鈴木　一有（すずき　かずなお）
浜松市市民部文化財課
1969年生まれ。大阪大学文学部史学科卒業。学士。著書に，(編著)『季刊考古学別冊16号　東海の古墳風景』(雄山閣・2008年)，(共著)『古墳時代の考古学3　墳墓構造と葬送祭祀』(同成社・2011年)，(共著)『講座日本の考古学7　古墳時代　上』(青木書店・2011年)，(共著)『古墳時代研究の現状と課題　下』(同成社・2012年)，などがある。

田村　隆太郎（たむら　りゅうたろう）
静岡県文化・観光部文化局文化財課
1973年生まれ。明治大学大学院文学研究科博士前期課程修了。修士。著書に，(共著)『季刊考古学別冊16号　東海の古墳風景』(雄山閣・2008年)，(共著)『東日本の無袖横穴式石室』(雄山閣・2010年)，などがある。

執筆者紹介（執筆順）

佐藤　祐樹（さとう　ゆうき）
富士市市民部文化振興課

菊池　吉修（きくち　よしのぶ）
静岡県文化・観光部文化局文化財課

藤村　翔（ふじむら　しょう）
富士市市民部文化振興課

大谷　宏治（おおや　ひろし）
静岡県文化・観光部文化局文化財課

太田　宏明（おおた　ひろあき）
河内長野市教育委員会

内山　敏行（うちやま　としゆき）
とちぎ未来づくり財団埋蔵文化財センター

若狭　徹（わかさ　とおる）
明治大学准教授

菱田　哲郎（ひしだ　てつお）
京都府立大学教授

高橋　照彦（たかはし　てるひこ）
大阪大学教授

仁藤　敦史（にとう　あつし）
国立歴史民俗博物館教授

滝沢　誠（たきざわ　まこと）
筑波大学准教授

季刊考古学・別冊30
賤機山古墳と東国首長（しずはたやまこふんとうごくしゅちょう）

定　価	2,600円+税
発　行	2019年10月25日
編　者	鈴木一有・田村隆太郎
発 行 者	宮田哲男
発 行 所	株式会社　雄山閣

〒102-0071　東京都千代田区富士見2-6-9
TEL 03-3262-3231　FAX 03-3262-6938
振替 00130-5-1685
URL http://www.yuzankaku.co.jp
e-mail info@yuzankaku.co.jp

印刷・製本　株式会社ティーケー出版印刷

Ⓒ Kazunao Suzuki & Ryutaro Tamura 2019　Printed in Japan　　N.D.C. 210　160p　26cm
ISBN978-4-639-02688-4　C0321

雄山閣出版案内

別冊・季刊考古学26
畿内乙訓古墳群を読み解く

広瀬和雄・梅本康広 編

B5判 152頁
本体2,600円

畿内の一角を占める乙訓古墳群。
大和政権中枢の大型古墳と同じ要素を備え、古墳時代を通じて首長墓が継続的に築造されている点で、乙訓古墳群は他に例を見ない特殊な大型古墳群と考えられる。

■ 主 な 内 容 ■

序　章　畿内乙訓古墳群とは何か……………梅本康広
第1章　畿内乙訓古墳群をめぐる諸問題
　初期前方後円墳の墳丘構造………………梅本康広
　前方後方墳をめぐる地域間交流
　　―元稲荷古墳築造の意義をめぐって―
　　………………………………………………廣瀬　覚
　乙訓古墳群の竪穴式石槨の特色について
　　………………………………………………藤井康隆
　前方後円墳の巨大化とその背景
　　―恵解山古墳の被葬者像を探る―……福家　恭
　後期前方後円墳と横穴式石室……………笹栗　拓
　【調査トピックス】大山崎町鳥居前古墳
　　………………………………………………角　早季子
第2章　副葬品の生産と授受
　三角縁神獣鏡の授受と地域………………森下章司

鉄製品の多量副葬とその意義……………阪口英毅
埴輪の生産と流通…………………………宇野隆志
前期古墳の土器と埴輪の系譜
　―元稲荷古墳を中心にみた地域間関係―
　………………………………………………山本　亮
【調査トピックス】京都市芝古墳（芝一号墳）
　………………………………………………熊井亮介
第3章　畿内乙訓古墳群とその周辺
　オトクニにおける前期古墳の変容とその背景
　………………………………………………古閑正浩
　向日丘陵古墳群と畿内の大型古墳群………下垣仁志
　【調査トピックス】長岡京市井ノ内車塚古墳
　　………………………………………………中島皆夫
終　章　畿内乙訓古墳群の歴史的意義………広瀬和雄

日本古代の氏と系譜

A5判 368頁
本体7,800円

篠川　賢 編

日本古代の氏はいかなる性格を持つ集団なのか。
各氏の称する系譜は、王権のもとにまとめられた系譜体系といかに関わっているのか。
それらは、時代とともにどのように変容するのか。
共通の問題意識を踏まえ、気鋭の研究者たちが縦横に論究する。

■主な内容■

はしがき
第一部　氏と系譜伝承
　『古屋家家譜』と紀伊国―『日本霊異記』上巻第五
　　縁の説話との関係性を踏まえて―（加藤謙吉）
　土師氏の系譜と伝承―野見宿禰を中心に―
　　（溝口優樹）
　上毛野氏の形成と展開（須永　忍）
　和気清麻呂と「和氏譜」（中川久仁子）
第二部　氏の系譜と史料性
　『新撰姓氏録』における氏の系譜構造（竹本　晃）
　「連公」と系譜史料（中村友一）
　『日下部家譜大綱』の諸本について（鈴木正信）

　小野氏系図小考―中央貴族の小野氏と武蔵国出身
　　の横山党との連続性について―（榊原史子）
　系譜史料論の試み―岩瀬文庫蔵「法相宗相承血脈
　　次第」影印・翻刻を通して（藤井由紀子）
第三部　氏と地域社会
　「既多寺知識経」と氏寺（三舟隆之）
　須恵器生産と部民制（大川原竜一）
　高麗朝臣氏の氏族的性格―二つの「高麗」をめぐ
　　る記憶の受容―（長谷部将司）
　古代東北の豪族と改賜氏姓（永田　一）
　稲置に関する一試論（堀川　徹）
　「名」と系譜―品部廃止詔の「名」―（篠川　賢）

雄山閣出版案内

積石塚大全

土生田 純之 編

B5判　332頁
本体16,000円

日本全国・朝鮮半島の積石塚を初めて集成、その特徴を明らかにする。
朝鮮半島との関わり、渡来人の問題など、古墳時代の政治・社会の考究に当たって極めて重要な資料となる積石塚について、近年の発掘調査の成果を踏まえて再評価する。

■ 主 な 内 容 ■

序　章　信濃の積石塚
　1　大室古墳群研究史……………西山克己
　2　大室古墳群の実態……………風間栄一
　3　信濃の積石塚（大室以外）…飯島哲也
第1章　西日本の積石塚
　1　対　馬…………………………田中淳也
　2　相　島…………………………西田大輔
　3　九州南西海岸…………………大西智和
　4　見島ジーコンボ古墳群………横山成己
　5　播　磨…………………………亀田修一
　6　讃岐・阿波……………………渡部明夫
　7　茶臼塚古墳……………………安村俊史
第2章　東日本の積石塚
　1　東三河、中・東濃……………岩原　剛
　2　遠　江…………………………鈴木一有
　3　甲　斐…………………………宮澤公雄
　4　上毛野（西毛）………………若狭　徹
　5　置　賜…………………………北野博司
　6　北上川流域……………………藤沢　敦
第3章　朝鮮半島の積石塚
　1　高句麗・百済…………………林永珍
　2　伽耶・新羅……………………沈炫瞰
　3　鬱陵（ウルルン）島…………宋義政
第4章　積石塚のない地域
　1　吉　備…………………………亀田修一
　2　近　江…………………………近藤　広
　3　南　信…………………………渋谷恵美子
　4　北　陸…………………………小黒智久
第5章　遺物・儀礼の考察
　1　陶質土器………………………酒井清治
　2　装身具…………………………高田貫太
　3　殺馬儀礼………………………桃崎祐輔
終　章　日本列島における積石塚の諸相
　　　　　　　　　　　　　　　　土生田純之

横穴式石室と古墳時代社会
—遺構分析の方法と実践—

A5判 247頁
本体6,200円

太田宏明 著

近畿地方・九州地方を中心に、中国地方、東海地方、関東地方の横穴式石室を類型化しその伝播の様相を検討し、そこから、古墳時代社会組織のあり方を推論する方法論を提示し、実践する。時代を超えて、遺構という考古資料の性質と研究法を問い直す。

■ 主 な 内 容 ■

はじめに
序　章　遺構の伝播による社会的事象の復元
第1部　横穴式石室の形態・形質に関する分析と検討
　第1章　遺構を構成する属性
　第2章　属性が示す考古学的事象
　第3章　横穴式石室における分類単位と過去の社会的事象
第2部　横穴式石室の存在に付帯する状況に関する分析と検討
　第4章　横穴式石室地域類型の分布境界領域
　第5章　横穴式石室地域類型の伝播について
　第6章　横穴式石室地域類型と過去の社会的事象～西日本・東海地方の資料を中心として～
終　章　横穴式石室の伝播からみた古墳時代の日本列島